2017—2018 年度浙江省高校重大人文社科攻关计划项目（2018QN062）成果

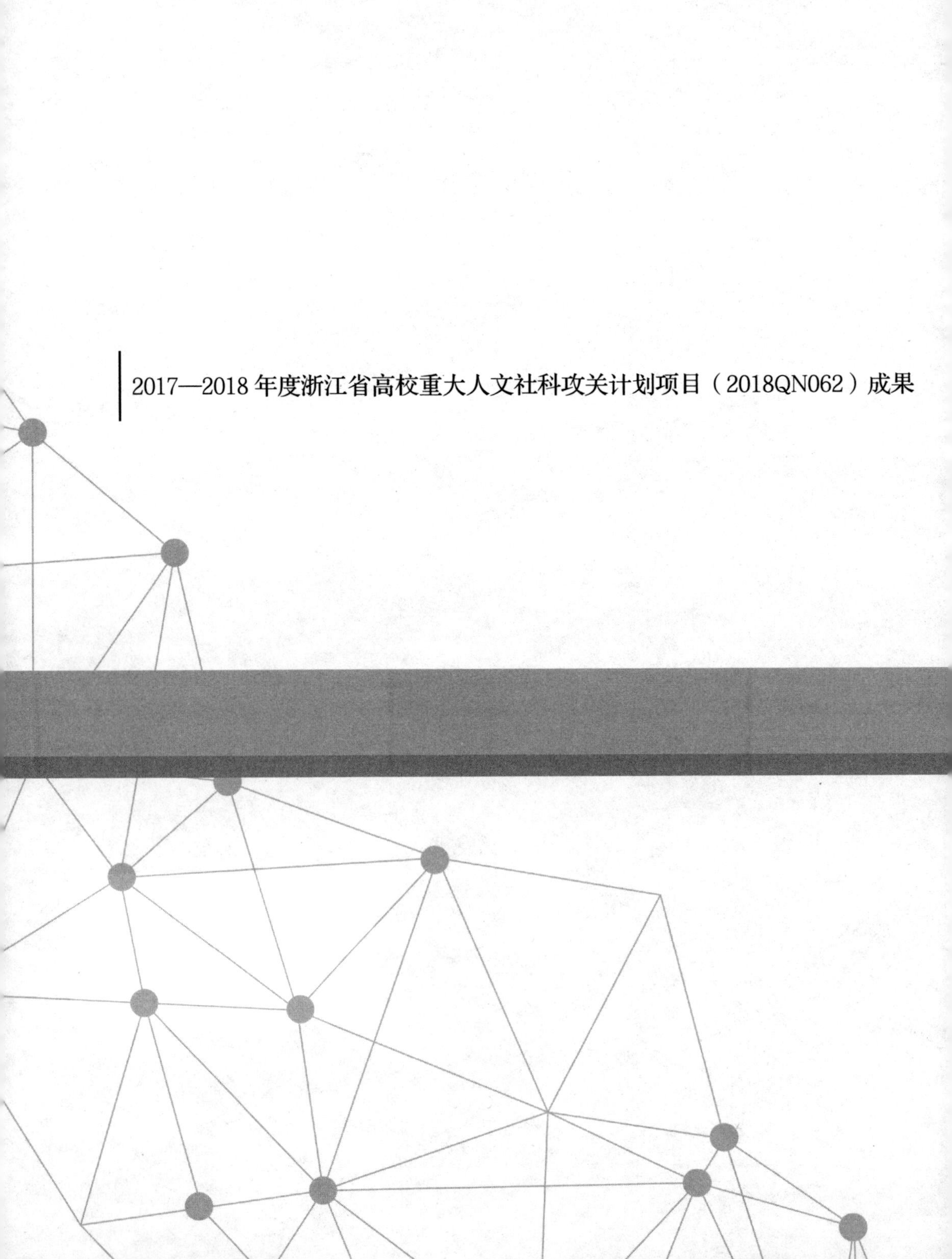

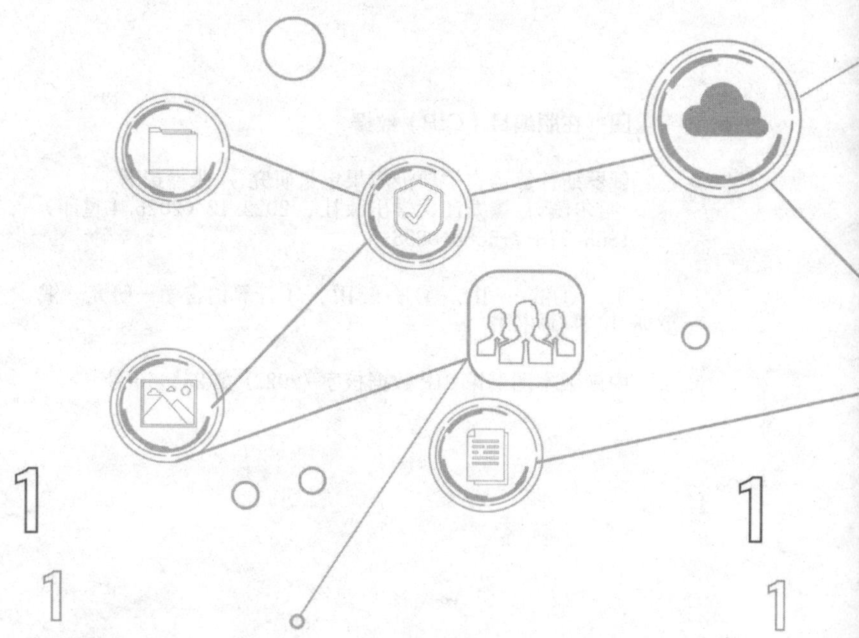

俄罗斯计算语言学前沿成果定量研究

张禄彭◎著

哈尔滨

图书在版编目（CIP）数据

俄罗斯计算语言学前沿成果定量研究 / 张禄彭著
. -- 哈尔滨 : 黑龙江大学出版社， 2022.12（2025.4 重印）
ISBN 978-7-5686-0898-5

Ⅰ. ①俄… Ⅱ. ①张… Ⅲ. ①计算语言学－研究－俄罗斯 Ⅳ. ① H087

中国版本图书馆 CIP 数据核字 (2022) 第 254446 号

俄罗斯计算语言学前沿成果定量研究
ELUOSI JISUAN YUYANXUE QIANYAN CHENGGUO DINGLIANG YANJIU
张禄彭　著

责任编辑　张微微　蔡莹雪　邢会芳
出版发行　黑龙江大学出版社
地　　址　哈尔滨市南岗区学府三道街 36 号
印　　刷　三河市金兆印刷装订有限公司
开　　本　720 毫米 ×1000 毫米　1/16
印　　张　13.75
字　　数　204 千
版　　次　2022 年 12 月第 1 版
印　　次　2025 年 4 月第 2 次印刷
书　　号　ISBN 978-7-5686-0898-5
定　　价　64.80 元

本书如有印装错误请与本社联系更换，联系电话：0451-86608666。

前　言

“对话”会议[1]是当今俄罗斯最大的计算语言学学术会议，其网站发布的学术论文具有权威性、代表性、系统性和可操作性。我们收集了“对话”会议的全部论文，建成七百余万词次的俄罗斯计算语言学论文语料库，分多字段记录论文数据信息构成论文数据库。论文语料库和论文数据库共同构成俄罗斯计算语言学前沿成果知识库。

通过统计各年度论文的分布情况，我们发现以英文撰写的论文逐年增多，反映出俄学术界的国际化倾向。依据作者出现频次总计数和作为第一作者的频次计数两个指标对作者分布情况进行统计分析，通过频次和人数对比关系区分出高频作者、中频作者和低频作者，最终梳理出最具研究价值的俄罗斯计算语言学学者。按照总频次、作者排名和各年度出现频次等区分指标对单位机构的分布情况进行了三次统计，梳理出四类共三十余家重点单位和机构，分析了不同单位学者的领导力、独立性与合作性倾向，观察了重点单位和机构活跃度的演变历程。

对全部论文语料进行统计，借助高频词和关键词反映出俄学术界着重关注的子领域或问题，如文本处理子领域、言语分析子领域、语料库语言学子领域、语义分析子领域、词典学子领域、交际模式子领域、知识抽取子领域、词汇问题、句法问题、信息传递问题等。分年度统计论文语料，证明了俄罗斯计算语言学研究内容稳定保持着其传统内核。借助定量统计分析的其他应用方法，还能够以人为线索对不同学者的理论贡献进行梳理总结，以高

① “对话”会议的网址为 http://www.dialog-21.ru/。正文中有关“对话”会议的内容皆来自此网站。

频词和关键词为线索针对具体问题或领域展开专项研究和总结,亦可增补数据库中的字段信息量。

在对论文数据库及论文语料库进行多维度统计分析的基础上,我们讨论了俄罗斯计算语言学的特点和趋势,阐述了其与莫斯科语义学派的渊源、文科与理工科的融合、国际化趋势以及俄学术界的家庭传统。初步展现了当前俄罗斯计算语言学的全貌,为下一步深入探讨各子领域或具体问题提供了宏观实证数据。

依据高频作者和高频单位的统计结果,我们以科研院所、高等院校、科技公司和境外机构四个单位类别为框架,对每位高频作者的论文分别建立临时子语料库,统计其作为第一作者所撰写论文的高频词和关键词及参与撰写的所有论文的高频词和关键词,并将其作为切入点,分人物归纳总结其研究专长及特点。同时辅以必要的定性分析方法,梳理每位高频作者所涉及论文的标题及摘要,对定量统计结果进行验证。

我们所构建的前沿成果知识库还可用于特定子领域的专项总结分析。我们以语料库语言学和计算语义学子领域为例,使用 WordSmith Tools 软件统计出与“语料库”和“语义”范畴有关的多组数据,找到与“语料库”和“语义”范畴搭配频率较高的词汇,并锁定词汇出现频率较高的高度相关文献。对这些文献中“语料库”和“语义”范畴高频出现的论文进行梳理,分别总结计算语言学视域下俄罗斯语料库语言学和计算语义学的最新进展。本书还介绍了俄罗斯各类新型语料库的建设情况和计算语义学的前沿观点与方法,总结了俄罗斯语料库语言学和计算语义学方面的最新成果。

应当承认,在本书的撰写过程中我们缺乏便利条件赴俄罗斯调研,未能实现对俄罗斯计算语言学重点代表人物面对面的请教,获取的研究素材绝大多数来源于网络资源,可能会有一些滞后。由于本人能力水平有限,纰漏错误在所难免,还望同行专家和领域内学者不吝赐教。

张禄彭

2022 年 9 月 浙江外国语学院

目　　录

绪　论

0.1　选题背景

计算语言学是语言学与计算机科学相结合的一门交叉学科，它产生于20世纪50年代，旨在使用计算机技术处理人类的自然语言，是语言信息处理技术的重要理论基石。当今信息技术已经深入到人类生产生活的方方面面，在信息时代的大背景下，众多语言学家都在思考如何适应无所不在的计算机技术并将其运用到对人类语言的分析研究中，因此近年来国内外计算语言学研究均有长足发展。

俄罗斯计算语言学研究长期走在世界前列，具有自己的特色和大量成果，其学术思想及技术手段为俄罗斯的语言工程技术提供了强大的理论基础及发展原动力。然而，我国计算语言学界对英美的研究成果关注较多，对俄罗斯计算语言学最新进展还较为陌生，这不能不说是中外学科知识贯通的一个缺憾。在网络上进行搜索不难看出，当前国内学术界对俄罗斯计算语言学研究成果的引介总体较少，碎片化地分散于某些特定领域具体问题的探讨介绍中，对21世纪以来的前沿动态的整体把握显得不够。一方面，俄罗斯计算语言学正经历着前所未有的蓬勃发展；另一方面，国内学术界（无论是文科背景的语言文学方向还是理工科背景的自然语言处理方向）的大多数学者却对俄罗斯计算语言学的最新成就不甚了解。两个方面的对比凸显出本课题的重要性。

在这方面，我们目前所搜集到的资料显示，傅兴尚等（2009）分多个子领域详尽梳理了此前俄罗斯计算语言学的研究成果。易绵竹等（2007）详细介绍了俄罗斯工程语言学的理论思想和技术产品。此外，吕红周（2013：210-211）列举了一系列俄罗斯计算语言学研究领域的名家及其主要贡献。然而截至目前，对当今“俄罗斯最大的计算语言学学术会议”——“对话”学术会议——的介绍分析尚未有之。因此在本书中，我们希望加入上述几位专家学者的事业，进而以定量实证分析的方法和视角，将俄罗斯计算语言学研究的前沿态势及相关学术成果展现给我国学术界。

0.2　研究目标

本课题的研究目标主要在于以下两方面：

1）分论文语料库和论文数据库两个模块构建 21 世纪俄罗斯计算语言学前沿成果知识库，采用语料库和数据库的操作方法组织加工并动态维护该知识库。

2）基于建成的知识库，采用以定量研究为主并与定性研究相结合的方法，梳理俄罗斯计算语言学的主要流派及其最新学术观点和研究方法，向国内学术界引介俄罗斯计算语言学前沿的创新思想及技术手段。

0.3　主要内容和研究方法

与研究目标相对应，本课题研究内容主要分以下两部分：一是构建俄罗斯计算语言学“对话”学术会议论文语料库，对论文知识库的信息进行标注、维护和更新；二是应用该知识库对 21 世纪俄罗斯计算语言学态势展开以定量统计为主的研究，对俄罗斯计算语言学分支流派和子领域分别进行专项统计分析。

0.3.1　构建俄罗斯计算语言学论文数据库和语料库

使用网页爬虫技术，下载“对话”国际学术会议网站上的论文资料。2000 年以来的论文能以 html 或 pdf 格式下载并保存，目前我们已采集该网站 2000—2022 年的所有论文并将其转换为纯文本格式，初步构建了论文生语料库。以此为基础,我们依据数据库的构建原则对所收集的论文进行存储和检索,提取各篇论文的标题、年份、作者、作者单位、电子邮件等字段信息,便于论文的检索和定量分析,并将论文数据库和论文语料库整合,形成俄罗斯计算语言学前沿成果知识库。然后运用论文数据库字段信息和论文语料库的临时子库相配合进行统计。

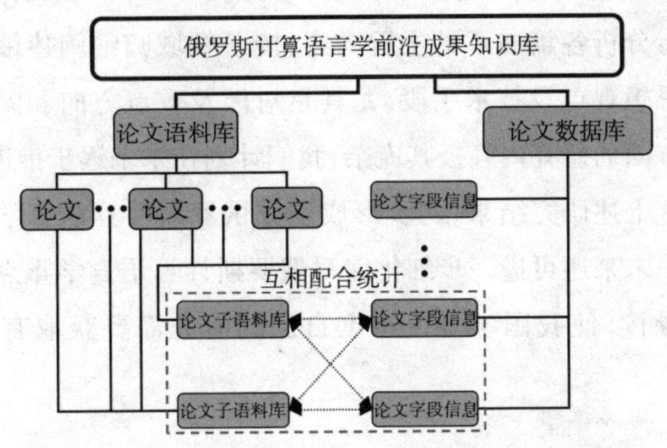

图 0.1 俄罗斯计算语言学前沿成果知识库示意图

俄罗斯计算语言学前沿成果知识库建成后,还需对其不断进行更新和动态维护,将此后年会的新论文添加进来。未来我们还将在互联网上开通接口,及时将俄罗斯计算语言学最新研究成果信息以汉俄双语进行发布。注册用户还可为本库添加新论文,并对已有的资源进行补充编辑。今后该知识库的知识源不仅局限于"对话"学术会议网站,动态维护会使得知识库的功能更为强大,适用面也将更广泛。

0.3.2 利用知识库分析梳理俄罗斯计算语言学态势

用统计工具对论文数据和语料进行初步量化分析,使用以定量统计为主的研究方法对知识库中的论文进行多维度统计,对俄罗斯计算语言学的各单位分支及不同子领域进行分块总结,宏观把握新世纪俄罗斯计算语言学流派及其研究所呈现的主要特点及发展态势,阐明俄罗斯计算语言学界在做什么、有谁在做、怎么做等重大问题。

1)俄罗斯计算语言学界在做什么。按子领域、主题、年度等指标统计整个知识库,分析当前俄罗斯计算语言学研究的重点领域、问题及发展趋势。

2)有谁在做。通过统计论文语料库中各篇论文的作者、作者单位、联系方式等信息,分析俄罗斯计算语言学研究机构及其组成、核心成员的学术专长及学术影响力,从而为梳理当前俄罗斯计算语言学学术流派分支提供依据。

3)怎么做。为了解俄罗斯计算语言学界具体如何开展研究,还需要结合摘要进一步分析各篇文章的主旨内容,按子领域归纳阐述俄罗斯计算语言学前沿的思想观点及技术手段,尤其是对涉及重点方向和问题的论文进行引介。这方面的研究内容极其庞杂,我们计划在未来逐步推进此项工作。

最终综合上述研究结果,初步形成引介俄罗斯计算语言学研究前沿的纲要性成果。未来还可进一步细化编写俄罗斯计算语言学重点方向和问题的学术成果导读,使我国学者可根据自己的研究需要获取有价值的参考资料。

0.4 特点与创新之处

本课题主要特点在于:

1)注重前沿。为准确把握俄罗斯计算语言学研究的前沿进展,我们首要关注的就是新千年以来俄罗斯学术界①的思想观点和研究取向。

2)突出俄罗斯特色。着重挖掘俄罗斯计算语言学会议论文库所特有的核心内容和创新思想,介绍俄计算语言学流派独树一帜的学术观点。

本课题创新之处在于:

1)构建动态更新的俄罗斯计算语言学前沿成果知识库,为我国计算语言学研究者提供可共享的俄罗斯学术前沿资源。

2)采用语料库和数据库相结合的方法,对语言学学术文本进行加工分析。分类统计俄罗斯计算语言学最为关注的方向领域及重点问题,列出可

① 应当指出的是,少量俄罗斯境外机构也曾在“对话”学术会议的框架下积极参与俄语和相关斯拉夫语种的自动处理研究,他们也在当时成为俄罗斯计算语言学研究领域的组成部分。因此本书的研究是对于俄罗斯计算语言学学术领域的研究,而非完全限于俄罗斯地理概念范畴之内。本书中的俄罗斯学术界是指计算语言学学术研究领域,而非地理概念,下同。

供参考的前沿关键词词表。

3)以定量为主定性为辅的研究方法,梳理归纳俄罗斯计算语言学的重点人物及其流派分支以及子领域或具体问题,并进行专项统计分析。

0.5　研究意义和价值

为全面把握当今俄罗斯计算语言学的学术前沿,深入开展面向俄语信息处理的科学研究,本课题尝试以“对话”国际学术会议文集为核心知识源,搜集整理2000年以来俄罗斯计算语言学研究的成果。对所搜集的素材以语料库的方法进行加工和整理,以数据库的方法建立多个字段记录论文基本信息,从而形成数据相互联通的新世纪俄罗斯计算语言学前沿成果知识库。

课题在建成论文语料库和数据库的基础上,展开大量的实证主义定量统计,为探究目前俄计算语言学前沿问题提供丰富的实证数据支撑,以高频词和关键词为切入点分人物、单位、主题梳理俄罗斯计算语言学论文成果,向我国学术界展现俄罗斯学术界的流派分支和研究现状。

课题参考统计数据,探究新世纪俄罗斯计算语言学的研究现状、主要特点及发展趋势,综合展示俄罗斯计算语言学的最新景观,与领域内研究者共享俄学术界成果,为创新我国计算语言学研究模式提供参考。本课题研究对于推进我国计算语言学学科专业建设、开展面向俄文信息处理的基础理论研究和工程技术开发,无疑具有重要的学术探索意义和广泛的实际应用价值。

0.6　本书结构

本书主体部分由绪论、第1至5章、结论共7部分组成。其中第1—2章论述论文数据库和论文语料库的构建,并对其进行初步定量统计。第3—5章论述将知识库中的论文进行整合后形成临时子语料库,并将其应用于针对俄罗斯计算语言学界的代表人物或子领域进行专项定量分析。

第1章　论文数据库的构建与统计分析

我们在绪论中指出，论文知识库分为论文数据库和论文语料库两个部分。本章中我们先介绍论文数据库的构建与统计分析情况，在下章再介绍论文语料库的构建与统计分析。

1.1　论文数据库的构建

“对话”会议自2000年至2022年共在其网站上发布论文2397篇。对如此众多的论文，我们需要以数据库的方法进行记录管理，以便下一步采用Access和WordSmith Tools进行定量统计分析，探究21世纪俄罗斯计算语言学总的研究态势、主要人员和机构及其学术文本特征。

论文数据库相当于是论文语料库中论文的复杂索引，方便对论文进行管理、检索和计算分析。我们需要提取每篇论文的详细信息，并将其分别设置为论文数据库的不同字段。目前建成的论文数据库中包含论文标题、年份、类型、是否英语撰写、作者、作者单位、联系方式、关键词等重要字段①，还添加了到论文文本的超链接，便于人们对论文进行查询访问。最终建成的

---

①　在未来的研究中，我们计划再添加论文高频词、所属计算语言学子领域、论文标题的汉译等几个字段，从而对每篇论文进行更细致的标记。其中，依据俄罗斯计算语言学研究的实际需要和“对话”网站的分类方法，我们可将所有论文归入计算语言学的不同子领域：语言的计算机资源、文档的计算机分析（分类、搜索、音调分析等）、语料库语言学（建设、标注、应用方法、语料库评估）、语言本体和知识自动抽取、对社会媒体的语言分析、言语分析、文本和言语的机器翻译、文本语义分析的模式（模型）和方法、交际模式、理论词典学和计算词典学、类型学与计算语言学、语言的形式化模型及其在计算语言学中的应用。（2016年网站改版升级以前的子领域分类方法为：计算词典学、计算词汇学、语料库语言学、语义学与语义分析、形式语言学与语言形式化、互联网资源与运用、信息抽取、交际对话、言语分析与综合、自动摘要与检索、机器翻译、语音处理等。）

数据库如图 1.1 所示。

图 1.1　论文数据库截图

由于所收集的论文众多，横跨二十几个年度，论文的格式大不相同，所以要对每个字段的数据进行标准化处理。例如作者姓名，有的是姓在前，有的是名和父称在前，有的包含父称，有的不包含父称，有的名和父称采用首字母加点的简化形式，有的采用完整形式，有的俄罗斯作者用英语拼写自己的姓名。这就需要我们反复比对修改，最终将所有作者的姓名记录为姓在前、名和父称以首字母加点的形式在后的统一格式，并且将俄罗斯作者名的英语拼写还原成俄语。作者单位的标准化处理就更为复杂，除了格式上的统一，还存在单位整合变化和个人隶属关系变动的问题，因此需要查阅大量相关资料确认作者在论文发表当年的所在单位，并统一记录为相同格式。

1.2　论文分布情况

俄罗斯计算语言学"对话"学术会议在 2000—2022 年共 23 年间在其网站上共发布学术论文 2397 篇①，内容涉及计算语言学的诸多子领域。自

① 我们可以从网站上搜索到并下载的 2397 篇论文中个别论文只有摘要，缺少全文，绝大多数论文是完整的。

2010 年开始"对话"学术会议每届还举行名为"对话评估"①(Dialogue Evaluation)的评测比赛,组织不同的计算机分析处理系统针对某些实际问题展开比较测试,目的是研究制定"对话评估"的统一准则、论证测试结果的效度和信度,总共 31 场评估的结果也包含在上述 2397 篇论文中。

各年度论文的分布情况如图 1.2,其中 2000—2002 年是单纯的论文集,从 2003 年开始在论文集之外增加了"发表在网站上的论文"(Статьи, публикуемые на сайте),从 2016 年开始又增加了"学生会议"(Студенческая сессия)的论文,此外,2019 年还增加了"演示会议"(Демо-сессия)的三篇论文。

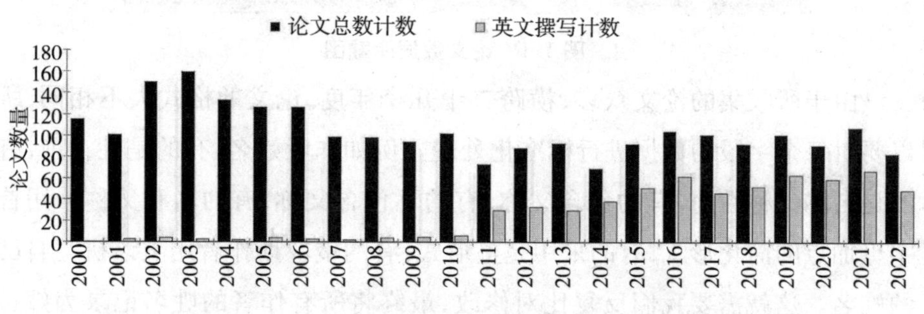

图 1.2 每年的论文总数和英语撰写的论文计数

---

① 截至目前一共进行了 31 场次评测:2010 年评测主题为形态学(Морфология),2011 年未举行评估,2012 年评测主题为音调分析(Анализ тональности)和句法(Синтаксис),2013 年评测主题为音调分析(Анализ тональности)和机器翻译(Машинный перевод),2014 年为指代消解(Разрешение анафоры),2015 年为音调分析(Анализ тональности)和语义相近度(Семантическая близость),2016 年有音调分析(Анализ тональности)、命名实体和事实的提取(Выделение именованных сущностей и фактов)以及错字纠正(Исправление опечаток)三项,2017 年的评测主题为寻找外来语(Поиск заимствований)和形态学分析(Морфологический анализ),2018 年为词汇多义消歧(Разрешение лексической многозначности),2019 年有标题生成(Генерация заголовков)、承前省略(Гэппинг)、低资源语言(Малоресурсные языки)和指代消解(Разрешение анафоры),2020 年的评测主题为分类法(Таксономия)、跟踪俄语文本的自动形态句法分析[GramEval(Дорожка по автоматическому морфосинтаксическому анализу русских текстов)]和商业环境中的关系提取竞赛[RuREBus(Соревнование по извлечению отношений в бизнес-постановке)],2021 年有文本简化(Упрощение текстов)、语义转变(Семантические сдвиги)、低资源语言(Малоресурсные языки)、聚类(Кластеризация)、语义草图(Семантические скетчи)和文本规范化(Нормализация текстов),2022 年有文本排毒[RUSSE Detox(RUSSE-2022 Detoxification)]、人工文本检测[RuATD(Russian Artificial Text Detection)]、参数挖掘[RuArg(Russian Argument Mining) Evaluation]和识别嵌套命名实体[RuNNE(Russian Recognizing Nested Named Entities)]。

可见,2010 年之前每届会议的论文一般在 100 篇以上,自 2011 年以来,论文数量有所下降,一般每届会议的论文在 100 篇上下浮动。值得关注的是,自 2011 年以来,以英语撰写的论文数量激增,图 1.3 显示自 2014 年起以英语撰写的论文数量超过了以俄语撰写的论文的数量,且数量继续逐年上升,除 2017 年被俄语撰写的论文略超,之后年份均是以英语撰写的论文数量更多,这体现了俄罗斯计算语言学会议积极与国际相接轨的发展趋势。

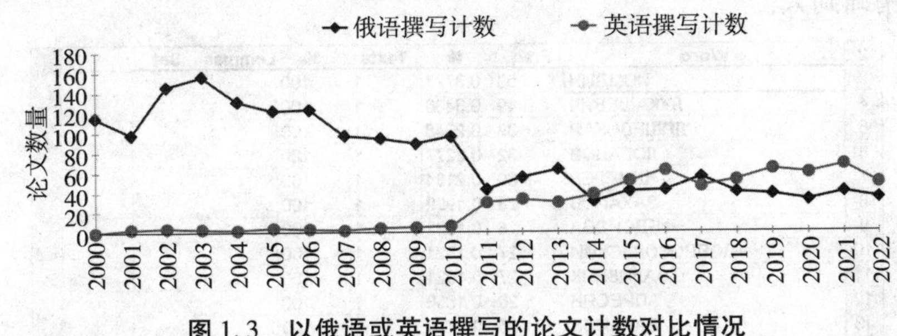

图 1.3 以俄语或英语撰写的论文计数对比情况

"对话"学术会议规定,论文集中"关于计算语言学的论文以英语发表,这能扩大受众范围,且有利于吸引更多的国际专家评审";而"有关俄语语言学分析的论文要求读者事先具有俄语方面的知识,因此用俄语发表(但必须带有英语摘要)"。"对话"学术会议希望向国际学术界发出自己的声音,更好地推介俄罗斯计算语言学研究的最新成就,同时吸纳诸多俄罗斯境外的知名学者。为打破语言障碍,更多的俄罗斯学者开始用英语阐述自己的学术观点。值得一提的是,该趋势有利于我国学者了解俄罗斯计算语言学的最新进展,方便了我国学术界的对俄交流。

1.3 作者分布情况

我们统计作者分布情况主要依据两个指标。一是每位学者在作者栏中出现频次的总计数,不区分作者排名先后顺序,这能反映出该学者总的活跃程度。二是学者作为第一作者出现频次的计数,这能更好地反映出该学者的学术影响力。

1.3.1 作者出现频次总计数排序

首先依据第一个指标统计高频作者，我们使用 WordSmith Tools 的 WordList 词表组件分别进行了两次词频统计。在第一次统计中，我们直接导入作者的姓名文本，统计出的是作者姓氏的频次排序，如图 1.4。其中 ИОМДИН 等姓氏涉及同姓不同名的情况，统计结果只能精确到姓的排序，无法精确到人。

2	Word	Freq.	%	Texts	%	Lemmas	Set
3	ИОМДИН	53	0.3771	1	100		
4	ЛУКАШЕВИЧ	49	0.3486	1	100		
5	ЛЯШЕВСКАЯ	33	0.2348	1	100		
6	ЛОБАНОВ	32	0.2277	1	100		
7	ШМЕЛЕВ	30	0.2134	1	100		
8	ЗАХАРОВ	28	0.1992	1	100		
9	ФЕДОРОВА	28	0.1992	1	100		
10	ДОБРОВОЛЬСКИЙ	27	0.1921	1	100		
11	ЗАЛИЗНЯК	27	0.1921	1	100		
12	АПРЕСЯН	26	0.1850	1	100		
13	БАРАНОВ	25	0.1779	1	100		
14	КУЗНЕЦОВ	25	0.1779	1	100		
15	КОБОЗЕВА	24	0.1708	1	100		
16	ПОДЛЕССКАЯ	24	0.1708	1	100		
17	КИБРИК	23	0.1636	1	100		
18	КУСТОВА	23	0.1636	1	100		
19	ДОБРОВ	22	0.1565	1	100		
20	ТОЛДОВА	22	0.1565	1	100		

WordSmith Word List

图 1.4　高频作者总计数排序(姓)

为此我们删掉了作者姓名中的空格，使得作者“姓+名和父称首字母”连接成一个新词。增加作者名和父称首字母这一区分项可以更准确地区分同姓不同名的作者，较好地减少了大多数同姓歧义的情况，结果如图 1.5。

2	Word	Freq.	%	Texts	%	Lemmas	Set
3	ЛУКАШЕВИЧНВ	39	0.7764	1	100		
4	ЛОБАНОВБМ	32	0.6371	1	100		
5	ЛЯШЕВСКАЯОН	29	0.5773	1	100		
6	ИОМДИНЛЛ	27	0.5375	1	100		
7	ДОБРОВОЛЬСКИЙДО	25	0.4977	1	100		
8	АПРЕСЯНВЮ	24	0.4778	1	100		
9	ФЕДОРОВАОВ	24	0.4778	1	100		
10	БАРАНОВАН	23	0.4579	1	100		
11	ЗАЛИЗНЯКАА	23	0.4579	1	100		
12	ИОМДИНБЛ	23	0.4579	1	100		
13	КУСТОВАГИ	23	0.4579	1	100		
14	ШМЕЛЕВАД	23	0.4579	1	100		
15	ПОДЛЕССКАЯВИ	22	0.4380	1	100		
16	ЛЕВОНТИНАИБ	21	0.4181	1	100		
17	ПАДУЧЕВАЕВ	20	0.3982	1	100		
18	КИБРИКАА	19	0.3783	1	100		
19	ТОЛДОВАСЮ	19	0.3783	1	100		
20	БОЛЬШАКОВАЕИ	18	0.3584	1	100		

WordSmith Word List

图 1.5　高频作者总计数排序(“姓+名和父称首字母”)

“姓+名和父称首字母”基本可以较为准确地锁定大多数作者,但是依然可能存在两名或多名作者的“姓+名和父称首字母”相同而父称却不同的小概率事件。为此,我们首先选取了出现频次总计数在 18(含)次以上的重点作者回到数据库中进行人工复查,希望借助数据库中的作者单位、联系方式等其他信息确认作者,彻底消除歧义。

“姓+名和父称首字母”出现频次总计数在 18(含)次以上的作者共 24 人,他们分别是:39 次 1 人(Лукашевич Н. В.),32 次 1 人(Лобанов Б. М.),29 次 1 人(Ляшевская О. Н.),27 次 1 人(Иомдин Л. Л.),25 次 1 人(Добровольский Д. О.),24 次 2 人(Апресян В. Ю., Федорова О. В.),23 次 5 人(Баранов А. Н., Зализняк А. А., Иомдин Б. Л., Кустова Г. И., Шмелев А. Д.),22 次 1 人(Подлесская В. И.),21 次 1 人(Левонтина И. Б.),20 次 1 人(Падучева Е. В.),19 次 2 人(Кибрик А. А., Толдова С. Ю.),18 次 7 人(Большакова Е. И., Добров Б. В., Кобозева И. М., Крейдлин Г. Е., Крылов С. А., Соколова Е. Г., Янко Т. Е.)。我们对上述 24 个样本进行人工复查,未发现歧义事件。

尽管“姓+名和父称首字母”的统计方法会遭遇有时不标注父称的小概率事件,但总体来讲 WordSmith Tools 自动统计生成的频次排序列表大大提高了我们的工作效率,方便我们锁定高频作者。且在 66(即“24+42”)个出现频次在10(含)次以上的"姓+名和父称首字母"组合样本中正确率大于90%。

为观察作者出现频次总计数的分布情况,我们改正了"姓+名和父称首字母"复查样本中已发现的未标注父称的小概率事件,并生成了作者出现频次总计数分布情况简图,如图1.6①。从图中的频次总计数和作者人数的对比结构来看,频次总计数在10(含)次以上的作者比较少,每个频段上不超过10人,他们应当是俄罗斯计算语言学界最为积极活跃的成员,因此我们将出现频次总计数在10(含)次以上的作者称为高频作者。高频作者中的前24名出现频次超过18次,属于最高频作者。频次总计数为7—9次的学者开始增多,每个频段上的人数介于10—25之间,他们是比较积极的成员,我们称其为次高频作者。频次总计数为4—6次的学者更多,每个频段上超过25人且级差开始变大,他们的活跃度属于中等水平,我们称其为中频作者。频次总计数为3(含)次以下的学者最多,每个频段上超过百人,数量很大,他们的活跃度相对较弱,我们称其为低频作者。在下图中我们列出了中频以上作者的分布情况。

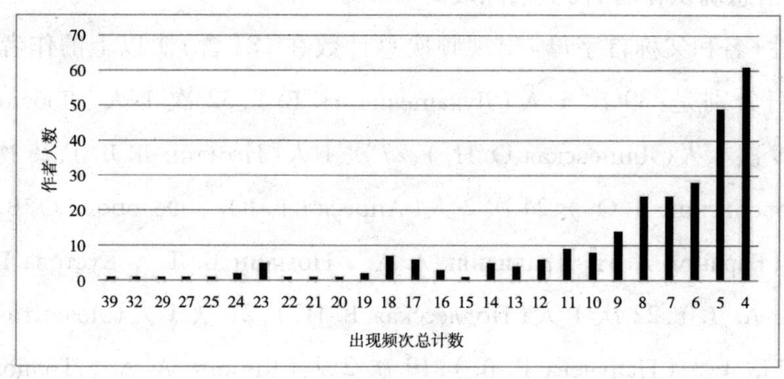

图1.6 作者出现频次总计数的分布情况

① 我们使用WordSmith Tools统计生成的作者"姓+名和父称首字母"排序列表中出现频次为5次以下的样本我们没有一一在数据库中进行人工复查,因为这些作者的数量极多且影响力相对有限,并且根据人工抽样复查的误差概率计算,列表中的"姓+名和父称首字母"正确率约为95%,对于数量众多的中低频作者误差率5.3%,基本可忽略不计。排除小概率歧义事件的因素,出现频次为5次的作者约50人,出现频次为4次的约61人,出现频次为3次的约120人,出现频次为2次的约263人,出现频次为1次的约1023人。因后两组数量巨大,放在图1.6中影响其他数据的显示,故图中只含有出现频次为4(含)次以上的作者。

根据“高频作者、次高频作者、中频作者、低频作者”的划分，我们选取高频作者（包括最高频作者）制作了出现频次总计数排序表（表1.1），便于展示我们的统计情况，有利于国内学界同人了解俄罗斯计算语言学领域积极活跃的学者。如表1.1，其中的最高频作者应是我们优先关注研究的对象。此外，表1.1中的排序和第一作者频次计数的排序不完全一致，在下一小节中，我们会做进一步的对比。

表1.1　高频作者出现频次总计数排序表

排序	作者姓名	总计数	所在单位
1	Лукашевич Н. В.	39	НИВЦ МГУ
2	Лобанов Б. М.	32	ОИПИ НАН Беларуси
3	Ляшевская О. Н.	29	НИУ ВШЭ；ИРЯ РАН
4	Иомдин Л. Л.	27	ИППИ РАН
5	Добровольский Д. О.	25	ИРЯ РАН
6	Апресян В. Ю.	24	ИРЯ РАН；НИУ ВШЭ
7	Федорова О. В.	24	МГУ；ИЯ РАН
8	Баранов А. Н.	23	ИРЯ РАН
9	Зализняк А. А.	23	ИЯ РАН
10	Иомдин Б. Л.	23	ИРЯ РАН；НИУ ВШЭ
11	Кустова Г. И.	23	ИРЯ РАН；МПГУ
12	Шмелев А. Д.	23	МПГУ；ИРЯ РАН
13	Подлесская В. И.	22	РГГУ
14	Левонтина И. Б.	21	ИРЯ РАН
15	Падучева Е. В.	20	ВИНИТИ РАН
16	Кибрик А. А.	19	ИЯ РАН；МГУ
17	Толдова С. Ю.	19	НИУ ВШЭ；РГГУ
18	Большакова Е. И.	18	МГУ；НИУ ВШЭ
19	Добров Б. В.	18	НИВЦ МГУ
20	Кобозева И. М.	18	МГУ
21	Крейдлин Г. Е.	18	РГГУ
22	Крылов С. А.	18	ИВ РАН；ИСА РАН
23	Соколова Е. Г.	18	РГГУ；РосНИИ искусственного интеллекта
24	Янко Т. Е.	18	ИЯ РАН
25	Беликов В. И.	17	ИРЯ РАН；РГГУ
26	Котов А. А.	17	НИЦ Курчатовский институт；РГГУ
27	Кривнова О. Ф.	17	МГУ

续表

排序	作者姓名	总计数	所在单位
28	Семенова С. Ю.	17	ИНИОН РАН；РГГУ
29	Урысон Е. В.	17	ИРЯ РАН
30	Циммерлинг А. В.	17	МПГУ（МГГУ）；ИЯ РАН
31	Захаров Л. М.	16	МГУ
32	Кобзарева Т. Ю.	16	РГГУ
33	Шерстинова Т. Ю.	16	СПбГУ
34	Кононенко И. С.	15	ИСИ СО РАН
35	Азарова И. В.	14	СПбГУ
36	Богуславский И. М.	14	ИППИ РАН；Политехнический университет Мадрида，Испания
37	Гришина Е. А.	14	ИРЯ РАН
38	Кузнецов И. П.	14	ИПИ РАН
39	Шмелева Е. Я.	14	ИРЯ РАН
40	Большаков И. А.	13	Национальный политехнический институт（IPN），Мексика
41	Борисова Е. Г.	13	Московский городской педагогический университет
42	Зацман И. М.	13	ИПИ РАН
43	Сорокин А. А.	13	МФТИ；МГУ
44	Браславский П. И.	12	ИМАШ УрО РАН；Уральский федеральный университет
45	Воскресенский А. Л.	12	Специальная общеобразовательная школа-интернат № 101 для детей с нарушениями слуха，Москва
46	Коротаев Н. А.	12	РГГУ
47	Мальковский М. Г.	12	МГУ
48	Пиперски А. Ч.	12	РГГУ；НИУ ВШЭ
49	Сидорова Е. А.	12	РосНИИ искусственного интеллекта；ИСИ СО РАН
50	Бонч-Осмоловская А. А.	11	НИУ ВШЭ；МГУ

续表

排序	作者姓名	总计数	所在单位
51	Ермаков А. Е.	11	ООО «ЭР СИ О»; ООО «Гарант-Парк-Интернет»
52	Загорулько Ю. А.	11	РосНИИ искусственного интеллекта; ИСИ СО РАН
53	Казакевич О. А.	11	НИВЦ МГУ
54	Козеренко А. Д.	11	ИРЯ РАН
55	Летучий А. Б.	11	НИУ ВШЭ; ИРЯ РАН; РГГУ
56	Недолужко А. Ю.	11	Карлов университет, Прага, Чехия
57	Рахилина Е. В.	11	НИУ ВШЭ; ИРЯ РАН
58	Слюсарь Н. А.	11	НИУ ВШЭ; СПбГУ
59	Богданова Н. В.	10	СПбГУ
60	Гельбух А. Ф.	10	Национальный политехнический институт (IPN), Мексика
61	Захаров В. П.	10	СПбГУ; ИЛИ РАН
62	Инькова О. Ю.	10	ИПИ РАН
63	Козеренко Е. Б.	10	ИПИ РАН
64	Литвиненко А. О.	10	МГУ; ИЯ РАН
65	Митрофанова О. А.	10	СПбГУ
66	Михеев М. Ю.	10	НИВЦ МГУ

1.3.2 作为第一作者出现频次计数排序

一般来说,高频的第一作者在学术界具有较大影响力,为确保突出所有这些重要人物,我们专门对第一作者再进行一次检索和排序。

这次统计我们删除了第二、第三等次要作者,在作者栏只保留了第一作者,按照第一作者的姓氏顺序在数据库的 2397 篇论文中搜索出现频次大于等于 7 次[①]的作者姓名,计数排序情况如表 1.2。

① 我们将 7 次作为下限是基于上一小节中对作者出现频次总计数分布情况的分析,出现 7(含)次以上(即便都是作为第一作者出现)的作者属于高频作者和次高频作者。只有总计数在 7(含)次以上的作者才可能成为潜在的高频第一作者,总计数在 7 次以下的作者不可能成为高频第一作者。

表 1.2　高频第一作者排序表

排名	作者姓名	作为第一作者计数
1	Апресян В. Ю.	23
2	Баранов А. Н.	23
3	Зализняк А. А.	21
4	Лобанов Б. М.	21
5	Кустова Г. И.	20
6	Падучева Е. В.	18
7	Янко Т. Е.	18
8	Лукашевич Н. В.	17
9	Подлесская В. И.	17
10	Урысон Е. В.	17
11	Беликов В. И.	16
12	Иомдин Б. Л.	16
13	Крейдлин Г. Е.	16
14	Семенова С. Ю.	15
15	Богуславский И. М.	14
16	Иомдин Л. Л.	14
17	Левонтина И. Б.	14
18	Ляшевская О. Н.	14
19	Добровольский Д. О.	13
20	Соколова Е. Г.	13
21	Федорова О. В.	13
22	Шмелева Е. Я.	13
23	Борисова Е. Г.	12
24	Воскресенский А. Л.	12
25	Гришина Е. А.	12
26	Котов А. А.	12
27	Циммерлинг А. В.	12
28	Большакова Е. И.	11
29	Крылов С. А.	11
30	Летучий А. Б.	11
31	Толдова С. Ю.	11
32	Азарова И. В.	10
33	Большаков И. А.	10
34	Ермаков А. Е.	10
35	Зацман И. М.	10

续表

排名	作者姓名	作为第一作者计数
36	Кибрик А. А.	10
37	Кобзарева Т. Ю.	10
38	Козеренко Е. Б.	10
39	Кобозева И. М.	10
40	Кузнецов И. П.	10
41	Инькова О. Ю.	9
42	Коротаев Н. А.	9
43	Крылова Т. В.	9
44	Михеев М. Ю.	9
45	Богданова Н. В.	9
46	Зарецкая Е. Н.	8
47	Козеренко А. Д.	8
48	Литвиненко А. О.	8
49	Пазельская А. Г.	8
50	Пиперски А. Ч.	8
51	Сорокин А. А.	8
52	Труб В. М.	8
53	Кривнова О. Ф.	8
54	Гельбух А. Ф.	7
55	Казакевич О. А.	7
56	Ландэ Д. В.	7
57	Мальковский М. Г.	7
58	Недолужко А. Ю.	7
59	Розина Р. И.	7
60	Шмелев А. Д.	7
61	Ягунова Е. В.	7

除了出现频次在7(含)次以上的高频第一作者,还有6(含)次以下的中低频第一作者,他们的数量很大。在我们的数据库中,总共出现了1173位第一作者的姓名,其中806位是只出现过1次的,161位是只出现过2次的。而出现过3(含)次以上的作者的分布情况如下图所示,可见出现频次越少,作者数量越多,反之亦然。

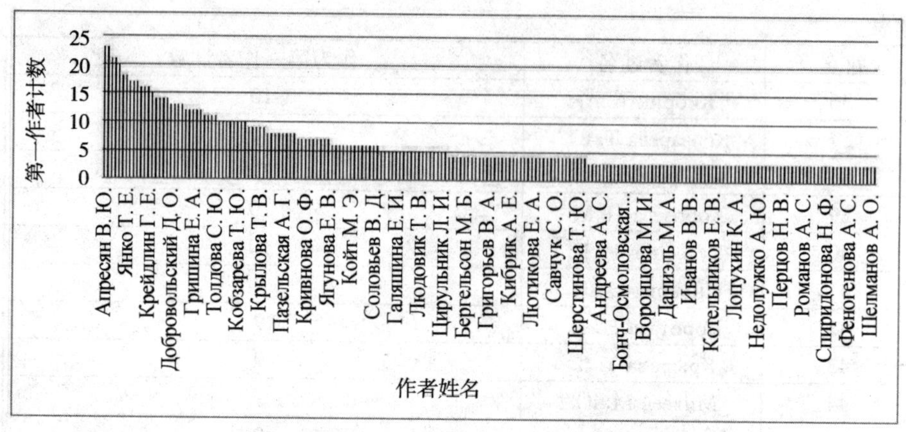

图 1.7 出现频次超过 3(含)次的作者分布情况图

为了最大限度地发现有价值的高频作者,我们将高频作者出现频次总计数排序表(表 1.1)和高频第一作者排序表(表 1.2)两个统计结果进行综合考量。用上一小节中统计生成的作者姓名出现频次总计数列表(表 1.1)中的每一项“姓+名和父称首字母”组合返回数据库的作者字段中使用文本筛选器进行自动搜索,再从中选出其作为第一作者的计数。我们以第一作者计数为主要索引进行排序,结果如表 1.3 所示。

表 1.3 频次总计数列表中的高频第一作者排序表①

排序	作者姓名	总计数	作为第一作者计数	所在单位
1	阿普列相·瓦·尤(女) Апресян В. Ю.	24	23	俄罗斯科学院俄语研究所;国家研究型大学高等经济学校 ИРЯ РАН; НИУ ВШЭ
2	巴拉诺夫·阿·尼 Баранов А. Н.	23	23	俄罗斯科学院俄语研究所 ИРЯ РАН
3	扎利兹尼亚克·安·安(女) Зализняк А. А.	23	21	俄罗斯科学院语言学研究所 ИЯ РАН
4	洛巴诺夫·鲍·梅 Лобанов Б. М.	32	21	白俄罗斯国家科学院信息学问题联合研究所 ОИПИ НАН Беларуси

① 我们在本表中对高频作者进行集中汉译,因本表集中包含了绝大多数高频作者和高频单位。

续表

排序	作者姓名	总计数	作为第一作者计数	所在单位
5	库斯托娃·加·伊(女) Кустова Г. И.	23	20	俄罗斯科学院俄语研究所;莫斯科国立师范大学 ИРЯ РАН; МПГУ
6	帕杜切娃·叶·维(女) Падучева Е. В.	20	18	俄罗斯科学院全俄科学技术信息研究所 ВИНИТИ РАН
7	扬科·塔·叶(女) Янко Т. Е.	18	18	俄罗斯科学院语言学研究所 ИЯ РАН
8	卢卡舍维奇·娜·瓦(女) Лукашевич Н. В.	39	17	莫斯科国立大学科研计算中心 НИВЦ МГУ
9	波德列斯卡娅·薇·伊(女) Подлесская В. И.	22	17	俄罗斯国立人文大学 РГГУ
10	乌雷松·叶·弗(女) Урысон Е. В.	17	17	俄罗斯科学院俄语研究所 ИРЯ РАН
11	别里科夫·弗·伊 Беликов В. И.	17	16	俄罗斯科学院俄语研究所;俄罗斯国立人文大学 ИРЯ РАН; РГГУ
12	约姆丁·鲍·列 Иомдин Б. Л.	23	16	俄罗斯科学院俄语研究所;国家研究型大学高等经济学校 ИРЯ РАН; НИУ ВШЭ
13	克列伊德林·格·叶 Крейдлин Г. Е.	18	16	俄罗斯国立人文大学 РГГУ
14	谢苗诺娃·索·尤(女) Семенова С. Ю.	17	15	俄罗斯科学院社科信息研究所;俄罗斯国立人文大学 ИНИОН РАН; РГГУ
15	博古斯拉夫斯基·伊·米 Богуславский И. М.	14	14	俄罗斯科学院信息传输问题研究所;西班牙马德里理工大学 ИППИ РАН; Политехнический университет Мадрида, Испания
16	约姆丁·列·列 Иомдин Л. Л.	27	14	俄罗斯科学院信息传输问题研究所 ИППИ РАН
17	列翁京娜·伊·鲍(女) Левонтина И. Б.	21	14	俄罗斯科学院俄语研究所 ИРЯ РАН

续表

排序	作者姓名	总计数	作为第一作者计数	所在单位
18	利亚舍夫斯卡娅·奥·尼(女) Ляшевская О. Н.	29	14	国家研究型大学高等经济学校;俄罗斯科学院俄语研究所 НИУ ВШЭ; ИРЯ РАН
19	多布罗沃利斯基·德·奥 Добровольский Д. О.	25	13	俄罗斯科学院俄语研究所 ИРЯ РАН
20	索科洛娃·叶·格(女) Соколова Е. Г.	18	13	俄罗斯国立人文大学;俄罗斯人工智能科研所 РГГУ; РосНИИ искусственного интеллекта
21	费奥多罗娃·奥·维(女) Федорова О. В.	24	13	莫斯科国立大学;俄罗斯科学院语言学研究所 МГУ; ИЯ РАН
22	什梅廖娃·叶·雅(女) Шмелева Е. Я.	14	13	俄罗斯科学院俄语研究所 ИРЯ РАН
23	鲍里索娃·叶·格(女) Борисова Е. Г.	13	12	莫斯科市立师范大学 Московский городской педагогический университет
24	沃斯克列先斯基·亚·列 Воскресенский А. Л.	12	12	莫斯科第101听障儿童特殊寄宿学校 Специальная общеобразовательная школа-интернат № 101 для детей с нарушениями слуха, Москва
25	格里什娜·叶·亚(女) Гришина Е. А.	14	12	俄罗斯科学院俄语研究所 ИРЯ РАН
26	科托夫·阿·亚 Котов А. А.	17	12	国家研究中心库尔恰托夫研究所;俄罗斯国立人文大学 НИЦ Курчатовский институт; РГГУ
27	齐墨尔灵·安·弗 Циммерлинг А. В.	17	12	莫斯科国立师范大学(莫斯科国立人文大学①);俄罗斯科学院语言学研究所 МПГУ (МГГУ); ИЯ РАН
28	博利沙科娃·叶·伊(女) Большакова Е. И.	18	11	莫斯科国立大学;国家研究型大学高等经济学校 МГУ; НИУ ВШЭ

① 2015年并入莫斯科国立师范大学。

续表

排序	作者姓名	总计数	作为第一作者计数	所在单位
29	克雷洛夫·谢·亚 Крылов С. А.	18	11	俄罗斯科学院东方研究所;俄罗斯科学院系统分析研究所 ИВ РАН; ИСА РАН
30	列图奇·亚·鲍 Летучий А. Б.	11	11	国家研究型大学高等经济学校;俄罗斯科学院俄语研究所;俄罗斯国立人文大学 НИУ ВШЭ; ИРЯ РАН; РГГУ
31	托尔多娃·斯·尤(女) Толдова С. Ю.	19	11	国家研究型大学高等经济学校;俄罗斯国立人文大学 НИУ ВШЭ; РГГУ
32	阿扎罗娃·伊·弗(女) Азарова И. В.	14	10	圣彼得堡国立大学 СПбГУ
33	博利沙科夫·伊·阿 Большаков И. А.	13	10	墨西哥国立理工学院 Национальный политехнический институт (IPN), Мексика
34	叶尔马科夫·阿·叶 Ермаков А. Е.	11	10	“ЭР СИ О”有限责任公司;“担保人-公园-互联网”有限责任公司 ООО «ЭР СИ О»; ООО «Гарант-Парк-Интернет»
35	扎茨曼·伊·莫 Зацман И. М.	13	10	俄罗斯科学院信息学问题研究所 ИПИ РАН
36	基布里克·安·亚 Кибрик А. А.	19	10	俄罗斯科学院语言学研究所;莫斯科国立大学 ИЯ РАН; МГУ
37	科布扎列娃·塔·尤(女) Кобзарева Т. Ю.	16	10	俄罗斯国立人文大学 РГГУ
38	科泽连科·叶·鲍(女) Козеренко Е. Б.	10	10	俄罗斯科学院信息学问题研究所 ИПИ РАН
39	科博泽娃·伊·米(女) Кобозева И. М.	18	10	莫斯科国立大学 МГУ
40	库兹涅佐夫·伊·彼 Кузнецов И. П.	14	10	俄罗斯科学院信息学问题研究所 ИПИ РАН
41	因科娃·奥·尤(女) Инькова О. Ю.	10	9	俄罗斯科学院信息学问题研究所 ИПИ РАН

续表

排序	作者姓名	总计数	作为第一作者计数	所在单位
42	科罗塔耶夫·尼·阿 Коротаев Н. А.	12	9	俄罗斯国立人文大学 РГГУ
43	克雷洛娃·塔·弗(女) Крылова Т. В.	9	9	俄罗斯科学院俄语研究所 ИРЯ РАН
44	米赫耶夫·米·尤 Михеев М. Ю.	10	9	莫斯科国立大学科研计算中心 НИВЦ МГУ
45	波格丹诺娃·娜·维(女) Богданова Н. В.	10	9	圣彼得堡国立大学 СПбГУ
46	扎列茨卡娅·叶·娜(女) Зарецкая Е. Н.	8	8	俄联邦政府国民经济研究院 Академия народного хозяйства при Правительстве РФ
47	科泽连科·阿·德(女) Козеренко А. Д.	11	8	俄罗斯科学院俄语研究所 ИРЯ РАН
48	利特维年科·阿·奥(女) Литвиненко А. О.	10	8	莫斯科国立大学;俄罗斯科学院语言学研究所 МГУ; ИЯ РАН
49	帕泽利斯卡娅·安·格(女) Пазельская А. Г.	9	8	"Ай-Теко"封闭式股份公司; ABBYY公司 ЗАО Ай-Теко, Москва; ABBYY
50	比伯尔斯基·亚·切 Пиперски А. Ч.	12	8	俄罗斯国立人文大学;国家研究型大学高等经济学校 РГГУ; НИУ ВШЭ
51	索罗金·阿·安 Сорокин А. А.	13	8	莫斯科物理技术学院;莫斯科国立大学 МФТИ; МГУ
52	特鲁布·弗·米 Труб В. М.	8	8	乌克兰国家科学院乌克兰语研究所 Институт украинского языка НАН Украины
53	克里夫诺娃·奥·费(女) Кривнова О. Ф.	17	8	莫斯科国立大学 МГУ
54	格利布赫·亚·费 Гельбух А. Ф.	10	7	墨西哥国立理工学院 Национальный политехнический институт (IPN), Мексика
55	卡扎克维奇·奥·阿(女) Казакевич О. А.	11	7	莫斯科国立大学科研计算中心 НИВЦ МГУ

续表

排序	作者姓名	总计数	作为第一作者计数	所在单位
56	兰德·德·弗 Ландэ Д. В.	8	7	乌克兰 ElVisti 信息中心 Информационный центр “ЭЛВИСТИ”, Украина
57	马利科夫斯基·米·格 Мальковский М. Г.	12	7	莫斯科国立大学 МГУ
58	涅多卢日科·安·尤(女) Недолужко А. Ю.	11	7	捷克布拉格查理大学 Карлов университет, Прага, Чехия
59	罗津娜·赖·约(女) Розина Р. И.	7	7	俄罗斯科学院俄语研究所 ИРЯ РАН
60	什梅廖夫·阿·德 Шмелев А. Д.	23	7	莫斯科国立师范大学;俄罗斯科学院俄语研究所 МПГУ; ИРЯ РАН
61	亚古诺娃·叶·维(女) Ягунова Е. В.	9	7	圣彼得堡国立大学 СПбГУ

通过比对表 1.2 和表 1.3,两次检索结果可以相互检验最高频第一作者排序,并且我们通过这种方法验证了计数的准确性,对于个别的误差我们在数据库中进行了复查并手动更正。对于次高频第一作者的检索中出现了极个别情况的误差,对于频次计数为 7、8 次的第一作者的捕捉出现了个别遗漏,但这并不影响我们通过统计发现俄罗斯计算语言学的最高频作者。我们将表 1.2 和表 1.3 的结果进行对比汇总,认定表 1.3 的计数更为翔实准确,因此采用表 1.3 的排序和计数。

我们再将表 1.3 和上一小节的表 1.1 进行对比,发现频次总计数高的作者不一定是高频第一作者。例如什梅廖夫·阿·德(Шмелев А. Д.)出现频次总计数有 23 次之多,但只有 7 次是作为第一作者;克里夫诺娃·奥·费(Кривнова О. Ф.)的 17 次总计数中只有 8 次为第一作者;再通过表 1.1 回查数据库发现,多布罗夫·鲍·维(Добров Б. В.)的 18 次总计数中只有 3 次为第一作者,科诺年科·伊·谢(Кононенко И. С.)的 15 次总计数中只有 5 次是第一作者。也就是说,表 1.1 的高频作者中每位作者作为第一作者的比率是不同的,作者与他人合作的习惯不同,合作时所承担的角色地位情况也不尽相同。据此我们计算出表 1.3 中的高频作者作为第一作者的比率，并将该比率作为主要指标，将总计数作为次要指标进行了排序，如表 1.4 所示。

表 1.4　高频作者作为第一作者的比率及其排序

排序	作者姓名	总计数	第一作者计数	作为第一作者比率
1	Баранов А. Н.	23	23	100. 0%
2	Янко Т. Е.	18	18	100. 0%
3	Урысон Е. В.	17	17	100. 0%
4	Богуславский И. М.	14	14	100. 0%
5	Воскресенский А. Л.	12	12	100. 0%
6	Летучий А. Б.	11	11	100. 0%
7	Козеренко Е. Б.	10	10	100. 0%
8	Крылова Т. В.	9	9	100. 0%
9	Зарецкая Е. Н.	8	8	100. 0%
10	Труб В. М.	8	8	100. 0%
11	Розина Р. И.	7	7	100. 0%
12	Апресян В. Ю.	24	23	95. 8%
13	Беликов В. И.	17	16	94. 1%
14	Шмелева Е. Я.	14	13	92. 9%
15	Борисова Е. Г.	13	12	92. 3%
16	Зализняк А. А.	23	21	91. 3%
17	Ермаков А. Е.	11	10	90. 9%
18	Падучева Е. В.	20	18	90. 0%
19	Инькова О. Ю.	10	9	90. 0%
20	Михеев М. Ю.	10	9	90. 0%
21	Богданова Н. В.	10	9	90. 0%
22	Крейдлин Г. Е.	18	16	88. 9%
23	Пазельская А. Г.	9	8	88. 9%
24	Семенова С. Ю.	17	15	88. 2%
25	Ландэ Д. В.	8	7	87. 5%
26	Кустова Г. И.	23	20	87. 0%
27	Гришина Е. А.	14	12	85. 7%
28	Литвиненко А. О.	10	8	80. 0%
29	Ягунова Е. В.	9	7	77. 8%

续表

排序	作者姓名	总计数	第一作者计数	作为第一作者比率
30	Подлесская В. И.	22	17	77.3%
31	Большаков И. А.	13	10	76.9%
32	Зацман И. М.	13	10	76.9%
33	Коротаев Н. А.	12	9	75.0%
34	Козеренко А. Д.	11	8	72.7%
35	Соколова Е. Г.	18	13	72.2%
36	Азарова И. В.	14	10	71.4%
37	Кузнецов И. П.	14	10	71.4%
38	Котов А. А.	17	12	70.6%
39	Циммерлинг А. В.	17	12	70.6%
40	Гельбух А. Ф.	10	7	70.0%
41	Иомдин Б. Л.	23	16	69.6%
42	Левонтина И. Б.	21	14	66.7%
43	Пиперски А. Ч.	12	8	66.7%
44	Лобанов Б. М.	32	21	65.6%
45	Казакевич О. А.	11	7	63.6%
46	Недолужко А. Ю.	11	7	63.6%
47	Кобзарева Т. Ю.	16	10	62.5%
48	Сорокин А. А.	13	8	61.5%
49	Большакова Е. И.	18	11	61.1%
50	Крылов С. А.	18	11	61.1%
51	Мальковский М. Г.	12	7	58.3%
52	Толдова С. Ю.	19	11	57.9%
53	Кобозева И. М.	18	10	55.6%
54	Федорова О. В.	24	13	54.2%
55	Кибрик А. А.	19	10	52.6%
56	Добровольский Д. О.	25	13	52.0%
57	Иомдин Л. Л.	27	14	51.9%
58	Ляшевская О. Н.	29	14	48.3%
59	Кривнова О. Ф.	17	8	47.1%
60	Лукашевич Н. В.	39	17	43.6%
61	Шмелев А. Д.	23	7	30.4%

1.3.3 小结

总体来看,无论是总计数排序还是第一作者计数排序中的高频作者都具有相当大的研究价值,出现频率越高、排序越靠前的人研究价值相对越大。从总计数及其排名来看,Лобанов Б. М.、Лукашевич Н. В.、Ляшевская О. Н.、Шмелев А. Д.、Федорова О. В.、Зализняк А. А.、Иомдин Б. Л.、Иомдин Л. Л.、Баранов А. Н.、Добровольский Д. О.、Апресян В. Ю.、Толдова С. Ю.、Крейдлин Г. Е.、Крылов С. А.、Кустова Г. И.、Падучева Е. В.、Соколова Е. Г.、Браславский П. И.、Добров Б. В.、Кибрик А. А.、Кобзарева Т. Ю.、Кузнецов И. П.、Семенова С. Ю.、Урысон Е. В. 等学者的出现频次很多,活跃度很高,值得关注。

从影响力来看,总计数中的高频作者不一定是高频第一作者,但高频第一作者肯定是总计数中的高频作者。因此,高频第一作者的研究价值相对来说更高,应当是我们下一步针对每位作者进行统计分析时所关注的重中之重。从第一作者计数来看,Баранов А. Н.、Апресян В. Ю.、Зализняк А. А.、Лобанов Б. М.、Падучева Е. В.、Урысон Е. В.、Лукашевич Н. В.、Иомдин Б. Л.、Крейдлин Г. Е.、Семенова С. Ю.、Кустова Г. И.、Янко Т. Е.、Беликов В. И.、Соколова Е. Г.、Шмелева Е. Я.、Ляшевская О. Н.、Федорова О. В.、Крылов С. А.、Сорокин А. А.、Кузнецов И. П.、Гришина Е. А.、Борисова Е. Г.、Воскресенский А. Л. 等学者的出现频次很高,如此频繁地作为第一作者出现,足以证明他们在俄罗斯计算语言学界的影响力。

1.4 作者单位分布情况

在数据库中,作者的姓名只需放在一个字段中即可,但记录作者单位的信息需要分多个字段进行存储,主要有两方面原因。一是作者单位的字符数较多,对于作者较多的论文,一个字段的长度无法容纳所有作者单位的信息。二是论文中常出现一个作者对应多个单位的情况,这样一来,如果一个字段需要记录多个作者的单位且作者与其单位并非一一对应,就非常容易造成混淆。因此我们需要分出若干个字段,分别记录排名前几位的主要作者的单位。

论文数据库中,具有第二作者的论文共1119篇,具有第三作者的论文共510篇,具有第四作者的论文仅191篇,具有第五作者的论文仅93篇,具有第六作者的论文仅48篇,具有第七作者的论文就更少。由于具有四位以上作者的论文数不及论文总数的10%,列出第四、第五、第六作者单位的字段费效比太高,浪费数据库字段资源且降低了统计效率,因此我们只列出三个字段,分别记录前三位主要作者的单位信息。

1.4.1 单位总频次统计与排序

因为每篇论文中作者单位的标记方式各不相同,甚至可以说是五花八门,所以我们先对作者单位字段进行了标准化处理,同一个单位使用相同的标记方式。由于很多作者同时登记了两个或多个单位,我们很难利用Access工具来准确统计作者单位的频次,因此我们将作者单位字段转换为纯文本,并使用WordSmith Tools对作者单位进行词频统计。①

首先将第一、第二、第三作者的单位汇总在一起进行统计,以便掌握所有单位出现频次的总体排名情况。在WordSmith Tools生成的作者单位词表中将单位按照频次进行排序,抽取作者单位的关键词并进行人工筛查,可以得出单位的总频次及其排序,如表1.5所示。

表1.5 前三位主要作者所属单位总频次排序(15次以上)

排序	作者单位	频次
1	俄罗斯科学院 *РАН*②	1077
2	莫斯科国立大学 *МГУ*	694

① 数据库的2397篇论文有一小部分未标明作者单位,为了补充这些论文的作者单位信息,我们利用作者姓名进行了匹配,根据相同作者的其他论文的单位信息进行了增补,但最终仍有96篇论文无法确定作者单位。

② 斜体表示该上级单位还将出现在下述的下属单位中,在下属单位中该上级单位被标注在括号中。

续表

排序	作者单位	频次
3	国家研究型大学高等经济学校 НИУ ВШЭ	349
4	（俄罗斯科学院）俄语研究所 ИРЯ（РАН）	305
5	俄罗斯国立人文大学 РГГУ	290
6	圣彼得堡国立大学 СПбГУ	242
7	（俄罗斯科学院）语言学研究所 ИЯ（РАН）	134
8	莫斯科物理技术学院 МФТИ	127
9	ABBYY 公司 ABBYY	119
10	（俄罗斯科学院）信息传输问题研究所 ИППИ（РАН）	107
11	（俄罗斯科学院）信息学问题研究所 ИПИ（РАН）	90
12	（俄罗斯科学院）西伯利亚分院 *СО*（РАН）	78
13	（莫斯科国立大学）语文系 Филологический факультет（МГУ）	73
14	莫斯科国立师范大学 МПГУ	63
15	（莫斯科国立大学）科研计算中心 НИВЦ（МГУ）	62
16	（俄罗斯科学院）全俄科学技术信息研究所 ВИНИТИ（РАН）	61
17	白俄罗斯国家科学院信息学问题联合研究所 ОИПИ НАН Беларуси	60
18	喀山联邦（国立）大学 Казанский федеральный（гос.）университет	56
19	俄罗斯人工智能研究所 РосНИИ искусственного интеллекта	53

续表

排序	作者单位	频次
20	(莫斯科国立大学)计算数学与控制论系 ВМиК（МГУ）	46
21	言语技术中心 Центр речевых технологий	45
22	Yandex 公司 Яндекс	43
23	乌克兰国家科学院 *НАН Украины*	42
24	墨西哥国立理工学院 Национальный политехнический институт（IPN），Мексика	36
25	莫斯科国立语言大学 МГЛУ	35
26	(俄罗斯科学院西伯利亚分院)信息学系统研究所 ИСИ（СО РАН）	34
27	国家研究中心库尔恰托夫研究所 НИЦ Курчатовский институт	31
28	新西伯利亚国立大学 Новосибирский государственный университет	27
29	下诺夫哥罗德“陈述”公司 ДИКТУМ，Нижний Новгород	26
30	(俄罗斯科学院)东方研究所 ИВ（РАН）	26
31	(俄罗斯科学院)系统分析研究所 ИСА（РАН）	26
32	乌拉尔联邦大学 Уральский федеральный университет	24
33	(俄罗斯科学院西伯利亚分院)数学研究所 ИМ（СО РАН）	23
34	(俄罗斯科学院)社科信息研究所 ИНИОН（РАН）	23
35	捷克布拉格查理大学 Карлов университет，Прага，Чехия	23
36	“银河”公司 ГАЛАКТИКА	21

续表

排序	作者单位	频次
37	乌克兰 ElVisti 信息中心 Информационный центр ЭЛВИСТИ, Украина	19
38	爱沙尼亚塔尔图大学 Тартуский университет, Эстония	17
39	（乌克兰国家科学院及教育科学部）信息技术与系统国际科学教育中心 Международный научно-учебный центр информационных технологий и систем (НАН Украины, МОН Украины)	16

需要说明的是，我们对作者单位的记录和统计方法遵循尊重原文的原则。原文中的作者单位信息有些是简单地只写所属大学，有些还具体标明在大学中所属的院系，而我们统计频次的方法是关键词词频自动统计，因此在得出的排序中，有些不同级别的单位出现了交叉重复。例如，表 1.5 中俄罗斯科学院（РАН，简称俄科院）已经进行过统计，频次为 1077，可是俄科院下属的俄语研究所［ИРЯ（РАН）］、信息学问题研究所［ИПИ（РАН）］等若干研究所又再次计算了俄科院的频次。再如，莫斯科国立大学（МГУ，简称莫大）的频次为 694，但其下属的科研计算中心［НИВЦ（МГУ）］、语文系［Филологический факультет（МГУ）］、计算数学与控制论系［ВМиК（МГУ）］三个子单位又再次计算了莫大的频次。

关于本问题的处理，我们本可以简单地规定一个统一标准：只保留独立单位，删除重复计次的非独立单位。对于以上两例，我们可以删除俄科院和莫大下属的三个子单位。因为俄科院是一个宏观架构，属于独立单位的上级机构，其框架内的各个研究所均为独立运作单位；而莫大下属的三个子单位从属于大学，属于独立单位的下级机构，并非独立运作，所以应当删除。

可是我们并没有采取上述办法，而是采用了另外的处理方法：保留个别的高频非独立单位，但需要将交叉重复单位的上级单位用括号进行标记，以表明括号中的上级单位已统计过频次。这样处理的原因在于，对于这些个别的非独立单位我们需要予以足够的关注，因为我们进行频次统计排序的目的就在于找出俄罗斯计算语言学研究的重点单位，而 WordSmith Tools 的词频统计真实地反映出原文所提供的作者单位（包括独立单位和非独立单位)信息的原始总排名,其中个别高频非独立单位的频次和重要性超越了许多独立单位,我们有必要在表 1.5 这个总排序中将其保留,以彰显其地位。况且,这些非独立单位我们已明确标明,如果需要避免重复计算频次可以随时将其去除。

通过对表 1.5 中的单位进行分析梳理,我们大致可以归纳出 1)科研院所、2)高等院校、3)科技公司、4)境外机构四类,正是它们为俄罗斯计算语言学会议输送了主要的组织者、参与者和支持者。

第一类中,俄罗斯科学院及其下属的俄语研究所、语言学研究所、信息学问题研究所①、信息传输问题研究所、全俄科学技术信息研究所、系统分析研究所、东方研究所、社科信息研究所等若干研究所以及西伯利亚分院的信息学系统研究所、数学研究所等占据主导地位,此外还有独立单位国家研究中心库尔恰托夫研究所和俄罗斯人工智能研究所②值得关注。

第二类中,莫斯科国立大学、俄罗斯国立人文大学、圣彼得堡国立大学、国家研究型大学高等经济学校、莫斯科物理技术学院、喀山联邦(国立)大学③、莫斯科国立师范大学、莫斯科国立语言大学等居于领先地位。

第三类中,ABBYY 公司、言语技术中心④、Yandex、“陈述”⑤、“银河”⑥等科技公司在俄罗斯计算语言学研究前沿均占有一席之地,是语言信息技术研究的生力军。

---

① 2015 年,俄罗斯科学院下属的信息学问题研究所、计算中心、系统分析研究所合并为俄罗斯科学院“信息与控制”联邦研究中心[Федеральный исследовательский центр «Информатика и управление» Российской Академии Наук(ФИЦ ИУ РАН)]。

② 研究所于 1991 年由俄联邦科学和高等学校国家委员会创建,隶属于联邦信息技术管理局(Федеральное Агентство по информационным технологиям),目前正处于向私有化公司转变的进程中。该研究所“创造了多项智能技术和新一代智能系统的原型(прототип),在国内外软件市场的主要战略部门占据领先地位”。详细介绍见其网站 http://www. artint. ru/。

③ 原名称为喀山国立大学(Казанский государственный университет)。

④ 位于圣彼得堡的言语技术中心公司的研究开发业务主要包括“语音识别,语音合成、录音和分析,人脸及嗓音识别”,详细信息见其网站 http://www. speechpro. ru/。

⑤ 坐落于下诺夫哥罗德的“陈述”有限责任公司,是在自然语言文本分析领域致力于技术创新的公司,其所研发的技术是在文本中进行高效便捷的信息搜索的基础。

⑥ 创建于 1987 年的“银河”公司是活跃于俄罗斯和独联体国家的一家信息技术的领先企业,在莫斯科、圣彼得堡、叶卡捷琳堡、明斯克、阿拉木图均设有分支机构,网址为 https://www. galaktika. ru/。

第四类中，白俄罗斯国家科学院信息学问题联合研究所、墨西哥国立理工学院、乌克兰 ElVisti 信息中心①、捷克布拉格查理大学、爱沙尼亚塔尔图大学、乌克兰国家科学院及教育科学部下属的信息技术与系统国际科学教育中心等单位的相关学者积极地参与了俄罗斯计算语言学会议，是值得了解的境外机构。

应当强调的是，这类境外机构也成了俄罗斯计算语言学领域的重要力量，在“对话”学术会议的框架下参与俄语和相关斯拉夫语种的自动处理研究。因此本书的研究也是对俄罗斯计算语言学领域的研究，而非完全限于俄罗斯地理概念范畴内的研究。

1.4.2 按作者排名分别进行单位频次排序

依据相同的方法，我们分别统计得出频次大于等于 14、8、4 的第一、第二、第三作者单位及其排名，取排名的前三十名，用以区分对比第一、第二、第三作者中频次较高的单位，如表 1.6 所示。

表 1.6 第一、第二、第三作者单位频次排序表（14 次、8 次、4 次及以上）

排序	第一作者单位	频次	第二作者单位	频次	第三作者单位	频次
1	РАН	711	РАН	266	РАН	100
2	МГУ	431	МГУ	194	МГУ	69
3	ИРЯ（РАН）	232	НИУ ВШЭ	102	НИУ ВШЭ	58
4	РГГУ	202	СПбГУ	67	СПбГУ	31
5	НИУ ВШЭ	189	ИРЯ（РАН）	61	РГГУ	27
6	СПбГУ	144	РГГУ	61	МФТИ	26
7	ИЯ（РАН）	90	ABBYY	39	ABBYY	23
8	ИПИ（РАН）	65	МФТИ	36	ИППИ（РАН）	16
9	МФТИ	65	СО（РАН）	34	СО（РАН）	15
10	ИППИ（РАН）	60	ИППИ（РАН）	31	ИЯ（РАН）	14
11	ABBYY	57	ИЯ（РАН）	30	ИРЯ（РАН）	12

① 该公司为乌克兰最早的互联网服务提供商和互联网内容处理分析系统的开发商之一，名称“ElVisti”是乌克兰语 Електроннi вiстi 的简称。详细介绍见其网站 http://www.visti.net/。

续表

排序	第一作者单位	频次	第二作者单位	频次	第三作者单位	频次
12	Филологический факультет（МГУ）	49	ОИПИ НАН Беларуси	21	Казанский федеральный（гос.）университет	10
13	МПГУ	43	ИПИ（РАН）	21	Яндекс	10
14	ВИНИТИ（РАН）	42	ФИЦ ИУ（РАН）	20	ОИПИ НАН Беларуси	9
15	НАН Украины	37	МПГУ	19	ВИНИТИ（РАН）	9
16	ФИЦ ИУ（РАН）	32	Центр речевых технологий	18	Центр речевых технологий	9
17	ВМиК（МГУ）	31	Казанский федеральный（гос.）университет	18	ДИКТУМ	8
18	ОИПИ НАН Беларуси	30	НАН Украины	17	ФИЦ ИУ（РАН）	8
19	РосНИИ искусственного интеллекта	29	РосНИИ искусственного интеллекта	14	НИЦ Курчатовский институт	7
20	СО（РАН）	29	Национальный политехнический институт（IPN），Мексика	13	Национальный политехнический институт（IPN），Мексика	6
21	Казанский федеральный（гос.）университет	28	Яндекс	12	Новосибирский государственный университет	6
22	Национальный политехнический институт（IPN），Мексика	28	НИВЦ（МГУ）	11	Сколковский институт науки и технологий	6
23	ИНИОН（РАН）	23	МГЛУ	11	Открытый Корпус	5
24	НИВЦ（МГУ）	22	ВИНИТИ（РАН）	10	Карлов университет，Прага，Чехия	5
25	ИВ（РАН）	21	Уральский федеральный университет	10	НАН Украины	5

续表

排序	第一作者单位	频次	第二作者单位	频次	第三作者单位	频次
26	МГЛУ	21	Филологический факультет（МГУ）	10	ЭЛВИСТИ	5
27	Новосибирский государственный университет	18	Вятский государственный университет	9	Томский государственный университет	4
28	Центр речевых технологий	18	ДИКТУМ	9	ИПИ（РАН）	4
29	НИЦ Курчатовский институт	15	НИЦ Курчатовский институт	9	ГАЛАКТИКА	4
30	Карлов университет，Прага，Чехия	14	ГАЛАКТИКА	8	ИСП（РАН）	4

通过对比第一作者单位与第二、第三作者单位的排序和频次情况，我们发现了一些总体上的倾向性表现。1）在第一作者单位的排序靠前，而在第二或第三作者单位的排序靠后或频次差别很大的一些单位，比如俄罗斯科学院俄语研究所、语言学研究所、信息学问题研究所、社科信息研究所以及莫斯科物理技术学院等，这些单位的学者更倾向于作为第一作者或独立作者，从一个侧面表现出其领导力或独立性倾向。2）在第一作者单位的排序与在第二或第三作者单位的排序相接近或频次差别相对较小的一些单位，比如俄罗斯国立人文大学、圣彼得堡国立大学、俄罗斯科学院信息传输问题研究所、ABBYY 公司、白俄罗斯国家科学院信息学问题联合研究所、喀山联邦（国立）大学、墨西哥国立理工学院等，这些单位的学者往往倾向于构成一个团队，表现出其合作性倾向。3）并未进入第一作者单位排序，却进入第二或第三作者单位排序的个别单位，比如“陈述”公司、“银河”公司、ElVisti 公司、“开放式语料库”项目①等，这些单位的学者往往是一个更为紧密且固定的团队，其影响力相对中等，领导力和独立性倾向偏弱，而合作性倾向最强。

此外，无论在第一、第二还是第三作者单位的排序中，莫斯科国立大学、俄罗斯国立人文大学和圣彼得堡国立大学都名列前茅，说明这三所大学在

① 该项目自 2009 年启动，致力于建立一个研究人员可无障碍访问的、用户可编辑的，且用形态、句法、语义进行标注的开放式俄语语料库。

俄罗斯计算语言学界的实力最强，影响力最大。

1.4.3 按年份进行作者单位排序

在按照作者排名来分别统计作者单位频次的过程中，我们发现21世纪的23年来，有些单位进行了撤并重组，出现了一些新单位，并且不同年份各单位的活跃程度也不同，近几年涌现出了个别活跃程度很高的新单位，因此有必要按年份统计单位排序，以便观察俄罗斯计算语言学研究中领先单位的变化动向。我们分别统计每一年出现频次最高的单位中的前五名，发现最活跃的单位有变化，如表1.7所示。

表1.7 各年份出现频次最高单位中的前五名

年份	出现频次第一的单位及频次计数		出现频次第二的单位及频次计数		出现频次第三的单位及频次计数		出现频次第四的单位及频次计数		出现频次第五的单位及频次计数		并列第五
2000	МГУ	32	ИППИ РАН	10	РосНИИ искусственного интеллекта	9	ИРЯ РАН	8	Казанский федеральный (гос.) университет	7	
2001	МГУ	22	ИРЯ РАН	11	РосНИИ искусственного интеллекта	9	ИПИ РАН	8	РГГУ	6	
2002	МГУ	35	РГГУ	18	РосНИИ искусственного интеллекта	10	ИПИ РАН	9	ИРЯ РАН	9	
2003	МГУ	26	РГГУ	16	ИРЯ РАН	11	СПбГУ	8	РосНИИ искусственного интеллекта	7	
2004	МГУ	36	РГГУ	13	ИРЯ РАН	11	СПбГУ	8	Казанский федеральный (гос.) университет	5	ВИНИТИ РАН

续表

年份	出现频次第一的单位及频次计数		出现频次第二的单位及频次计数		出现频次第三的单位及频次计数		出现频次第四的单位及频次计数		出现频次第五的单位及频次计数		并列第五
2005	МГУ	28	РГГУ	17	ИРЯ РАН	11	СПбГУ	10	ИПИ РАН	9	
2006	МГУ	33	РГГУ	15	ВИНИТИ РАН	13	СПбГУ	12	ИРЯ РАН	11	
2007	МГУ	32	РГГУ	14	Центр речевых технологий	11	СПбГУ	11	ОИПИ НАН Беларуси	9	ИРЯ РАН
2008	МГУ	25	СПбГУ	23	ИРЯ РАН	19	РГГУ	16	ОИПИ НАН Беларуси	7	
2009	МГУ	22	ИРЯ РАН	20	РГГУ	11	СПбГУ	10	ДИКТУМ	6	
2010	МГУ	34	ИРЯ РАН	21	РГГУ	16	СПбГУ	15	ДИКТУМ	6	МИЭМ
2011	МГУ	22	ИРЯ РАН	15	РГГУ	7	ДИКТУМ	5	ИППИ РАН	5	
2012	МГУ	26	ИРЯ РАН	16	НИУ ВШЭ	10	РГГУ	9	ABBYY	8	
2013	НИУ ВШЭ	32	ИРЯ РАН	20	МГУ	20	РГГУ	13	СПбГУ	11	
2014	ИРЯ РАН	17	МГУ	16	НИУ ВШЭ	15	ABBYY	14	РГГУ	10	
2015	НИУ ВШЭ	28	МГУ	17	РГГУ	14	ИРЯ РАН	13	ИЯ РАН	11	
2016	НИУ ВШЭ	51	МГУ	29	СПбГУ	17	ИРЯ РАН	15	РГГУ	11	
2017	НИУ ВШЭ	37	МГУ	27	ИРЯ РАН	18	СПбГУ	13	ФИЦ ИУ РАН	9	
2018	МГУ	31	НИУ ВШЭ	26	РГГУ	14	ИРЯ РАН	11	МФТИ	11	
2019	НИУ ВШЭ	33	МГУ	22	МФТИ	21	ИРЯ РАН	19	РГГУ	15	
2020	НИУ ВШЭ	36	МГУ	29	МФТИ	27	ИРЯ РАН	13	ABBYY	12	
2021	НИУ ВШЭ	61	МФТИ	21	МГУ	17	СберБанк	14	РГГУ	13	
2022	НИУ ВШЭ	24	МФТИ	18	МГУ	16	ИЯ РАН	12	РГГУ	10	

仔细对照表1.7中各年度的前五名,可以看出,莫斯科国立大学、俄罗斯科学院俄语研究所、俄罗斯国立人文大学、圣彼得堡国立大学等几个单位稳居前列,是俄罗斯计算语言学研究领域比较稳定的主阵地。此外,如果我们将21世纪俄罗斯计算语言学研究的23年以每8年左右为一段划分为三个阶段的话,在各个阶段相对活跃的单位有所不同。

在初期比较活跃的俄罗斯人工智能科学研究所、喀山联邦(国立)大学自2005年以来活跃度开始渐渐落后。此外,信息传输问题研究所、信息学问题研究所、全俄科学技术信息研究所等几个俄罗斯科学院的研究所以及白俄罗斯国家科学院的信息学问题联合研究所后来也逐渐淡出俄罗斯计算语言学研究的前五强。

中期国家研究型大学高等经济学校、ABBYY公司和"陈述"公司开始进入前五强。尤其是高等经济学校自2009年获得"国家研究型大学"地位和2012年兼并莫斯科电子数学学院(МИЭМ)以来,迅速成长为俄罗斯计算语言学研究单位中的领头羊,值得我们特别关注。此后"陈述"公司未能再进入前五的排名。

在后期莫斯科物理技术学院和俄罗斯科学院语言学研究所跻身前五强。尤其是国家研究型大学高等经济学校稳居第一,莫斯科物理技术学院脱颖而出,排名不断靠前。此外,俄罗斯科学院"信息与控制"联邦研究中心(ФИЦ ИУ РАН)和俄罗斯储蓄银行(СберБанк)也偶有进入前五的位置。

1.5 本章小结

在本章,我们介绍了构建的论文数据库,库中分多个字段对论文的重要信息进行记录,其主要作用是便于论文数据的管理和统计。在此基础上,我们对论文分布情况、作者分布情况和单位分布情况分别进行了统计,梳理出俄罗斯计算语言学界的高频作者和高频单位,这些高频作者和高频单位将是我们下一步在第3章按人物和单位分别进行总结梳理时所重点关注的对象。

第 2 章　论文语料库的构建与统计分析

2.1　论文语料库的构建

在研究俄罗斯计算语言学前沿进展的过程中，穷尽地搜集该领域所有的研究成果并将其作为观察对象是难以实现的，切实可行的办法是抽样选取最具代表性的学术成果并将其作为样本。依据定量型社科研究方法中的目的或判断抽样法（严辰松 2000：128），我们将“对话”学术会议论文集作为最优选择。原因有以下三条。

一是“对话”计算语言学国际会议（Международная конференция по компьютерной лингвистике ДИАЛОГ）是“俄罗斯最大的计算语言学学术会议”以及“计算机分析俄语问题的顶尖国际论坛”，由苏联在 20 世纪 70 年代举办的跨学科学术研讨会“交际模式”（«Модели общения»）发展而来，收纳的成果具有权威性和代表性。二是自 2000 年开始，该学术会议将其论文成果发布在网站供计算语言学科研人员和爱好者参考交流，这些成果是开放的且可供下载利用的，因此对其进行全面收集、加工和分析是可操作的，这使得我们能够评估俄罗斯计算语言学的水平，并判断其发展的方向。三是该学术会议网站上近十几年来的最新研究成果具有连续性和完整性，可构成一个相对成熟的论文体系，为我们系统化地纵览新世纪俄罗斯计算语言学前沿提供了齐备的优质素材。

俄罗斯计算语言学“对话”学术会议网站自 2000 年以来每年的论文能够以 html 或 pdf 格式下载并保存。我们收集了 2000 年至 2022 年共 23 年所含的全部论文，并将其一律转换为 WordSmith Tools 可处理的 Unicode 编码纯文本格式。我们对文本中的图表进行了最大限度的文字识别，以尽量保留可统计的文字。对转换后的文本我们逐一进行了精细化的人工校对，以确保文本统计数据的信度。经过艰苦的语料校对加工，我们最终建成了七百九十余万词次的生语料库。我们将语料库中的论文分年度进行存储，便于接下来使用 WordSmith Tools 按年度进行搜索和统计分析。

所建成的论文语料库结构如图 2.1 所示。其中我们将每年的语料按照"对话"会议的结构设置子文件夹，在文件夹中存储论文。以 2022 年的论文语料为例，存储情况如图 2.2 所示。

« 科研 › 俄罗斯计算语言学前沿成果研究 › 俄罗斯计算语言学库　　在 俄罗斯计算语...

名称	修改日期	类型	大小
2000年	2018/10/14 16:44	文件夹	
2001年	2018/10/14 16:45	文件夹	
2002年	2018/10/14 16:45	文件夹	
2003年	2018/10/14 16:45	文件夹	
2004年	2018/10/14 16:45	文件夹	
2005年	2018/10/14 16:45	文件夹	
2006年	2018/10/14 16:45	文件夹	
2007年	2018/10/14 16:45	文件夹	
2008年	2018/10/14 16:45	文件夹	
2009年	2018/10/14 16:45	文件夹	
2010年	2018/10/14 16:45	文件夹	
2011年	2018/10/14 16:45	文件夹	
2012年	2018/10/14 16:45	文件夹	
2013年	2018/10/14 16:45	文件夹	
2014年	2018/10/14 16:45	文件夹	
2015年	2018/10/14 16:45	文件夹	
2016年	2018/10/14 16:45	文件夹	
2017年	2019/7/6 21:15	文件夹	
2018年	2019/8/18 17:30	文件夹	
2019年	2020/7/19 11:07	文件夹	
2020年	2020/7/26 15:00	文件夹	
2021年	2022/8/26 0:22	文件夹	
2022年	2022/8/26 12:18	文件夹	

图 2.1　论文语料库示意

« 俄罗斯计算语言学库 › 2022年 › dialog2022scopus

在 dialog2022sc...

文件	修改日期	大小
Abrosimov K. I., Mosyagina A. G.	修改日期: 2022/7/31 16:08	大小: 43.1 KB
Alibaeva K., Loukachevitch N.U.	修改日期: 2022/7/31 16:09	大小: 66.7 KB
Artemova E. L., Zmeev M. V., Loukachevitch N. A.et al.	修改日期: 2022/7/31 16:11	大小: 58.9 KB
Bolshakova E. I., Telegina A. D.	修改日期: 2022/7/31 16:20	大小: 64.7 KB
Bondarenko I.	修改日期: 2022/7/31 16:21	大小: 64.5 KB
Buyanov I., Sochenkov I.	修改日期: 2022/7/31 16:22	大小: 74.7 KB
Chistova E., Smirnov I.	修改日期: 2022/7/31 16:23	大小: 79.1 KB
Chuprina A. O.	修改日期: 2022/7/31 16:24	大小: 62.4 KB
Dementieva D., Nikishina I., Logacheva V.et al.	修改日期: 2022/7/31 16:26	大小: 107 KB
Dobrovolskii V. A., Michurina M. A., Ivoylova A. M.	修改日期: 2022/7/31 16:47	大小: 56.0 KB

图 2.2　各年度论文语料举例(以 2022 年为例)

2.2　语料库的总体统计情况

使用 WordSmith Tools① 可以对论文语料库进行多维度的定量统计分析。WordList 词表功能可以统计出论文语料库的规模,找出语料库中的高频词。KeyWords 关键词功能通过对照不同语料库词表,计算目标语料库中的关键词及其关键度。Concord 搭配功能能够计算特定词或词组在语料库中的各种搭配特征和数据。

我们首先观察分析论文语料库总体的统计数据。论文语料库的 2397 篇论文总共包含大约 793 万词次,近 52 万个句子。总体统计情况如图 2.3 所示。

① 具体操作方法参考:王立非、梁茂成(2007),Scott M.(2010)及 WordSmith Tools 主页(http://www.lexically.net/wordsmith/)。

N	Overall	1	2	3	4	5	6	7	8	9	10	11	12	13	14	15
text file	Overall	огии.txt	1.txt	10.txt	11.txt	12.txt	13.txt	14.txt	15.txt	16.txt	17.txt	18.txt	19.txt	kinii.txt	uezl.txt	2.txt
file size	114,422,304	30,658	6,704	48,626	37,928	40,962	68,256	43,170	59,454	27,866	40,882	34,200	41,618	47,252	50,622	3,504
tokens (running words) in text	7,930,805	1,773	513	3,940	2,798	3,024	4,963	2,799	4,646	1,896	3,279	2,768	3,365	3,761	3,620	257
tokens used for word list	7,931,445	1,773	514	3,940	2,799	3,025	4,964	2,800	4,647	1,897	3,280	2,769	3,366	3,761	3,620	258
types (distinct words)	281,456	860	248	1,059	1,232	835	1,869	1,403	1,313	961	923	747	810	792	1,059	153
type/token ratio (TTR)	3.55	48.51	48.25	26.88	44.02	27.60	37.65	50.11	28.25	50.66	28.14	26.98	24.06	21.06	29.25	59.30
standardised TTR	48.21	62.10		39.50	51.50	38.07	54.47	60.30	41.85	60.20	38.20	37.30	34.03	31.50	42.80	
standardised TTR std.dev.	53.97			45.67	34.29	46.71	35.85	28.07	46.61		46.66	44.34	49.47	51.54	43.90	
standardised TTR basis	1,000	1,000	1,000	1,000	1,000	1,000	1,000	1,000	1,000	1,000	1,000	1,000	1,000	1,000	1,000	1,000
mean word length (in characters)	5.71	6.38	5.22	4.82	5.44	5.22	5.20	6.26	5.00	5.87	4.89	4.74	4.76	4.74	5.52	5.51
word length std.dev.	3.64	3.72	2.93	3.06	3.27	3.14	3.51	3.82	3.03	3.82	2.70	3.05	2.83	3.02	3.11	3.28
sentences	517,808	102	19	249	166	145	365	193	286	180	189	131	187	218	221	8
mean (in words)	15.32	17.38	27.05	15.82	16.86	20.86	13.60	14.51	16.25	10.54	17.35	21.14	18.00	17.25	16.38	32.25
std.dev.	19.65	15.40	40.75	16.42	18.47	21.17	25.69	10.99	19.69	11.12	13.32	20.74	19.70	19.01	12.01	11.31
paragraphs	7,585	1	1	1	1	1	1	1	1	1	1	1	1	1	1	1
mean (in words)	1,045.68	,773.00	514.00	,940.00	,799.00	,025.00	,964.00	,800.00	,647.00	,897.00	,280.00	,769.00	,366.00	,761.00	,620.00	258.00
std.dev.	1,552.76															
headings	0	0	0	0	0	0	0	0	0	0	0	0	0	0	0	0
mean (in words)																
std.dev.																
sections	2,399	1	1	1	1	1	1	1	1	1	1	1	1	1	1	1
mean (in words)	3,306.15	,773.00	514.00	,940.00	,799.00	,025.00	,964.00	,800.00	,647.00	,897.00	,280.00	,769.00	,366.00	,761.00	,620.00	258.00
std.dev.	1,630.53															
numbers removed	562,345	55	4	308	101	38	215	115	220	81	230	157	256	582	216	0
stoplist tokens removed	0	0	0	0	0	0	0	0	0	0	0	0	0	0	0	0

frequency | alphabetical | statistics | filenames | notes

图 2.3 论文语料库总体统计情况

2.2.1 高频词统计

在生成的词频排序①中，排在前面的很多符号、数字、单个字母、虚词等为干扰项，需要删除。此外还有个别一般意义的实词比如 является、можно、имеет、его、например、такие 等，对于我们寻找高频词没有帮助，也需要删除。最终得出排在前 100 名的高频词形如下表。

表 2.1 论文语料库中的前 100 名高频词形（经筛选）

排序	高频词形	频次	占比/%	涉及论文篇数	占比②/%
1	Russian	13496	0.170172	1282	53.417
2	language	11516	0.145206	1439	59.958
3	слова	10233	0.129029	1809	75.375
4	языка	10120	0.127604	1688	70.333
5	слов	9155	0.115436	1398	58.250
6	word	8981	0.113242	883	36.792
7	words	8351	0.105298	1028	42.833

① WordSmith Tools 统计的对象为词形。一般来讲，频率高的词形所对应的词汇频率也高，所以 WordList 生成的词表即使是词形列表，同样也可以为我们找到高频词提供有价值的参考。况且，对于俄语等屈折语，我们目前可以使用的自动统计工具都是以词形为统计对象。

② 此表是 WordSmith Tools 自动统计出来的结果，此处是按照论文总数为 2400 而得出的结果。

续表

排序	高频词形	频次	占比/%	涉及论文篇数	占比/%
8	text	7882	0. 099385	976	40. 667
9	corpus	7717	0. 097304	914	38. 083
10	речи	7597	0. 095791	1093	45. 542
11	текста	7190	0. 090659	1103	45. 958
12	model	7159	0. 090268	636	26. 500
13	semantic	6177	0. 077886	829	34. 542
14	текстов	6147	0. 077508	1072	44. 667
15	русского	5846	0. 073713	1331	55. 458
16	типа	5545	0. 069917	1269	52. 875
17	языке	5472	0. 068997	1381	57. 542
18	results	5078	0. 064029	734	30. 583
19	данных	5064	0. 063852	1145	47. 708
20	proceedings	5039	0. 063537	1062	44. 250
21	linguistics	5003	0. 063083	1156	48. 167
22	значение	4932	0. 062188	1111	46. 292
23	speech	4808	0. 060624	770	32. 083
24	значения	4776	0. 060221	1075	44. 792
25	analysis	4775	0. 060208	979	40. 792
26	анализа	4727	0. 059603	1180	49. 167
27	texts	4599	0. 057989	702	29. 250
28	number	4286	0. 054042	680	28. 333
29	предложения	4283	0. 054005	829	34. 542
30	время	4267	0. 053803	1433	59. 708
31	information	4228	0. 053311	917	38. 208
32	системы	4215	0. 053147	999	41. 625
33	conference	4209	0. 053072	1032	43. 000
34	слово	4044	0. 050991	1012	42. 167
35	features	3935	0. 049617	598	24. 917
36	set	3796	0. 047864	638	26. 583
37	информации	3644	0. 045947	1013	42. 208
38	system	3517	0. 044346	720	30. 000
39	модели	3465	0. 04369	910	37. 917
40	ситуации	3405	0. 042934	817	34. 042
41	основе	3402	0. 042896	1179	49. 125
42	качестве	3384	0. 042669	1275	53. 125

续表

排序	高频词形	频次	占比/%	涉及论文篇数	占比/%
43	анализ	3376	0. 042568	1234	51. 417
44	корпуса	3329	0. 041976	753	31. 375
45	язык	3274	0. 041282	1062	44. 250
46	English	3272	0. 041257	702	29. 250
47	словарь	3164	0. 039895	758	31. 583
48	конструкции	3154	0. 039769	616	25. 667
49	работы	3117	0. 039302	1183	49. 292
50	русском	3095	0. 039025	1005	41. 875
51	linguistic	3027	0. 038168	891	37. 125
52	группы	2899	0. 036554	861	35. 875
53	значений	2877	0. 036276	830	34. 583
54	syntactic	2874	0. 036238	553	23. 042
55	работе	2813	0. 035469	1165	48. 542
56	результаты	2790	0. 035179	947	39. 458
57	словаря	2762	0. 034826	614	25. 583
58	часть	2751	0. 034688	1076	44. 833
59	dictionary	2738	0. 034524	523	21. 792
60	времени	2728	0. 034398	906	37. 750
61	глагола	2702	0. 03407	563	23. 458
62	области	2644	0. 033338	853	35. 542
63	связи	2624	0. 033086	994	41. 417
64	исследования	2600	0. 032784	1002	41. 750
65	глаголов	2540	0. 032027	511	21. 292
66	структуры	2497	0. 031485	837	34. 875
67	количество	2469	0. 031132	872	36. 333
68	текст	2462	0. 031044	803	33. 458
69	речь	2462	0. 031044	911	37. 958
70	формы	2437	0. 030728	723	30. 125
71	описания	2348	0. 029606	851	35. 458
72	вопрос	2344	0. 029556	854	35. 583
73	части	2295	0. 028938	933	38. 875
74	действия	2294	0. 028925	642	26. 750
75	зрения	2293	0. 028913	986	41. 083
76	поиска	2275	0. 028686	544	22. 667
77	объектов	2272	0. 028648	475	19. 792

续表

排序	高频词形	频次	占比/%	涉及论文篇数	占比/%
78	система	2264	0.028547	731	30.458
79	место	2235	0.028181	843	35.125
80	предложений	2221	0.028005	580	24.167
81	знаний	2206	0.027816	449	18.708
82	корпус	2165	0.027299	620	25.833
83	тексте	2148	0.027084	718	29.912
84	языков	2137	0.026946	655	27.292
85	случаях	2125	0.026794	930	38.750
86	модель	2125	0.026794	702	29.250
87	говорящий	2115	0.026668	445	18.542
88	возможность	2087	0.026315	989	41.208
89	выражения	2052	0.025874	703	29.292
90	глагол	2032	0.025622	488	20.333
91	человек	2022	0.025496	718	29.917
92	единиц	2012	0.025369	688	28.667
93	описание	1978	0.024941	848	35.333
94	отношения	1951	0.0246	638	26.583
95	человека	1933	0.024373	673	28.042
96	объекта	1928	0.02431	506	21.083
97	данного	1925	0.024272	892	37.167
98	объект	1878	0.02368	526	21.917
99	представления	1828	0.023049	691	28.792
100	документов	1757	0.022154	317	13.208

上表中，频次在10000以上的高频词形只有4个，频次处于5000—9999的高频词形有17个，频次为3000—4999的有30个，频次为2000—2999的有41个，以后的就更多更密集。可见频次越高的词形，其数量越少，频次越低的词形，其数量越多。那么，少数高频词形应当是我们关注的重点。

通过对上表中的词形进行还原，可以得出语料库中的俄语高频词有язык、слово、текст、речь、русский、тип、значение、анализ、данные、система、предложение、время、информация、ситуация、основа、словарь、качество、модель、работа、корпус、группа、конструкция、часть、глагол、область、связь、 структура、объект、форма、результат、описание、знания、поиск、зрение、количество、исследование、место、действие、вопрос、возможность、отношение、случай、человек、представление、данный、единица、выражение、говорящий、документ 等,其中除了 время、ситуация、основа、качество、работа、часть、область、зрение、количество、место、вопрос、возможность、случай 以外,其余词均与计算语言学有着直接的紧密联系,是俄罗斯计算语言学会议论文语料库文本中当之无愧的高频词汇。

同样排除形态变化因素,英语高频词有 Russian、language、word、corpus、text、semantic、speech、analysis、proceedings、information、linguistics、system、result、conference、number、feature、set、syntactic、English、dictionary、linguistic、model 等,其中大多数与上述俄语高频词是相对应的。而在 semantic、proceedings、linguistics、conference、feature、syntactic、English、linguistic 等几个与俄语词不对应的词中,semantic、linguistics、syntactic、linguistic 是因为所对应的俄语词形态变化丰富,如果将其各种变形相加一同计入词汇原形的词频,则 semantic、linguistics、syntactic、linguistic 对应的俄语词频次也很高。

2.2.2 关键词统计

使用 KeyWords 进行关键词统计还需要一个规模更大的对照语料库,此前我们曾构建过五千万词次的新闻政论语体语料库(张禄彭等 2012),恰好其适合作为对照语料库,将两个语料库的词表相对比可生成关键词词表。我们同样需要去除符号、字母、数字、虚词、一般意义实词等干扰项,筛选后得出关键词词表的前 100 个词形如表 2.2。

表 2.2 论文语料库按关键度排序的前 100 个词形(经筛选)

排序	关键词	频次	对比语料库频次	关键度
1	Russian	13496	78	60932.9
2	language	11516	68	52022.2
3	word	8981	31	40904.9
4	words	8351	0	38827.5
5	corpus	7717	2	35807.3

续表

排序	关键词	频次	对比语料库频次	关键度
6	языка	10120	2850	32773.7
7	model	7159	11	32722.6
8	слов	9155	1791	32181.2
9	текста	7190	585	29039.6
10	text	7882	612	28998.7
11	based	6252	4	28934.2
12	semantic	6177	0	28719.1
13	речи	7597	1627	26052.5
14	текстов	6147	293	25900.0
15	data	5733	69	25129.1
16	results	5078	2	23529.2
17	linguistics	5003	0	23260.3
18	proceedings	5039	6	23257.2
19	speech	4808	1	22322.2
20	analysis	4775	6	22044.5
21	texts	4599	0	21381.2
22	слова	10233	8636	21293.5
23	number	4286	6	19743.1
24	information	4228	14	19361.2
25	conference	4209	13	19233.8
26	using	3954	0	18382.3
27	features	3935	0	18294.1
28	computational	3800	1	17626.3
29	sentence	3737	0	17373.5
30	set	3796	42	16815.7
31	языке	5472	2121	16180.7
32	system	3517	34	15797.6
33	анализа	4727	1298	15469.8
34	English	3272	15	14894.5
35	значения	4776	1618	14651.1
36	evaluation	3136	1	14541.7
37	русского	5846	3453	14442.5
38	approach	3067	0	14258.5
39	linguistic	3027	0	14072.7
40	case	2948	2	13652.2

续表

排序	关键词	频次	对比语料库频次	关键度
41	типа	5545	3371	13467. 0
42	syntactic	2874	0	13361. 4
43	languages	2860	0	13296. 1
44	sentences	2805	0	13040. 2
45	corpora	2810	1	13028. 9
46	learning	2819	10	12830. 1
47	discourse	2759	0	12826. 5
48	словарь	3164	274	12710. 4
49	dictionary	2738	2	12680. 2
50	lexical	2686	0	12487. 2
51	structure	2614	0	12152. 5
52	значение	4932	3009	12150. 8
53	methods	2610	3	12043. 8
54	processing	2582	0	12003. 7
55	classification	2581	0	11999. 0
56	словаря	2762	101	11909. 6
57	глагола	2702	93	11692. 6
58	глаголов	2540	20	11535. 7
59	значений	2877	302	11254. 9
60	sentiment	2330	0	10832. 3
61	конструкции	3154	763	10310. 6
62	translation	2197	0	10213. 8
63	описания	2348	110	9981. 2
64	machine	2153	2	9954. 9
65	verb	2104	0	9781. 3
66	говорящий	2115	37	9394. 5
67	модели	3465	1739	9076. 8
68	анализ	3376	1636	9063. 5
69	семантических	1939	0	9014. 5
70	meaning	1935	0	8995. 8
71	данных	5064	5643	8638. 9
72	глагол	2032	93	8622. 1
73	русском	3095	1382	8585. 4
74	слово	4044	3440	8513. 8
75	говорящего	1862	16	8446. 3

续表

排序	关键词	频次	对比语料库频次	关键度
76	extraction	1811	0	8419.3
77	корпуса	3329	1703	8330.5
78	семантической	1668	0	7754.6
79	описание	1978	218	7704.9
80	глаголы	1721	27	7684.7
81	rules	1619	2	7487.0
82	выражения	2052	352	7350.2
83	семантические	1486	3	6859.3
84	языков	2137	668	6775.7
85	тексте	2148	738	6653.1
86	тип	1851	345	6521.0
87	лексемы	1400	0	6508.6
88	словаре	1568	104	6483.6
89	язык	3274	3141	6477.9
90	значении	1649	190	6359.5
91	семантического	1364	1	6323.3
92	данной	2840	2194	6244.2
93	текстах	1422	49	6123.6
94	поиска	2275	1299	5878.6
95	предложения	4283	6705	5877.5
96	лингвистика	1327	28	5869.1
97	речевого	1348	41	5867.4
98	существительных	1275	24	5674.8
99	знаний	2206	1516	5417.4
100	терминов	1237	83	5141.4

我们对上表中的俄语词形进行还原,得出论文语料库中关键度最高的俄语词为 язык、слово、текст、речь、анализ、значение、русский、словарь、тип、глагол、описание、конструкция、семантический、говорящий、модель、данные、корпус、выражение、лексема、данный、поиск、существительный、знания、речевой、предложение、термин、лингвистика 等 27 个词。其中除 семантический、лексема、существительный、речевой、термин、лингвистика 等 6 个词以外,其余 21 个词都与高频词相重合,而上述 6 个不重合的例外关

键词中的 семантический 和 лингвистика 却恰好与英语的高频词相一致，并且 речевой 为 речь 的形容词，真正与高频词不重合的只有 лексема、существительный、термин 3 个词，同时它们也确实是计算语言学中的特有词汇。上述情况表明，在统计某一特定领域的文本语料时，高频词表和关键词表不仅可以相互印证，而且可以相互补充，它们共同体现出该特定领域文本的特性。

关键度较高的英语词汇有 Russian、language、word、corpus、semantic、based、text、speech、analysis、proceedings、information、linguistics、data、system、result、conference、number、feature、syntactic、English、case、model、sentiment、using、sentence、lexical、computational、structure、approach、evaluation、processing、translation、method、extraction、rule、discourse、machine、learning、classification、verb、meaning 等 41 个词，其中排在前面的大多数与高频词相一致。而关键词表的前 100 名中英语词汇之所以相对于高频词表前 100 名中的英语词汇更多，且关键度的数值较高，是因为五千万词次的对照语料库中英语文本很少，所以论文语料库中的英语词显得关键度相对较高。

从关键度值最高的词汇来看，“俄语”是俄罗斯计算语言学研究的材料，所以排名很靠前，除此之外，“语料库”“语义”等范畴是俄罗斯计算语言学重点关注的对象，也是我们在下文中将研究梳理的重点内容。

2.2.3　小结

对论文语料库的高频词和关键词相配合进行统计，有助于我们寻找锁定俄罗斯计算语言学学术文本中的重点词汇和关键词汇，同时从一个侧面反映出俄罗斯计算语言学着重关注的问题或领域。

综合对照上述俄语、英语两组高频词和关键词，可见它们互为补充，共同从定量统计的维度反映出俄罗斯计算语言学着重关注的文本处理子领域、言语分析子领域、语料库语言学子领域、语义分析子领域、词典学子领域、交际模式子领域、知识抽取子领域、词汇问题、句法问题、信息传递问题等。这些高频词和关键词为我们下一阶段按专题梳理总结俄罗斯学术界思想理论提供了线索和依据。

2.3 各年度语料的统计情况

运用上一小节的方法,去除干扰项,我们可以统计每个年度的高频词和关键词。在统计各年度关键词时,我们可以选择总的论文语料库作为对照语料库,这样更能显示出每一年的特殊词汇。为方便进行对比,我们将23年的高频词和关键词放在同一个表中,受篇幅所限在每年的词表中只遴选出前十位,如表2.3所示。

表 2.3 按年度统计高频词和关键词①

年度		第一	第二	第三	第四	第五	第六	第七	第八	第九	第十
2000	高	текст	слово	язык	система	информация	речь	анализ	предложение	данные	тип
	关	СХ	ФСК	ЛБЗ	UNL	текст	аллофон	компонент	система	СДП	информация
2001	高	слово	язык	текст	информация	система	речь	данные	модель	анализ	знания
	关	информация	АКК	СемО	пространство	знания	компонент	биение	модель	представление	метафорический
2002	高	язык	слово	текст	система	данные	знания	информация	случай	модель	речь
	关	ЕЯ	знания	понятие	ключевой	представление	система	модель	информация	разница	данные
2003	高	слово	язык	текст	речь	система	случай	данные	тип	информация	модель
	关	БНК	знания	документ	черт	ВФ	отношение	сеть	система	вейвлет	отправление
2004	高	язык	слово	текст	значение	тип	случай	речь	русский	система	данные
	关	сравнение	windows	род	междометие	КГ	operating	Гак	host	сущ	куб
2005	高	язык	слово	текст	значение	случай	тип	анализ	речь	данные	система
	关	ВП	максимум	образный	значение	ProThes	ФС	КП	документ	ситуация	омоним

① 表中的"高"表示每一年的高频词,"关"表示每一年的关键词。表中的关键词有些是临时缩略语,其展开形式分别是:СХ（семантическая характеристика）, ФСК（функция семантической корреляции）, ЛБЗ（лингвистическая база знаний）, UNL（Universal Network Language）, СДП（сфера действия прилагательных）, АКК（адаптивная кодовая книга）, СемО（семантическое отношение）, ЕЯ（естественный язык）, БНК（Британский Национальный Корпус）, ВФ（взвешивающая функция）, КГ（комитативная группа）, Гак（语言学家 Гак В. Т. 的姓氏）, ВП（вопросительное предложение）, ФС（фонетическое слово）, КП（короткие придаточные）, ЛС（лексико-синтаксический）, LH（Low & High）, ЭДЕ（элементарная дискурсивная единица）, SMS（Short Message Service）, ТД（Тихий Дон）, TF-IDF（term frequency-inverse document frequency）, BERT（Bidirectional Encoder Representations from Transformers）。

续表

年度		第一	第二	第三	第四	第五	第六	第七	第八	第九	第十
2006	高	слово	язык	текст	предложение	тип	случай	речь	анализ	русский	система
	关	ban	судьба	ЛС	тринотация	наблюдатель	намек	рубрика	starling	ВИНИТИ	обучаемый
2007	高	текст	язык	слово	речь	анализ	предложение	случай	тип	значение	русский
	关	диктор	выглядеть	боян	вчерашний	LH	недавний	давний	многозначность	кавычка	элемент
2008	高	язык	речь	слово	русский	текст	тип	предложение	случай	значение	корпус
	关	symmetrical	благородный	Платонов	пауза	ja	онтология	словосочетание	твор	синтагма	asymmetrical
2009	高	слово	язык	текст	речь	русский	предложение	случай	корпус	анализ	значение
	关	глагол	омограф	doch	нос	псевдо	ЭДЕ	bank	разметка	рука	жаркий
2010	高	слово	язык	речь	русский	текст	тип	случай	анализ	значение	словарь
	关	SMS	настоящий	companion	повезло	тело	исторический	здание	заслон	ТД	строение
2011	高	language	речь	язык	word	Russian	fare	слово	rule	русский	значение
	关	fare	classify	scrambling	cation	specify	впечатление	миф	define	accent	rule
2012	高	Russian	слово	speech	word	language	corpus	язык	text	речь	semantic
	关	speech	Russian	element	clusterizing	TF-IDF	автодейксис	class	clustering	synthesis	препарат
2013	高	Russian	language	word	speech	based	semantic	corpus	язык	text	system
	关	speech	впору	Russian	sentence	based	classification	sentiment	translation	system	feature
2014	高	Russian	semantic	text	corpus	language	information	word	analysis	based	system
	关	semantic	resolution	точь	перо	Russian	щепоть	anaphora	text	information	locative
2015	高	Russian	language	word	corpus	semantic	text	based	analysis	sentiment	result
	关	aspect	sentiment	Russian	word	based	similarity	language	semantic	analysis	corpus

续表

年度		第一	第二	第三	第四	第五	第六	第七	第八	第九	第十
2016	高	Russian	language	corpus	word	data	text	analysis	result	linguistics	different
	关	Russian	corpus	word	Czech	language	text	possessive	annotation	data	result
2017	高	Russian	word	language	corpus	semantic	text	feature	based	result	different
	关	plagiarism	features	essays	Russian	мудрствовать	bridging	якобы	possessive	semantic	word
2018	高	Russian	word	language	corpus	text	model	based	data	number	semantic
	关	word	sense	долго	topic	Russian	quotation	Mansi	corpus	connective	number
2019	高	Russian	language	model	text	corpus	word	data	one	used	based
	关	gapping	model	neural	feature	data	resolution	dataset	text	Russian	robot
2020	高	Russian	language	model	word	corpus	data	based	task	text	BERT
	关	BERT	model	hypernym	word	language	Russian	taxonomy	task	trained	entity
2021	高	Russian	language	word	model	task	data	text	results	semantic	sentence
	关	dataset	model	simplification	task	mode	access	BERT	word	training	change
2022	高	model	Russian	text	language	task	corpus	data	result	table	linguistics
	关	model	entity	text	stance	BERT	teacher	task	generation	toxic	loss

通过对比23年来的高频词和关键词,我们有以下三个发现。首先,2010年前的高频词和关键词以俄语词为主,英语词很少;而2011年以后,高频词和关键词均以英语词为主,俄语词很少。此情形与上文中图1.3所反映出的情况相一致,可以相互印证:2011年以后的俄罗斯计算语言学开始明显具有以英语撰文的国际化倾向,表明俄罗斯计算语言学界与国际相接轨、向国际学术界融合的趋势。

其次,无论是英语词还是俄语词,高频词保持相对的稳定性。如果将2011年以后的英语高频词翻译为对应的俄语,我们可以发现,与2010年前的俄语高频词总体是相同的。这表明,从内容上来看,俄罗斯计算语言学的研究范畴总体稳定保持着其传统内核,2011年以后的研究内容并未因撰文语言这种形式上的改变而发生根本性变化。

再次,各年度的关键词词表差别较大,这与每一年的研究主题、特色文章有关,各年度排名靠前的关键词具有一定的偶然性。WordSmith Tools的KeyWords关键词统计工具的工作原理是通过将目标词表和对照词表进行对比,计算得出所有词的关键度,然后进行排序。因此各年度子语料库中的特有词汇(即在总语料库中的其他年份很少出现或不出现的词汇)就非常容易成为该年度排名靠前的关键词。这样说来,各年度的关键词词表应当是我们分别讨论每个年度研究特色和进行语言测试时所重点关注的内容。

最后,需要指出的是,上表由于篇幅所限,我们只能列出每年词表中的前十名,如果扩大范围至前二十或前五十名,所得出的结论与上述发现的内容是基本吻合的。

2.4 语料统计方法的其他应用与下一步研究计划

2.4.1 针对特定作者进行统计

我们可以遴选出特定高频作者的论文来建立临时子语料库,并运用统计方法分析其研究个性和取向。通过上一小节的研究不难看出,关键词在一定程度上可以体现子语料库的特有词汇,于是我们完全可以运用统计关键词的方法来提取特定作者的研究专长。首先在论文数据库中查找该作者参与撰写的论文,将其另存在一个文件夹中,形成一个临时子语料库,然后运用 KeyWords 功能将该子语料库和总的论文语料库进行对照,生成子语料库的关键词表,该关键词表可以提示我们该作者的研究特点和个性。参照该关键词表,再辅以必要的定性研究方法,我们可以对该特定作者的计算语言学思想进行梳理和总结。

2.4.2 对特定子领域或具体问题展开专项分析

我们所构建的论文语料库和论文数据库是具有系统性的宝库,其中包含了 21 世纪俄罗斯计算语言学研究前沿的多个方面和子领域。在上一小节的高频词和关键词梳理对比中,我们可以找出一些当今俄罗斯计算语言学高度关注的方向领域或具体问题,比如语料库语言学子领域、计算语义学子领域、文本处理子领域、言语分析子领域、机器翻译子领域、信息抽取子领域与信息传递问题等,它们均体现在与其密切相关的高频词和关键词中。

以这些排名靠前的高频词和关键词为突破口,运用 WordSmith Tools 的 Concord 搭配功能进行统计,我们可以找出与这些高频词或关键词关系最为紧密的搭配和论文。也就是说,通过梳理统计数据和排序,我们可以找到涉及特定领域或具体问题的重点论文和相关词汇,便于我们分别进行总结归纳。例如,我们以"корпус *[①]"为搜索词,在论文总语料库中进行检索,可以得出以下统计数据:

1) 语料库中以 корпус 开头的词形中,比较高频的有 корпуса(2459 次)、корпус(1654 次)、корпусе(1334 次)、корпусов(616 次)、корпусной(177 次)、корпусная(165 次)、корпусу(156 次)、корпусах(151 次)、корпусом(130 次)、корпусного(104 次)。

2) 与"корпус *"相搭配的词形中,去除虚词等干扰项并排除形态变化的因素,左边第一位比较高频的有 национальный、звуковой、речевой、создание、разметка 等,左边第二位有 материал、текст、разметка、

① 星号"*"在 WordSmith Tools 中代表任意字符串。

синтаксически、семантически 等，左三有 текст、разметка、материал、создание、анализ 等，右一有 текст、русский、лингвистика、исследование、параллельный 等，右二有 язык、текст、устный、рассказ、речевой 等，右三有 речь、НКРЯ[①]、текст、язык、WWW 等。

3）从该搜索词在语料库每篇论文中的分布图表（plot）来看，排在最前的 3 篇论文中“корпус＊”均出现了 100 次以上，而出现过 50 次以上的有 22 篇论文，出现了 20 次以上的有 109 篇论文，出现了 10 次以上的有 225 篇论文。这些论文在研究俄罗斯语料库语言学时应高度关注。

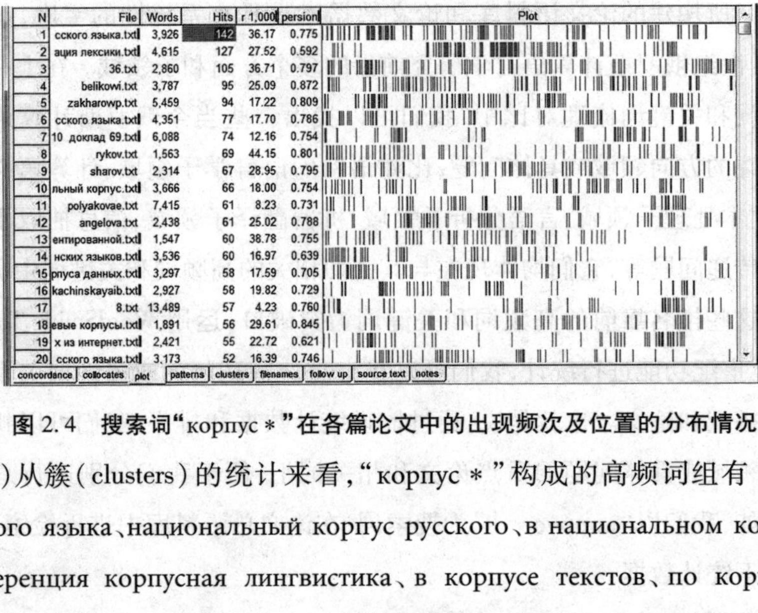

N	File	Words	Hits	r 1,000	persion	Plot
1	ского языка.txt	3,926	142	36.17	0.775	
2	ация лексики.txt	4,615	127	27.52	0.592	
3	36.txt	2,860	105	36.71	0.797	
4	belikowi.txt	3,787	95	25.09	0.872	
5	zakharowp.txt	5,459	94	17.22	0.809	
6	ского языка.txt	4,351	77	17.70	0.786	
7	10 доклад 69.txt	6,088	74	12.16	0.754	
8	rykov.txt	1,563	69	44.15	0.801	
9	sharov.txt	2,314	67	28.95	0.795	
10	льный корпус.txt	3,666	66	18.00	0.754	
11	polyakovae.txt	7,415	61	8.23	0.731	
12	angelova.txt	2,438	61	25.02	0.788	
13	ентированной.txt	1,547	60	38.78	0.755	
14	нских языков.txt	3,536	60	16.97	0.639	
15	рпуса данных.txt	3,297	58	17.59	0.705	
16	kachinskayaib.txt	2,927	58	19.82	0.729	
17	8.txt	13,489	57	4.23	0.760	
18	евые корпусы.txt	1,891	56	29.61	0.845	
19	х из интернет.txt	2,421	55	22.72	0.621	
20	ского языка.txt	3,173	52	16.39	0.746	

concordance | collocates | plot | patterns | clusters | filenames | follow up | source text | notes

图 2.4 搜索词“корпус＊”在各篇论文中的出现频次及位置的分布情况

4）从簇（clusters）的统计来看，“корпус＊”构成的高频词组有 корпус русского языка、национальный корпус русского、в национальном корпусе、конференция корпусная лингвистика、в корпусе текстов、по корпусной лингвистике、на материале корпуса、звуковой корпус русского、корпусное исследование устного 等。

以上统计数据为我们锁定该领域的关键问题和重点论文提供了可资借鉴的线索和依据。同样的方法我们可以再以英语词 corpus 和 corpora 为搜索词进行检索和统计，得出我们需要的数据和信息。将英语词和俄语词的统计结果进行汇总对比，可以全面掌握俄罗斯计算语言学界当前的语料库语言学研究情况。

① 俄罗斯国家语料库（Национальный корпус русского языка）

2.4.3 每篇论文的关键词统计及其所属子领域判定

“对话”网站上的一部分论文带有关键词,但大多数论文的原文本身就缺乏这些信息,为此我们可以借助 WordSmith Tools 进行提取。首先,我们使用 WordSmith Tools 的 WordList 功能自动生成每篇论文的词频列表,在绝大多数情况下,高频实词(主要是名词和动词)与该论文的核心内容紧密相关,并且我们抽取词频靠前的实词与论文标题相结合,由此可判断论文论及的子领域。然后,我们再返回原文取出高频实词中的干扰词,即可大致确定论文的关键词①。下图是《作为多主题参考书和互联网查询生成器的大型电子词典》[Большой электронный словарь как политематический справочник и формирователь запросов к Интернету(2011)]一文的词频列表,靠前的实词有 словарь、запрос、Франция、интернет、Google、справочник、поиск 等。

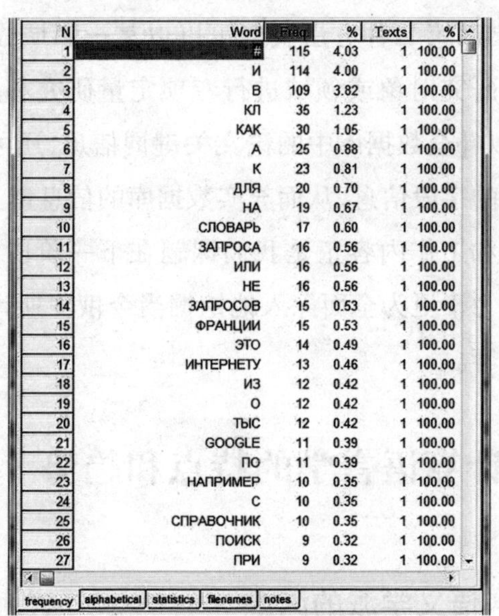

N	Word	Freq.	%	Texts	%
1	#	115	4.03	1	100.00
2	И	114	4.00	1	100.00
3	В	109	3.82	1	100.00
4	КЛ	35	1.23	1	100.00
5	КАК	30	1.05	1	100.00
6	А	25	0.88	1	100.00
7	К	23	0.81	1	100.00
8	ДЛЯ	20	0.70	1	100.00
9	НА	19	0.67	1	100.00
10	СЛОВАРЬ	17	0.60	1	100.00
11	ЗАПРОСА	16	0.56	1	100.00
12	ИЛИ	16	0.56	1	100.00
13	НЕ	16	0.56	1	100.00
14	ЗАПРОСОВ	15	0.53	1	100.00
15	ФРАНЦИИ	15	0.53	1	100.00
16	ЭТО	14	0.49	1	100.00
17	ИНТЕРНЕТУ	13	0.46	1	100.00
18	ИЗ	12	0.42	1	100.00
19	О	12	0.42	1	100.00
20	ТЫС	12	0.42	1	100.00
21	GOOGLE	11	0.39	1	100.00
22	ПО	11	0.39	1	100.00
23	НАПРИМЕР	10	0.35	1	100.00
24	С	10	0.35	1	100.00
25	СПРАВОЧНИК	10	0.35	1	100.00
26	ПОИСК	9	0.32	1	100.00
27	ПРИ	9	0.32	1	100.00

frequency | alphabetical | statistics | filenames | notes

图 2.5 论文中的词频列表

① 这种方法提取出的关键词我们将分列于另一字段,与原文自带关键词字段相区别。因为这种自动提取的关键词自然不如原文作者人工标注的关键词更为精确,但是这种自动提取关键词的方法已经可以满足知识库中对论文进行组织和检索的目的和要求,且在实际操作上是可行的。

使用 WordSmith Tools 的 KeyWords 功能,按主题度[①]计算该文章的主题词表,对上一方法得出的关键词进行验证。可见,словарь、запрос、интернет、справочник 等四个词在两种算法中都排名在最前,是本文无可争议的关键词,而 Франция、Google、поиск 在主题词表中排在三十名以后的位置。回溯原文,可以发现 Франция 是文中举的一个例子,应将这个干扰项排除;而 Google 是文中重要的素材来源,应当列入论文的关键词;поиск 一词包含的有用信息太少,也应去除。通过标注论文关键词,可判断本文属于计算词典学和互联网资源与运用两个子领域。

2.4.4 小结与下一步研究计划

总体说来,借助上述第一种应用方法,我们可以**以人为线索**对俄罗斯计算语言学不同单位(或者分支流派)学者的理论或贡献展开更为细致具体的统计和梳理总结;借助第二种方法我们可以**以某一领域或具体问题的关键词为线索**针对具体研究对象或领域进行专项定量研究和总结;借助第三种应用方法,我们可以补全数据库中的论文关键词信息,还可以增加论文所属计算语言学子领域的字段信息,从而充实数据库的信息量。

上述三种方法和工作内容正是我们课题在下一阶段的主要着力点,也是我们在下一步致力于更为全面深入地挖掘当今俄罗斯计算语言学思想和成果的首要研究内容。

2.5 俄罗斯计算语言学的特点和趋势

2.5.1 与莫斯科语义学派的渊源

俄罗斯计算语言学的产生和发展与莫斯科语义学派密不可分。莫斯科语义学派是俄罗斯计算语言学中的一支核心力量。莫斯科语义学派独树一

---

① 主题度(keyness)是一个相对关键度,统计出的词表不是依据其在文中出现的绝对次数,而是与总语料库中总词频排序的对比关键度。

帜的学术思想成为俄罗斯计算语言学的重要理论渊源,也是俄罗斯计算语言学有别于西方计算语言学的一个重要区分性特征。莫斯科语义学派的诸多领军学者同时也是俄罗斯计算语言学的发起者、组织者和核心代表人物[①],在他们的带领下俄罗斯计算语言学得以不断发展壮大。冯志伟(2011:16)指出,当前计算语言学研究的"词汇主义"倾向非常值得关注,而莫斯科语义学派正是在词汇语义研究领域取得了举世瞩目的成就。

但俄罗斯计算语言学与语言学领域司空见惯的莫斯科语义学派毕竟并不等同,俄罗斯计算语言学是个更为宽广的范畴。一是,俄罗斯计算语言学研究涉及的相关学科更多,不仅包含了语言学的更多相关分支学科,而且吸纳了包括计算机科学、信息工程技术、数学、人工智能等学科的相关理论和方法。二是,俄罗斯计算语言学研究的客体范围更宽广。计算语言学研究包括语言的计算机资源、文档的计算机分析(分类、搜索、音调分析等)、语料库语言学(建设、语料库评估、应用方法)、语言本体和知识自动抽取、对社会媒体的语言分析、文本和言语的机器翻译、文本语义分析的模式(模型)和方法、交际模式、理论词典学和计算词典学、类型学与计算语言学、语言的形式化模型及其在计算语言学中的应用等诸多子领域[②],大大超出了莫斯科语义学派所着重关注的词汇语义整合描写、句法语义、普通语言学、词典学、元语言甚至"意思-文本"理论体系等问题[③]。三是,通过定量统计分析可以看出,俄罗斯计算语言学研究的主体包含面也更宽广。从作者分布来看,其代表性人物为数众多,学者范围大大超出莫斯科语义学派传统人物的范围;从单位分布来看,参与计算语言学研究的高等院校和科研院所来源广泛,还有越

---

① Апресян Ю. Д. 在《关于莫斯科语义学派(提纲)》[О Московской семантической школе(тезисы)]一文中列举了莫斯科语义学派的主要代表人物:Мельчук И. А., Апресян Ю. Д. , Апресян В. Ю., Богуславский И. М., Богуславская О. Ю., Гловинская М. Я., Иомдин Л. Л., Иорданская Л. Н., Левонтина И. Б., Санников В. З., Урысон Е. В. 等,以及莫斯科语义学派的主要思想提纲。可惜网站改版升级后,该文在网站上搜索不到了,我们 2014 年在网站上下载了该文 PDF 格式的文件,它并未被编入论文集,而是属于"доклады, не вошедшие в сборник"。我们推测该文后经作者修改发表在《语言学问题》(«Вопросы языкознания»)上。参考:Апресян Ю. Д. О Московской семантической школе[J]Вопросы языкознания. 2005(1):3-30.

② 关于子领域的划分,"对话"会议在不同时期有不同的分法。

③ 关于莫斯科语义学派的理论要点,参考:Апресян Ю. Д. 杜桂枝[译](2006)、张家骅(2001)、薛恩奎(2007)和孙淑芳(2012)。

来越多的科技公司加入进来。

可以说,俄罗斯计算语言学发端于莫斯科语义学派的理论土壤,成长为世界计算语言学的一个重要分支流派,尤其在词汇语义研究领域将继续彰显独特魅力。同时,莫斯科语义学派也顺应了信息时代的科技发展方向,在俄罗斯计算语言学这个更为宽广的视阈中获得了新的存在形式。我国学术界对莫斯科语义学派并不陌生,但对于新兴的俄罗斯计算语言学派了解就非常有限,这正是本文的研究价值所在。

2.5.2 国际化的倾向和趋势

通过对"对话"学术会议历年论文的定量统计分析,我们明显感受到近年来俄罗斯计算语言学积极与国际相接轨的趋势,主要体现在以下五个方面。

一是,近年来英语论文的数量不断增长,会议组织方在编纂论文集时明确要求涉及语言自动处理的论文用英语撰写,这明确体现出俄罗斯学术界与国际接轨的愿望。

二是大量俄罗斯境外的单位及学者参与到俄罗斯计算语言学研究中来,近年来,每年的会议都有外国专家赴俄罗斯做专题讲座或报告,这是俄罗斯学术界与国外学术界积极互动的良好成果。

三是该学术会议网站不断改版更新,其学术成果向国际学术界完全开放,资料可供下载利用,会议欢迎俄罗斯国内外从事语言自动处理研究的学者及爱好者积极参与,这也显示出俄罗斯计算语言学界向国际学术界敞开门户的积极态势。

四是开展评估、以评促研。当今世界范围内比较先进的计算语言学研究都非常注重利用基于概率和数据驱动的评测方法来检验语言自动处理系统的性能和效率,评估方法几乎成为国际计算语言学的主流趋势。从 2010 年开始,"对话"会议开始每年组织一次评估(2011 年未组织),每年有具体的评估主题,这使得会议内容变得更为丰富。评估遵循统一客观的评价标准,以促进俄语自动处理系统及其技术的改进。从论文集的内容来看,评估结果及其评价是一个独立部分,从会场分组来看,"对话"评估是一个单独的分会场。也就是说,“对话”会议将评测作为一项相对独立的议题,并给予了充分重视,与国际标准相接轨,显示俄罗斯计算语言学大步融入国际学术界。

五是近年来的科研成果非常明显地体现出世界计算语言学的发展趋势和特点。冯志伟(2011:15)指出的“大规模真实文本的处理成为计算语言学的主要战略目标”以及“计算语言学中越来越多地使用统计数学方法来分析语言数据”,这两个趋势特点在“对话”会议论文中得到明确的印证。

2.5.3 俄罗斯学术界的两个优良传统

我们在第1章的1.3小节中排序得出的高频作者尤其是最高频作者,几乎每年都参加“对话”会议且撰文发表,他们堪称俄罗斯计算语言学界的领军人物。在逐一了解这些高频作者的个人信息和履历的过程中,我们看到,常年参加学术会议且撰文发表的最高频作者和次高频作者中,有不少高龄的学术研究“常青树”。他们中有不少人虽然获得副博士、博士学位和高级职称比较晚,但却目标明确地将一生精力投入到科研事业中,稳定地坚持从事科学研究。在获得学术声誉和成绩后,他们仍将主要精力放在科研业务上,担任行政职务的情况较少,较多的是担任教研室或实验室主任,退休后继续活跃在科研工作第一线。“活到老坚持科研到老”是俄罗斯语言学学术界的优良传统。

二是很多高频作者具有从事科研的家庭传统,这类家庭中父辈与子辈、夫妻之间可以在平日生活中很自然地进行学术交流合作,相互促进各自的学术研究,家庭具有良好的学术氛围,从而促使这些学者非常稳定地坚持科学研究。例如俄罗斯科学院语言学研究所的 Зализняк А. А.(1959—)是著名语言学家 Зализняк Андрей А.(1935—2017)和 Падучева Е. В.(1935—2019)的女儿,她传承了父母良好的学术基因和雄厚的学术遗产。再如俄罗斯科学院信息传输问题研究所的 Иомдин Л. Л.(1947—)和国家研究型大学高等经济学校的 Иомдин Б. Л.(1976—)是父子;国家研究型大学高等经济学校的 Апресян В. Ю.(1970—)是著名语言学家 Апресян Ю. Д.(1930—)的女儿;俄罗斯科学院俄语研究所的 Шмелев А. Д.(1957—)与 Шмелева Е.

Я.(1957—)是夫妻，而 Шмелев А. Д. 出生于著名语言学家 Шмелев Д. Н.(1926—1993)和 Булыгина Т. В.(1929—2000)的家庭。俄罗斯科学院语言学研究所的 Кибрик А. А.(1963—)是已故著名语言学家 Кибрик А. Е.(1939—2012)的儿子。俄罗斯计算语言学界这种“科研之家”的传统也是其学术团队稳定发展的重要原因。

2.5.4 语言学、信息科学和计算机科学的融合

作为新兴交叉学科，计算语言学的发展离不开语言学、信息科学和计算机科学界同仁间的相互促进和共同努力，只依赖其中的部分力量而忽略另一部分力量是难以健康发展的。在“对话”会议这个平台上，俄罗斯科学院下属的文科类俄语研究所、语言学研究所、社科信息研究所等与理工科类的信息学问题研究所、信息传输问题研究所、系统分析研究所、科技信息研究所、数学所、工程技术所、计算中心等实现了较好的对接。再例如莫斯科国立大学下属的单位中，语文系、计算数学与控制论系、科研计算中心都有很高的参与度。此外值得指出的是，近几年俄“对话”会议的多作者论文中，文科学者和理工科学者共同撰写发表的情况逐渐增多，体现出其文理工科学者间的融合度在加强。

我国当前的计算语言学研究较多地依赖理工科的力量，以语言学为代表的文科研究力量参与度还不高，尤其是外语届的语言学科研工作者还没能有效地、成规模地参与进来。如何打破学科间以及研究领域间的藩篱值得我们深入思考。

2.5.5 科研院所、高等院校、科技公司间的紧密合作

在一个开放的论坛聚集各方力量有利于促成其间的合作交流。在“对话”学术会议这个开放平台上，参与合作的科研院所、高等院校和科技公司越来越多，三方力量发挥各自的优势，便于在具体课题的研究中展开配合。科研院所比较突出的特色是理论优势，科技公司的特长在于技术问题的处理，高等院校的能力比较综合且在人才培养方面具有不可替代的作用。

三方合作能够促进计算语言学研究理论和技术实践的有效互动，科研

院所与科技公司相结合能够将理论成果高效转化为技术产品,而科技公司的实际需求同时又反作用于科研院所的理论探索,为其科技创新指明方向。三类单位的合作有利于复合型人才的成长发展,计算语言学本身就是一个交叉学科,从事该学科研究的人才应具备多方面的知识和能力。我们通过统计作者单位发现,俄罗斯计算语言学界的新生代年轻学者倾向于在高等院校、科研院所和科技公司等不同类型的单位间流动,这有利于增长其多方面的能力。此外,在科研经费方面,三方经济实力的互助整合也利于为课题研究提供充足的资金保障。

2.6　本章小结

我们构建了21世纪俄罗斯计算语言学会议的论文语料库和数据库,为定量分析俄罗斯计算语言学前沿态势提供了可共享的资源。采用语料库和数据库相结合的定量研究方法,对学术论文文本进行多个维度的初步统计分析,为后面进一步理清俄罗斯计算语言学流派的基本分支、深入探讨俄罗斯计算语言学子领域或具体问题的前沿发展动态提供了数据支撑。

我们宏观上讨论了当前俄罗斯计算语言学研究的大体态势及特点,试图揭示俄罗斯计算语言学界在做什么,统计分析整个论文语料库,梳理其中的高频词和关键词,这些高频词和关键词涉及的问题领域与当前俄罗斯计算语言学研究前沿热点有关。

第 3 章　高频作者统计分析

在第 1 章中,我们对高频作者和高频单位的信息进行了全面统计,其中的高频第一作者是我们关注的重中之重,在本章中我们就以这些高频第一作者为研究对象,按人进行定量统计分析。这些高频作者分属于不同单位,也反映出各单位的研究专长,因此我们以第 1 章中所提出的单位类别为依据,分出科研院所、高等院校、科技公司、境外机构四节。

在每节中,我们梳理各个单位的高频作者及其重点研究方向。对于每位高频作者,我们先统计其作为第一作者所撰写论文的高频词和关键词,将其作为主要切入点,再对照其参与撰写的所有论文的高频词和关键词,分人物总结归纳其专长。统计关键词时,以我们构建的计算语言学论文语料总库为参照词表,这样更能体现每位作者在计算语言学领域内的研究特点。在定量统计高频词和关键词的基础上,对该作者的各篇论文的标题甚至摘要做定性分析,可以更明确地分析其兴趣特点和专长。需要说明的是,高频词和关键词在分析作者研究专长时具有显著的参考意义,但对个别兴趣广泛的作者来说,高频词和关键词比较分散,这时就需要综合使用定量和定性的方法来梳理总结该作者的主要研究方向。

总体说来,本章的总体设想是以单位类别为框架,以各个高频作者的定量统计数据为基础内容,辅以部分定性梳理和分析,尝试以此视角来反映俄罗斯计算语言学的不同流派分支。

3.1 科学院所流派

3.1.1 俄语研究所的学者

3.1.1.1 Баранов А. Н.

在论文数据库中的作者字段,以文本筛选器先选出包含 Баранов А. Н. 的所有论文,另存在以他名字命名的文件夹中,供接下来对其进行人物专项统计时使用。如图 3.1 和图 3.2 所示。

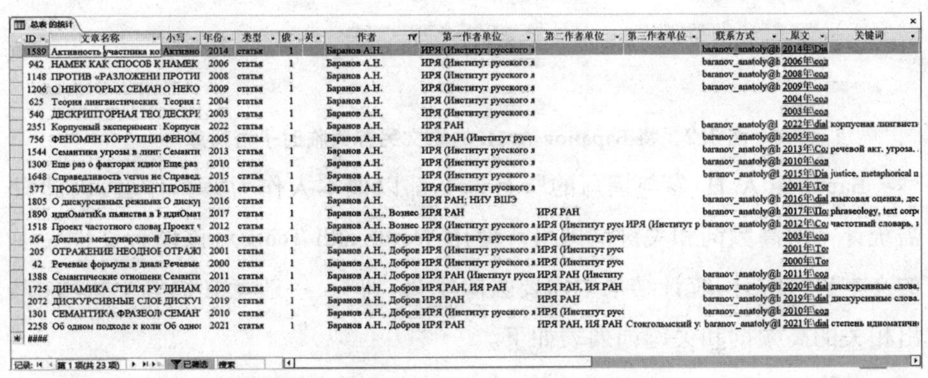

总表 的统计

ID	文章名称	小写	年份	类型	俄	英	作者	第一作者单位	第二作者单位	第三作者单位	联系方式	原文	关键词
1589	Активность участника ко	Активно	2014	статья	1		Баранов А.Н.	ИРЯ (Институт русского я			baranov_anatoly@h	2014年\Dia	
942	НАМЕК КАК СПОСОБ К	НАМЕК	2006	статья	1		Баранов А.Н.	ИРЯ (Институт русского я			baranov_anatoly@h	2006年\con	
1148	ПРОТИВ «РАЗЛОЖЕНИ	ПРОТИІ	2008	статья	1		Баранов А.Н.	ИРЯ (Институт русского я			baranov_anatoly@h	2008年\con	
1206	О НЕКОТОРЫХ СЕМАН	О НЕКО	2009	статья	1		Баранов А.Н.	ИРЯ (Институт русского я			baranov_anatoly@h	2009年\con	
625	Теория лингвистических	Теория л	2004	статья	1		Баранов А.Н.	ИРЯ (Институт русского я				2004年\con	
540	ДЕСКРИПТОРНАЯ ТЕО	ДЕСКРИ	2003	статья	1		Баранов А.Н.	ИРЯ (Институт русского я				2003年\con	
2351	Корпусный эксперимент	Корпусн	2022	статья	1		Баранов А.Н.	ИРЯ РАН			baranov_anatoly@l	2022年\dial	корпусная лингвисти
756	ФЕНОМЕН КОРРУПЦИІ	ФЕНОМ	2005	статья	1		Баранов А.Н.	ИРЯ РАН (Институт русс			baranov_anatoly@h	2005年\con	
1544	Семантика угрозы в линг	Семанти	2013	статья	1		Баранов А.Н.	ИРЯ (Институт русского я			baranov_anatoly@h	2013年\Co	речевой акт, угроза, .
1300	Еще раз о факторах идио	Еще раз	2010	статья	1		Баранов А.Н.	ИРЯ (Институт русского я			baranov_anatoly@h	2010年\con	
1648	Справедливость versus не	Справед	2015	статья	1		Баранов А.Н.	ИРЯ (Институт русского я			baranov_anatoly@l	2015年\Dia	justice, metaphorical n
377	ПРОБЛЕМА РЕПРЕЗЕНТ	ПРОБЛЕ	2001	статья	1		Баранов А.Н.	ИРЯ (Институт русского я				2001年\To	
1805	О дискурсивных режимах	О дискуј	2016	статья	1		Баранов А.Н.	ИРЯ РАН; НИУ ВШЭ			baranov_anatoly@h	2016年\dial	языковая оценка, дес
1890	идиОматиКа пьянства в І	идиОмат	2017	статья	1		Баранов А.Н., Вознес	ИРЯ РАН	ИРЯ РАН		baranov_anatoly@h	2017年\По	phraseology, text corp
1518	Проект частотного слова	Проект ч	2012	статья	1		Баранов А.Н., Вознес	ИРЯ (Институт русского я	ИРЯ (Институт русс	ИРЯ (Институт р	baranov_anatoly@h	2012年\Co	частотный словарь, і
264	Доклады международной	Доклады	2003	статья	1		Баранов А.Н., Добров	ИРЯ (Институт русского я	ИРЯ (Институт русс			2003年\con	
205	ОТРАЖЕНИЕ НЕОДНОІ	ОТРАЖІ	2001	статья	1		Баранов А.Н., Добров	ИРЯ (Институт русского я	ИРЯ (Институт русс			2001年\To	
42	Речевые формулы в диал	Речевые	2000	статья	1		Баранов А.Н., Добров	ИРЯ (Институт русского я	ИРЯ (Институт русс			2000年\To	
1388	Семантические отношени	Семанти	2011	статья	1		Баранов А.Н., Добров	ИРЯ РАН (Институт русс	ИРЯ РАН (Институ		baranov_anatoly@h	2011年\con	
1725	ДИНАМИКА СТИЛЯ РУ	ДИНАМ	2020	статья	1		Баранов А.Н., Добров	ИРЯ РАН, ИЯ РАН	ИРЯ РАН, ИЯ РАН		baranov_anatoly@h	2020年\dial	дискурсивные слова.
2072	ДИСКУРСИВНЫЕ СЛОЕ	ДИСКУІ	2019	статья	1		Баранов А.Н., Добров	ИРЯ РАН	ИРЯ РАН		baranov_anatoly@h	2019年\dial	дискурсивные слова.
1301	СЕМАНТИКА ФРАЗЕОЛ	СЕМАНТ	2010	статья	1		Баранов А.Н., Добров	ИРЯ (Институт русского я	ИРЯ (Институт русс		baranov_anatoly@h	2010年\con	
2258	Об одном подходе к коли	Об одно	2021	статья	1		Баранов А.Н., Добров	ИРЯ РАН	ИРЯ РАН, ИЯ РАН	Стокгольмский у	baranov_anatoly@l	2021年\dial	степень идиоматичн
####													

记录: 第 1 项(共 23 项) 已筛选 搜索

图 3.1 Баранов А. Н. 参与撰写的论文

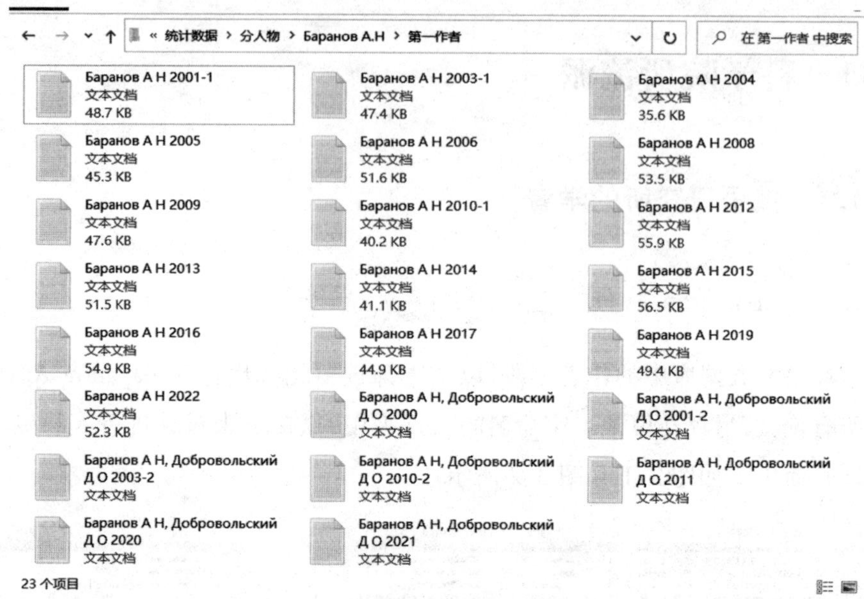

图 3.2 将 Баранов А. Н. 的论文另存为临时子语料库

Баранов А. Н. 参与撰写的所有论文都以他本人作为第一作者,因此只需统计一次高频词和关键词即可。使用 WordSmith Tools 对该作者文件夹中的文本进行统计,统计结果中需要去除字母、符号、一般意义词等干扰项,得出相关的高频词和关键词列表如下。

表 3.1 Баранов А. Н. 作为第一作者的论文以及参与撰写的所有论文的高频词和关键词统计数据①

排序	作为第一作者的论文(23 篇)		参与撰写的所有论文(23 篇)	
	高频词	关键词	高频词	关键词
1	идиома	идиома	идиома	идиома
2	модель	метафора	модель	метафора
3	метафора	справедливость	метафора	справедливость
4	ситуация	намек	ситуация	намек
5	употребление	таксон	употребление	таксон
6	тип	метафорический	тип	метафорический

① 受篇幅所限,对每位作者只统计高频词和关键词的前 20 个,在实际操作中我们可以发现前 20 个高频词和关键词足以反映每位作者的研究特长。若将前 30 个高频词和关键词进行比较,可得出相同的结论。若非特殊情况,下述每位作者也均在表中列出前 20 个高频词和关键词。

续表

排序	作为第一作者的论文(23 篇)		参与撰写的所有论文(23 篇)	
	高频词	关键词	高频词	关键词
7	семантика	коррупция	семантика	коррупция
8	зрение	фразеология	зрение	фразеология
9	справедливость	несправедливость	справедливость	несправедливость
10	намек	констелляция	намек	констелляция
11	словарь	репрезентативность	словарь	репрезентативность
12	значение	модель	значение	модель
13	содержание	отклонение	содержание	отклонение
14	таксон	добровольский	таксон	добровольский
15	справедливость	сынок	справедливость	сынок
16	фразеология	экспертиза	фразеология	экспертиза
17	корпус	семантика	корпус	семантика
18	метафорический	угроза	метафорический	угроза
19	параметр	активность	параметр	активность
20	форма	параметр	форма	параметр

通过对比高频词和关键词,可见 Баранов А. Н. 重点关注**成语**、**隐喻**、**语义**、**暗指**等研究领域,涉及**模式**、**代表性**、**倾向性**等具体问题,将**справедливость**、**констелляция**、**коррупция** 等概念范畴用作典型实例,并使用了**分类法**和**语料库**等研究方法。再对论文数据库中 Баранов А. Н. 不同年度论文的标题和摘要①以定性研究方法进行分析,可验证 Баранов А. Н. 确实主要研究**成语**、**隐喻**、**语义**等领域的相关问题。

3.1.1.2 Урысон Е. В.

Урысон Е. В. 一直在俄罗斯科学院俄语研究所工作。在论文数据库中她从 2001—2018 年的 18 年间,除 2017 年以外每年发表一篇论文,且均是独

① 每篇论文的标题和摘要较为直接地体现了该文的主要内容,对于大范围的文献综述,我们来不及细读每篇文章的具体内容,浏览标题和摘要是当前现实可行的操作方式。在本章中,绝大多数情况下论文标题比较清晰地反映了论文的主旨内容,因此总体来讲,我们在本章范围内的定性研究方法以总结归纳涉及每位学者的所有论文标题为主;当标题无法清晰反映论文主旨内容或过于简单时,就需要进一步查看论文摘要,这种情况较少。当然,在未来的后续研究中,如果对某一作者或某一问题有进一步深入分析研究的必要时,完全可以再通读全文进行定性分析总结。

立完成。另存她的所有论文，并进行统计和筛查干扰项，可以得出下表。

表 3.2 Урысон Е. В. 作为第一作者的论文以及参与撰写的所有论文的高频词和关键词统计数据

排序	作为第一作者的论文（17 篇）		参与撰写的所有论文（17 篇）	
	高频词	关键词	高频词	关键词
1	ситуация	союз	ситуация	союз
2	союз	ситуация	союз	ситуация
3	тип	сравнение	тип	сравнение
4	сравнение	ожидание	сравнение	ожидание
5	лексема	впору	лексема	впору
6	высказывание	дело	высказывание	дело
7	ожидание	лексема	ожидание	лексема
8	дело	Петя	дело	Петя
9	значение	положение	значение	положение
10	Петя	тип	Петя	тип
11	компонент	Коля	компонент	Коля
12	положение	высказывание	положение	высказывание
13	говорящий	санник	говорящий	санник
14	Апресян	компонент	Апресян	компонент
15	контекст	актант	контекст	актант
16	указывать	контекст	указывать	контекст
17	глагол	сравнивать	глагол	сравнивать
18	актант	Апресян	актант	Апресян
19	действие	повествование	действие	повествование
20	санник	частица	санник	частица

分析 Урысон Е. В. 论文的高频词和关键词，不难看出她非常关注**连接词**、**词素**、**语义题元**、**话语表述**等问题的研究，在研究方法上倾向于使用**对比**、**分类**、**成分分析法**。她的研究与 **Апресян** 的理论密切相关，**ожидание**、**положение**、**впору**、**Петя**、**Коля**、**санник** 等词很可能是一些分析实例。在论文数据库中以定性研究方法进行核对，可以确定 Урысон Е. В. 是专门从事连接词研究的，很多论文都与连接词有关，对不同连接词进行了细致的语义研究，此外，近两年她还开始从事副词的语义研究。

3.1.1.3　Иомдин Б. Л.

Иомдин Б. Л. 长期在俄罗斯科学院俄语研究所工作，2014 年开始在国家研究型大学高等经济学校兼职任教。将他的所有论文另存并进行统计，筛除干扰项得出下表。

表 3.3　Иомдин Б. Л. 作为第一作者的论文以及参与撰写的所有论文的高频词和关键词统计数据

排序	作为第一作者的论文(16 篇)		参与撰写的所有论文(23 篇)	
	高频词	关键词	高频词	关键词
1	значение	орех	значение	орех
2	словарь	понимать	словарь	понимать
3	sense	sense	English	максимум
4	понимать	свитер	sense	sense
5	English	кошелек	понимать	свитер
6	орех	БТС[①]	Moscow	кошелек
7	dictionary	nuts	dictionary	БТС
8	Moscow	сущ.	орех	минимум
9	обычно	Russian	обычно	nuts
10	понимание	одноименный	Апресян	сущ.
11	Апресян	сосуд	понимание	одноименный
12	frequency	кофта	максимум	сосуд
13	употребление	БАС[②]	минимум	кофта
14	different	everyday	употребление	БАС
15	группа	миндаль	frequency	миндаль
16	лексема	одежда	тип	джемпер
17	свитер	джемпер	лексема	одежда
18	Yandex	портмоне	Yandex	портмоне
19	кошелек	вязаный	свитер	вязаный
20	speaker	понимание	конструкция	Nosyrev

对照分析两组高频词和关键词，可见 Иомдин Б. Л. 的主要研究领域为词汇语义和词典学。使用了 БТС、БАС 等词典，细致地讨论了坚果、衣物、器具等日常生活中典型性名词实例的语义及其处理，所研究的语种涉及俄语

① 该缩略语全称为 Большой толковый словарь русского языка。

② 该缩略语全称为 Большой академический словарь русского языка。

和**英语**。此外,研究内容与 **Апресян** 和 **Nosyrev** 的理论密切相关。其参与的研究借用了一些**最大值**和**最小值**等量化方法来研究语言学问题。在论文数据库中使用定性研究方法检验所涉及论文的标题,基本验证了以上统计结果的正确性。需要做出的补充:Иомдин Б. Л. 具体讨论了多义词义项的词频词典、日常生活术语词典的构建问题,专门研究了动词 понимать 的语义。

3.1.1.4 Кустова Г. И.

Кустова Г. И. 于 2013 年从莫斯科国立师范大学转入俄罗斯科学院俄语研究所工作,而 2007 年以前在俄罗斯科学院全俄科学技术信息研究所工作。将其所有论文另存并统计,筛除干扰项得出下表。

表 3.4 Кустова Г. И. 作为第一作者的论文以及参与撰写的所有论文的高频词和关键词统计数据

排序	作为第一作者的论文(20 篇)		参与撰写的所有论文(23 篇)	
	高频词	关键词	高频词	关键词
1	конструкция	прилагательное	значение	прилагательное
2	ситуация	конструкция	конструкция	вчерашний
3	значение	вчерашний	прилагательное	конструкция
4	прилагательное	давний	ситуация	давний
5	тип	недавний	глагол	недавний
6	существительное	оборот	тип	оборот
7	время	тянуть	существительное	существительное
8	глагол	существительное	семантический	тянуть
9	выражение	ориентир	человек	ориентир
10	оборот	близкий	корпус	близкий
11	человек	ситуация	время	ситуация
12	субъект	отпричастное	выражение	значение
13	семантический	траектор	оборот	отпричастное
14	форма	примечание	словарь	абстрактный
15	объект	дети	субъект	семантический
16	вчерашний	абстрактный	группа	валентность
17	давний	валентность	форма	глагол
18	группа	дистрибутив	контекст	круглый
19	валентность	обстоятельственное	валентность	дистрибутив
20	недавний	субъект	сочетание	пометы

以作为第一作者的论文的统计数据为主，以参与撰写的所有论文的统计数据为辅，综合对照两组高频词和关键词，可见 Кустова Г. И. 主要研究**形容词**、**名词**和**动词**三个词类，涉及**结构**、**语义**、**类型**、**短语**、**主体**、**客体**、**配价**、**分布**、**语境**等问题，**вчерашний**、**давний**、**недавний**、**тянуть**、**дети**、**круглый**等词很可能是典型实例。其研究中应当涉及**词典**和**语料库**。在论文数据库中对 Кустова Г. И. 论文的标题和摘要进行定性分析，可以验证上述结论的正确性。需要做出的补充：Кустова Г. И. 讨论了形容词、动词和名词的电子语义词典的构建问题，还研究了多义问题以及歧义消解问题。

3.1.1.5 Шмелева Е. Я.

Шмелева Е. Я. 一直在俄罗斯科学院俄语研究所工作。她的总共 14 篇论文中有 13 篇都是与 Шмелев А. Д. 合作撰写的，且均以 Шмелева Е. Я. 为第一作者。将这些论文另存并进行统计，筛除干扰项得到下表。

表 3.5 Шмелева Е. Я. 作为第一作者的论文以及参与撰写的所有论文的高频词和关键词统计数据

排序	作为第一作者的论文（13 篇）		参与撰写的所有论文（14 篇）	
	高频词	关键词	高频词	关键词
1	анекдот	анекдот	анекдот	анекдот
2	время	муха	время	муха
3	русский	рассказывание	русский	радио
4	речь	радио	персонаж	персонаж
5	персонаж	персонаж	речь	рассказчик
6	радио	Ленин	радио	рассказывание
7	муха	рассказчик	жанр	жанр
8	жанр	жанр	муха	Ленин
9	рассказывание	армянский	речевой	армянский
10	речевой	юбилей	рассказывание	юбилей
11	животное	животное	животное	животное
12	Ленин	русский	Ленин	русский
13	рассказчик	жена	рассказчик	Чуковский
14	жена	Сталин	жена	Сталин
15	правило	Чуковский	правило	жена
16	отвечать	рождение	отвечать	протоанекдот

续表

排序	作为第一作者的论文(13 篇)		参与撰写的所有论文(14 篇)	
	高频词	关键词	高频词	关键词
17	рождение	протоанекдот	рождение	еврей
18	армянский	бабушка	диалог	бабушка
19	диалог	политический	юбилей	политический
20	юбилей	еврей	армянский	рождение

对比 Шмелева Е. Я. 所撰写文章的高频词和关键词,可知她的主要关注方向为**笑话**、**幽默**、**体裁**等问题,涉及**故事**、**时间**、**人物**、**动物**、**言语**、**规则**等具体范畴。所研究的人物与**亚美尼亚人**和**犹太人**有关,还与 **Ленин**、**Сталин** 等政治人物有关,研究素材采用了作家 **Чуковский** 撰写的一些童话故事。在论文数据库中对论文标题和摘要进行定性分析,可以验证以上结论的正确性。需要做出如下补充:Шмелева Е. Я. 的所有论文均与笑话有关,除以上归纳出的内容以外,她还讨论了笑话中的语音知识以及言语口头体裁在 21 世纪的转型。

3.1.1.6 Гришина Е. А.

Гришина Е. А. 一直在俄罗斯科学院俄语研究所工作,目前是俄语国家语料库(НКРЯ)的项目负责人。将其所有论文另存并统计,筛除干扰项后得出下表。

表 3.6 Гришина Е. А. 作为第一作者的论文以及参与撰写的所有论文的高频词和关键词统计数据

排序	作为第一作者的论文(12 篇)		参与撰写的所有论文(14 篇)	
	高频词	关键词	高频词	关键词
1	жест	жест	жест	жест
2	щепоть	щепоть	речь	щепоть
3	речь	точь	щепоть	точь
4	точь	перо	рука	перо
5	перо	ось	точь	рука
6	объект	палец	перо	ось
7	рука	автодейксиса	объект	палец
8	движение	движение	говорящий	автодейксиса

续表

排序	作为第一作者的论文(12 篇)		参与撰写的所有论文(14 篇)	
	高频词	关键词	高频词	关键词
9	собственно	рука	движение	движение
10	говорящий	конфигурация	собственно	ладонь
11	ось	gesture	ось	конфигурация
12	движение	жестикуляция	русский	жестикуляция
13	приставка	ладонь	значение	gesture
14	значение	приставка	приставка	голова
15	конфигурация	вокальный	конфигурация	приставка
16	палец	жестовый	палец	вокальный
17	gesture	собственно	голова	жестовый
18	зрение	объект	gesture	собственно
19	автодейксиса	кольцо	зрение	объект
20	ладонь	троеперстие	ладонь	кольцо

从两组高频词和关键词的情况来看，Гришина Е. А. 的主要研究领域包括**手势**、**身势语**、**言语**，涉及**身体各部位**、**动作**、**指示**、**目光**、**声音**以及**意义**等具体范畴。在论文数据库中对论文标题和摘要进行定性分析，基本验证了上述内容。此外需要补充的是：Гришина Е. А. 还讨论了俄语口语以及如何构建俄语国家语料库的有声言语子语料库的问题。

3.1.1.7　Добровольский Д. О.

Добровольский Д. О. 的工作单位一直是俄罗斯科学院俄语研究所。将他的所有论文另存并统计，筛除干扰项后得到下表。

表 3.7　Добровольский Д. О. 作为第一作者的论文以及参与撰写的所有论文的高频词和关键词统计数据

排序	作为第一作者的论文(13 篇)		参与撰写的所有论文(25 篇)	
	高频词	关键词	高频词	关键词
1	Russian	German	идиома	идиома
2	German	equivalent	Russian	таксон
3	corpus	gerade	русский	German
4	говорящий	idiom	German	idiom
5	English	замечательный	corpus	equivalent

续表

排序	作为第一作者的论文(13 篇)		参与撰写的所有论文(25 篇)	
	高频词	关键词	高频词	关键词
6	equivalent	parallel	der	gerade
7	значение	equivalence	тип	замечательный
8	частица	немецкий	говорящий	parallel
9	idiom	говорящий	зрение	equivalence
10	перевод	частица	значение	фразеология
11	тип	дейксис	перевод	немецкий
12	зрение	Swedish	ситуация	Достоевский
13	gerade	пассивизация	English	перевод
14	translation	Levontina	словарь	говорящий
15	замечательный	идиома	таксон	phraseology
16	equivalence	австрийский	equivalent	дейксис
17	parallel	particle	употребление	идиоматика
18	немецкий	Достоевский	idiom	австрийский
19	noch	параллельный	частица	частица
20	dictionary	phraseology	translation	Swedish

以作为第一作者的论文的统计数据为主,以参与撰写的所有论文的统计数据为辅,综合对照两组高频词和关键词,可知 Добровольский Д. О. 的主要研究方向为**平行语料库**、**成语**、**翻译**等领域,平行语料库中含有的语言除俄语外,还有**德语(包括奥地利德语)**、**英语**、**瑞典语**等,研究涉及**说话者**、**语气词**、**等价物**、**类型**、**指示语**等具体问题。Добровольский Д. О. 的研究与 **Levontina** 和 **Достоевский** 的理论有关。在论文数据库中以定性研究方法梳理论文标题和摘要,可以验证上述结论是正确的。需要做出如下补充:Добровольский Д. О. 在构建平行语料库的基础上进行了很多应用研究,包括俄德对比、双语成语词典、基于平行语料库的语义和句法研究。

3.1.1.8 Крылова Т. В.

Крылова Т. В. 的工作单位一直是俄罗斯科学院俄语研究所,且发表的论文均为独立撰写。将她的所有论文另存并统计,筛除干扰项后得到下表。

表 3.8　**Крылова Т. В.** 作为第一作者的论文以及参与撰写的所有论文的高频词和关键词统计数据

排序	作为第一作者的论文(9篇)		参与撰写的所有论文(9篇)	
	高频词	关键词	高频词	关键词
1	субъект	вот	субъект	вот
2	лекарство	вон	лекарство	вон
3	препарат	лекарство	препарат	лекарство
4	благородный	препарат	благородный	препарат
5	говорящий	благородный	говорящий	благородный
6	средство	субъект	средство	субъект
7	значение	закадывать	значение	закадывать
8	закадывать	средство	закадывать	средство
9	указывать	деликатно	указывать	деликатно
10	деликатно	зарекаться	деликатно	зарекаться
11	партнер	прохладный	партнер	прохладный
12	отличие	партнер	отличие	партнер
13	употребление	тактично	употребление	тактично
14	лексема	теплый	лексема	теплый
15	речь	великодушный	речь	великодушный
16	указание	свет	указание	свет
17	свет	сверкать	свет	сверкать
18	объект	бесцеремонно	объект	бесцеремонно
19	прохладный	наивно	прохладный	наивно
20	зарекаться	температура	зарекаться	температура

对照高频词和关键词,似乎不太容易判断 Крылова Т. В. 的主要研究方向和问题。在这种情况下,我们可借助定性研究方法,直接梳理论文标题和摘要。经梳理总结可知,Крылова Т. В. 的主要研究方向为**词汇语义**、**认知**等领域。有趣的是,在论文中 Крылова Т. В. 却较少提及"词汇语义"及"认知"这样的字眼,因为她的论文大多是针对某个或某类具体实例展开讨论,因此我们使用高频词和关键词统计的方法很难直接判断作者的研究兴趣,而是统计出了大量的具体实例。在这种情况下,就有必要优先借助定性研究方法浏览论文标题及摘要。

具体说来,Крылова Т. В. 主要研究了**某些类别词汇的语义**、**意义的朴素语言表示方法**、**词汇语义的转义**,涉及**说话人**、**交谈伙伴**、**词素**、**言语**、**主体**、

客体、**策略**等概念范畴，而 **лекарство**、**благородный**、**деликатно**、**вот**、**вон**、**закадывать**、**свет**、**теплый**、**зарекаться**、**прохладный**、**температура** 等等大多数高频词和关键词皆为具体实例。

3.1.1.9 Левонтина И. Б.

Левонтина И. Б. 一直在俄罗斯科学院俄语研究所工作，将其所有论文另存并统计，筛除干扰项得到下表。

表 3.9 Левонтина И. Б. 作为第一作者的论文以及参与撰写的所有论文的高频词和关键词统计数据

排序	作为第一作者的论文（14 篇）		参与撰写的所有论文（21 篇）	
	高频词	关键词	高频词	关键词
1	ведь	ведь	ведь	ведь
2	говорящий	говорящий	говорящий	eben
3	однако	цвет	частица	следствие
4	речь	удосужиться	следствие	частица
5	значение	дескать	eben	говорящий
6	частица	мол	речь	gerade
7	фраза	частица	значение	etwa
8	intonation	intonation	ситуация	doch
9	тип	завтра	высказывание	noch
10	совершенно	чужой	тип	разве
11	цвет	particle	gerade	nein
12	человек	императив	разве	последствие
13	particle	потрудиться	der	nicht
14	всегда	бонно	particle	particle
15	высказывание	lexicalized	время	oder
16	завтра	карта	совершенно	цвет
17	мол	фраза	etwa	das
18	ситуация	ожидание	фраза	удосужиться
19	удосужиться	пересказывание	corpus	denn
20	Апресян	prosody	intonation	sie

以作为第一作者的论文的统计数据为主，以参与撰写的所有论文的统计数据为辅，综合对照两组高频词和关键词，可知 Левонтина И. Б. 的主要研究领域为**语气词**、**小品词**、**词汇语义**等，涉及**说话人**、**言语**、**语调**、**词汇化**、**命**

令式、转述、韵律学等问题，以及 **ведь**、**мол**、**дескать**、**удосужиться** 等典型实例，而 **eben**、**doch**、**nicht**、**das** 等德语词的出现说明 Левонтина И. Б. 参与的研究对象还涉及德语。在论文数据库中以定性研究方法梳理论文标题和摘要，可以验证上述结论的正确性。需要做出的补充是：Левонтина И. Б. 还专门研究了具有“武断”意义的词汇，以及语气词 уж 和连接词 а то。

3.1.1.10 Козеренко А. Д.

Козеренко А. Д. 一直在俄罗斯科学院俄语研究所工作，将其所有论文另存并统计，筛除干扰项得到下表。

表 3.10 Козеренко А. Д. 作为第一作者的论文以及参与撰写的所有论文的高频词和关键词统计数据

排序	作为第一作者的论文(8 篇)		参与撰写的所有论文(11 篇)	
	高频词	关键词	高频词	关键词
1	идиома	идиома	идиома	идиома
2	скобки	скобки	словарь	скобки
3	внутренний	внутренний	внутренний	внутренний
4	значение	омега	скобки	альфа
5	жест	альфа	значение	омега
6	употребление	книжн.	употребление	книжн.
7	толкование	жест	корпус	Добровольский
8	альфа	идиоматика	жест	идиоматика
9	омега	толкование	толкование	жест
10	словарь	Добровольский	форма	толкование
11	книжн.	голова	Добровольский	Баранов
12	форма	страх	альфа	idiom
13	Добровольский	рука	омега	фразеологический
14	корпус	фразеологический	Баранов	фразеология
15	голова	Лубенская	книжн.	словарь
16	идиоматика	махнуть	современный	употребление
17	рука	употребление	идиоматика	Лубенская
18	современный	Баранов	idiom	голова
19	пример	публицистика	голова	публицистика
20	толкование	эмоция	текст	современный

综合对比两组高频词和关键词，可知 Козеренко А. Д. 的主要研究领域

为**成语**，涉及**成语的意义**、**括号**、**内部形式**、**手势**、**词典**、**语料库**、**字母**等问题，而 **голова**、**рука**、**страх**、**махнуть** 等词很可能是典型实例。Козеренко А. Д. 的研究与 **Добровольский**、**Баранов**、**Лубенская** 等人的理论有关。在论文数据库中以定性研究方法核对论文标题及摘要，可以验证上述统计结果的正确性。需要补充的是：Козеренко А. Д. 还讨论了成语中的隐喻问题。

3.1.1.11 Розина Р. И.

Розина Р. И. 一直在俄罗斯科学院俄语研究所工作，其所有论文均为独立撰写且均发表于 2010 年前，将这 7 篇论文另存并统计，筛除干扰项后得到下表。

表 3.11 Розина Р. И. 作为第一作者的论文以及参与撰写的所有论文的高频词和关键词统计数据

排序	作为第一作者的论文（7 篇）		参与撰写的所有论文（7 篇）	
	高频词	关键词	高频词	关键词
1	глагол	глагол	глагол	глагол
2	значение	говоря	значение	говоря
3	говоря	значение	говоря	значение
4	деривация	идти	деривация	идти
5	движение	сленговый	движение	сленговый
6	речь	номинализация	речь	номинализация
7	номинализация	деривация	номинализация	деривация
8	называемый	отглагольный	называемый	отглагольный
9	отглагольный	разговорный	отглагольный	разговорный
10	имя	сленг	имя	сленг
11	сленговый	называемый	сленговый	называемый
12	разговорный	литературный	разговорный	литературный
13	литературный	мотивирующий	литературный	мотивирующий
14	модель	заваруха	модель	заваруха
15	характер	движение	характер	движение
16	семантический	метафорический	семантический	метафорический
17	конструкция	Малина	конструкция	Малина
18	существительное	имя	существительное	имя
19	субъект	связочный	субъект	связочный
20	тип	приставка	тип	приставка

综合对照两组高频词和关键词,可知 Розина Р. И. 的主要研究领域为**动词语义**、**意义派生**、**名词化**,涉及**言语**、**派生**、**动名词**、**隐喻**、**模式**、**结构**、**主体**、**前缀**等问题,以及**俚语**、**标准语**、**口语**等多种语体,而 **идти**、**заваруха** 等词属于典型实例。在论文数据库中以定性研究方法进行核对,可以验证上述统计结果的正确性。需要补充的是:Розина Р. И. 还讨论了共时派生和历时派生两种派生的情况以及插入语的语义。

3.1.2　语言学研究所的学者

3.1.2.1　Зализняк А. А.

Зализняк А. А. 一直在俄罗斯科学院语言学研究所工作。我们在论文数据库的作者字段用文本筛选器查到 Зализняк А. А. 的所有文章,23 篇中有 21 篇是 Зализняк А. А. 作为第一作者撰写的,可以在论文数据库中利用排序分别显示她为第一作者和非第一作者的论文。存储其论文时,先在以 Зализняк А. А. 命名的文件夹中另存所有 23 篇论文,再建立一个子文件夹专门存储其作为第一作者的 21 篇论文,最后该作者的根目录下剩 2 篇非第一作者的论文。

使用 WordSmith Tools 分别对 Зализняк А. А. 作为第一作者的 21 篇论文和她参与撰写的所有 23 篇论文展开高频词和关键词统计,排除干扰项得出下表。优先分析作为第一作者的论文数据,其次参考参与撰写的所有论文的统计数据。

表 3.12　Зализняк А. А. 作为第一作者的论文以及参与撰写的所有论文的高频词和关键词统计数据

排序	作为第一作者的论文(21 篇)		参与撰写的所有论文(23 篇)	
	高频词	关键词	高频词	关键词
1	вид	несов.	значение	двое
2	значение	вид	вид	несов.
3	глагол	сов.	глагол	вид
4	проблема	видовой	быть	видовой

续表

排序	作为第一作者的论文(21 篇)		参与撰写的所有论文(23 篇)	
	高频词	关键词	高频词	关键词
5	несов.	проблема	проблема	сов.
6	тип	глагол	несов.	пара
7	пара	кавычки	пара	проблема
8	два	искать/найти	двое	кавычки
9	искать/найти	Шмелев	тип	искать
10	сов.	разочарование	Шмелев	глагол
11	Шмелев	тройка	искать/найти	Шмелев
12	видовой	пара	оба	French
13	речь	Платонов	сов.	разочарование
14	сказать	варить	видовой	тройка
15	перевод	разочарованный	речь	Платонов
16	кавычки	Wierzbicka	French	оба
17	событие	лингвоспе-цифический	сказать	варить
18	semantic	тоска	перевод	Wierzbicka
19	смысл	потерять	semantic	разочарованный
20	тройка	событие	кавычки	тоска

对照上表中的两组高频词和关键词,可发现其中有很多重合的地方,是因为 23 篇文章中大多数(21 篇)是作为第一作者的论文的情况,所以两次统计表现出的特点有很多相似之处,总体表明 Зализняк А. А. 主要关注**动词**、**体范畴**、**引号**等问题,还涉及一些**言语**和**翻译**方面的问题。她的研究与 **Шмелев**、**Платонов**、**Wierzbicka** 的理论有密切关系,研究的对象语言可能包括**俄语**和**法语**,运用 **искать/найти**、**разочарование**、**варить** 等一些具体实例。反观论文数据库中论文原文的标题和摘要,可以印证动词、体范畴、引号确实是 Зализняк А. А. 主要研究的问题,她构建了动词体词典,研究了引号的语义以及动词体的三词一组[①]情况,此外还研究了 Платонов А. 的文本。

① 即 видовая тройка,指一个未完成体对应两个完成体的情况或一个完成体对应两个未完成体的情况。

3.1.2.2 Янко Т. Е.

Янко Т. Е. 一直在俄罗斯科学院语言学研究所工作，自 2005 年开始，每年独立发表一篇论文。将其论文另存并进行统计，筛除干扰项后得到下表。

表 3.13 Янко Т. Е. 作为第一作者的论文以及参与撰写的所有论文的高频词和关键词统计数据

排序	作为第一作者的论文(18 篇)		参与撰写的所有论文(18 篇)	
	高频词	关键词	高频词	关键词
1	accent	accent	accent	accent
2	sentence	подъем	sentence	подъем
3	речь	bearer	речь	bearer
4	подъем	emphatic	подъем	emphatic
5	focus	focus	focus	focus
6	тон	тонограмма	тон	тонограмма
7	рема	акцентоноситель	рема	акцентоноситель
8	bearer	заударный	bearer	заударный
9	emphatic	sentence	emphatic	sentence
10	frequency	emphasis	frequency	emphasis
11	частота	рема	частота	рема
12	discourse	ИК①	discourse	ИК
13	акцент	pitch	акцент	pitch
14	акцентоноситель	акцент	акцентоноситель	акцент
15	тема	тон	тема	тон
16	тонограмма	rise	тонограмма	rise
17	заударный	placement	заударный	placement
18	emphasis	падение	emphasis	падение
19	placement	незавершенность	placement	незавершенность
20	падение	частота	падение	частота

对照高频词和关键词，可知 Янко Т. Е. 的主要研究方向为**语音语调**、**言语话语**领域，涉及**重音**、**频率**、**实义切分**等具体问题，以及**语调的升高**、**降低**、**载体**、**不完整性**等具体概念范畴。在论文数据库中以定性研究方法梳理论文的标题及摘要，可以验证上述统计结果的正确性。需要补充的是：Янко

① 该缩略语意为“调型”，完整形式为 интонационная конструкция。

T. E. 还较多研究了言语中的韵律问题。

3.1.2.3 Кибрик А. А.

Кибрик А. А. 的主要工作单位是俄罗斯科学院语言学研究所，自 2013 年开始，他在莫斯科国立大学工作。另存 Кибрик А. А. 的所有论文并进行统计，筛除干扰项可得到下表。

表 3.14 Кибрик А. А. 作为第一作者的论文以及参与撰写的所有论文的高频词和关键词统计数据

排序	作为第一作者的论文（10 篇）		参与撰写的所有论文（19 篇）	
	高频词	关键词	高频词	关键词
1	discourse	discourse	discourse	ЭДЕ
2	structure	rhetorical	ЭДЕ	discourse
3	rhetorical	structure	rhetorical	rhetorical
4	уровень	референт	referential	referential
5	выбор	discrete	structure	factor
6	референт	уровень	дискурс	choice
7	дискурс	референциальный	factor	дискурс
8	референциальный	РЖЯ①	distance	distance
9	referential	падение	choice	activation
10	discrete	целевой	уровень	structure
11	РЖЯ	активация	речь	antecedent
12	relation	referential	cognitive	cognitive
13	choice	EDU②	corpus	discrete
14	cognitive	RhD③	жест	референт
15	distance	выбор	antecedent	уровень
16	активация	дискурс	выбор	референциальный
17	целевой	RST④	референт	жест
18	RST	choice	EDS⑤	падение
19	фактор	референция	activation	коррекция
20	говорящий	cognitive	говорящий	referent

① 该缩略语全称为 русский жестовый язык。

② 该缩略语全称为 elementary discourse unit，即 ЭДЕ，элементарная дискурсивная единица。

③ 该缩略语全称为 Rhetorical distance。

④ 该缩略语全称为 Rhetorical Structure Theory。

⑤ 该缩略语全称为 Editors。

以作为第一作者的论文的统计数据为主，以参与撰写的所有论文的统计数据为辅，综合对照两组高频词和关键词，可知 Кибрик А. А. 的主要研究方向为**话语**、**修辞**、**指称**、**手语**等领域，具体包括**结构**、**所指**、**认知**、**语料库**、**说话人**、**手势**等问题，涉及**选择**、**目的**、**距离**、**激活**、**先行词**、**离散性**等范畴。在论文数据库中以定性研究方法核对论文标题和摘要，可验证上述统计结果的正确性。需要补充的是：Кибрик А. А. 具体讨论了话语的分类、话语语料的韵律问题以及指称选择的问题。

3.1.3 信息学问题研究所的学者

俄罗斯科学院信息学问题研究所和信息传输问题研究所的学者基本是理工科出身，擅长计算机处理，他们的文章偏重于计算机技术的开发和应用。

3.1.3.1 Кузнецов И. П.

Кузнецов И. П. 长期在俄罗斯科学院信息学问题研究所工作。将他的所有相关论文另存并统计，筛除干扰项可得出下表。

表 3.15 Кузнецов И. П. 作为第一作者的论文以及参与撰写的所有论文的高频词和关键词统计数据

排序	作为第一作者的论文（10 篇）		参与撰写的所有论文（14 篇）	
	高频词	关键词	高频词	关键词
1	объект	объект	объект	объект
2	знания	semantix	знания	знания
3	анализ	знания	анализ	semantix
4	информация	происшествие	информация	процессор
5	правило	процессор	система	происшествие
6	система	fragment	правило	резюме
7	связь	связь	связь	связь
8	документ	резюме	обработка	выделение
9	information	блог	время	fragment
10	время	правило	information	правило

续表

排序	作为第一作者的论文(10 篇)		参与撰写的所有论文(14 篇)	
	高频词	关键词	高频词	关键词
11	обработка	Мацкевич	документ	блог
12	knowledge	выделение	knowledge	адрес
13	организация	адрес	фрагмент	Мацкевич
14	фрагмент	документ	выделение	фрагмент
15	выделение	памятник	system	knowledge
16	semantix	knowledge	организация	документ
17	процессор	организация	процессор	памятник
18	object	криминал	семантический	криминал
19	данные	action	semantix	организация
20	поиск	фрагмент	данные	action

对照两组高频词和关键词,可知 Кузнецов И. П. 的主要研究方向是**知识抽取**、**信息抽取**、**自动文摘**、**语义自动处理**,涉及**对象**、**文档**、**处理器**、**博客**、**地址**、**系统**、**片段**、**组织**、**加工**等具体问题。Кузнецов И. П. 的研究与 **Мацкевич** 的理论有关。在论文数据库中以定性研究方法核对论文标题和摘要,结论与上述从统计数据得出的相一致,总体来说,Кузнецов И. П. 研究的是自然语言文本中的语义知识和信息的自动提取方法。

3.1.3.2 Инькова О. Ю.

Инькова О. Ю. 在俄罗斯科学院信息学问题研究所工作,同时也在日内瓦大学任教。将她的相关论文另存并统计,筛除干扰项可得到下表。

表 3.16 Инькова О. Ю. 作为第一作者的论文以及参与撰写的所有论文的高频词和关键词统计数据

排序	作为第一作者的论文(9 篇)		参与撰写的所有论文(10 篇)	
	高频词	关键词	高频词	关键词
1	ЛСО①	ЛСО	ЛСО	ЛСО
2	Russian	коннекторов	discourse	коннекторов
3	discourse	inkova	Russian	inkova

① 该缩略语全称为 логико-семантические отношения。

续表

排序	作为第一作者的论文(9篇)		参与撰写的所有论文(10篇)	
	高频词	关键词	高频词	关键词
4	коннекторов	НБД①	relation	НБД
5	relation	paragraph	коннекторов	PDTB②
6	inkova	connectives	inkova	connectives
7	text	que	text	коннектора
8	НБД	PDTB	НБД	que
9	перевод	дивергентных	перевод	paragraph
10	language	коннектора	текста	дивергентных
11	connective	bien	отношения	коннектор
12	paragraph	connective	connectives	discourse
13	отношения	relation	semantic	relation
14	semantic	коннектор	annotation	bien
15	annotation	supracorpora	paragraph	перевод
16	отношение	Обломов	отношение	supracorpora
17	relation	перевод	que	Обломов
18	structure	discourse	corpus	Гончаров
19	отношений	konnektorov	structure	konnektorov
20	дивергентных	Гончаров	выражения	отношения

对照两组高频词和关键词,可知 Инькова О. Ю. 的主要研究方向是**逻辑语义关系**、**话语分析**、**数据库**等领域,涉及**连接词**、**关系**、**文本**、**段落**、**离散性**、**翻译**、**语义**等问题。她的研究涉及**意大利语**,所以出现 **que**、**bien** 等外语词汇,在研究中探讨了**冈察洛夫**的作品**《奥勃洛摩夫》**。在论文数据库中以定性研究方法对照论文研究内容,可以验证上述统计结果的正确性。需要补充的是:Инькова О. Ю. 擅长运用语料库的方法对文学作品的逻辑语义关系进行分析。

3.1.3.3 Зацман И. М.

Зацман И. М. 一直在俄罗斯科学院信息学问题研究所工作。他作为第一作者撰写的论文主要在 2008 年以前,此后都是作为次要作者且论文数量

① 该缩略语全称为 надкорпусная база данных。

② 该缩略语全称为 Penn Discourse Treebank。

减少，这表明2009年后Зацман И. М. 在“对话”会议的参与度明显降低。将其论文另存并统计，筛除干扰项得到下表。

表3.17 Зацман И. М. 作为第一作者的论文以及参与撰写的所有论文的高频词和关键词统计数据

排序	作为第一作者的论文(10篇)		参与撰写的所有论文(13篇)	
	高频词	关键词	高频词	关键词
1	документ	документ	документ	документ
2	поиск	электронный	поиск	электронный
3	знания	вербальный	знания	поиск
4	представление	поиск	представление	компонент
5	электронный	компонент	компонент	вербальный
6	компонент	знак	электронный	научный
7	знак	код	система	знания
8	объект	знания	знак	код
9	вербальный	представление	научный	знак
10	система	научный	объект	представление
11	информационный	информационный	вербальный	информационный
12	научный	библиотека	информационный	библиотека
13	код	образный	семантический	индикатор
14	информация	цифровой	информация	цифровой
15	схема	схема	код	мониторинг
16	библиотека	геоизображение	схема	схема
17	семантический	концепт	библиотека	геоизображение
18	взаимодействие	концептуальный	индикатор	семантический
19	концепт	объект	взаимодействие	концепт
20	цифровой	кодирование	концепт	кодирование

对照两组高频词和关键词，总体感觉是Зацман И. М. 作为信息学专家所从事的研究偏理工科，而这方面的基础知识我们掌握得并不多，因此我们需要事先浏览其论文标题及摘要，结论与上述从统计数据得出的相一致。我们同时使用定量研究和定性研究两种方法，得出的结论是Зацман И. М. 的主要研究方向为**信息搜索技术**、**符号学**、**电子文本的模式化(即建模)**等领域，包含**科技文本图书馆检索**、**语义编码**、**人机交互**、**地理学文本建模**、**概念搜索**等具体问题，涉及**符号**、**知识**、**数字化**、**编码**、**概念**、**对象**、**地理图像**等范畴。

3.1.3.4 Козеренко Е. Б.

Козеренко Е. Б. 一直在俄罗斯科学院信息学问题研究所工作，她的论文主要集中在2011年以前，均为独立撰写。我们将其论文另存并统计，筛除干扰项后得到下表。

表3.18 Козеренко Е. Б. 作为第一作者的论文以及参与撰写的所有论文的高频词和关键词统计数据

排序	作为第一作者的论文（10篇）		参与撰写的所有论文（10篇）	
	高频词	关键词	高频词	关键词
1	структура	структура	структура	структура
2	перевод	alignment	перевод	alignment
3	translation	перевод	translation	перевод
4	предложение	transfer	предложение	transfer
5	знания	translation	знания	translation
6	семантический	structure	семантический	structure
7	alignment	функционально	alignment	функционально
8	structure	фразовый	structure	фразовый
9	значение	знания	значение	знания
10	система	представление	система	представление
11	machine	statistical	machine	statistical
12	правило	functional	правило	functional
13	statistical	семантический	statistical	семантический
14	transfer	machine	transfer	machine
15	представление	машинный	представление	машинный
16	английский	разбор	английский	разбор
17	функция	трансфера	функция	трансфера
18	грамматика	английский	грамматика	английский
19	model	грамматика	model	грамматика
20	phrase	параллельный	phrase	параллельный

高频词和关键词互为补充，共同体现出 Козеренко Е. Б. 的主要研究方向为**机器翻译**、**语言结构**等领域，具体包含**语义**、**对齐**、**功能**、**统计**、**转换**、**语法**等问题，涉及**知识**、**结构**、**规则**等概念范畴，所研究的语种涉及**俄语**和**英语**。在论文数据库中以定性研究方法对照论文标题和摘要，可以验证上述统计结果的正确性。需要补充的是：Козеренко Е. Б. 具体讨论了语言结构建

模的问题以及句法结构方面的问题。

3.1.4 信息传输问题研究所的学者

3.1.4.1 Иомдин Л. Л.

Иомдин Л. Л. 一直在俄罗斯科学院信息传输问题研究所工作。他是在俄罗斯科学院俄语研究所工作的 Иомдин Б. Л. 的父亲。将 Иомдин Л. Л. 的论文进行另存和统计,筛除干扰项后得到下表。

表 3.19 Иомдин Л. Л. 作为第一作者的论文以及参与撰写的所有论文的高频词和关键词统计数据

排序	作为第一作者的论文(14 篇)		参与撰写的所有论文(27 篇)	
	高频词	关键词	高频词	关键词
1	фразема	фразема	semantic	ETAP
2	ETAP	черт	тип	фразема
3	конструкция	ETAP	система	черт
4	тип	максимум	ЭТАП	максимум
5	максимум	минимум	ETAP	ЭТАП
6	syntactic	СинтС①	конструкция	semantic
7	черт	ЭТАП	фразема	Boguslavsky
8	минимум	Boguslavsky	синтаксический	минимум
9	ЭТАП	parser	sentence	ontology
10	система	наречие	ontology	синтаксический
11	parser	прощение	syntactic	football
12	единица	дополнение	system	analyzer
13	наречие	syntactic	максимум	parser
14	синтаксический	элемент	conference	individual
15	элемент	condition	черт	валентность
16	rule	конструкция	перевод	предложение
17	говорящий	syntagma	proceedings	Sizov
18	речь	фразеологический	rule	nasobject
19	дополнение	предложение	минимум	Богуславский
20	lexical	Богуславский	parser	Apresjan

① 该缩略语全称为 синтаксическая структура。

以作为第一作者的论文的统计数据为主，以参与撰写的所有论文的统计数据为辅，综合对照两组高频词和关键词，可知 Иомдин Л. Л. 的主要研究方向是 **ЭТАП 机器翻译系统**、**句法学**领域，重点涉及**句素**、**句子结构**、**句法剖析**、**副词**、**语义**、**本体**、**配价**等问题，以及涉及**类型**、**最大值**、**最小值**、**单位**、**元素**等具体概念范畴，**черт**、**прощение**、**football** 等词很可能是分析中的典型实例。Иомдин Л. Л. 的研究应当与 **Богуславский**、**Sizov**、**Apresjan**（**Апресян**）等人的理论密切相关。在论文数据库中以定性研究方法分析论文标题及摘要，可以验证上述统计结果是准确无误的。需要做出如下补充：Иомдин Л. Л. 还研究了句素的多义性。

3.1.4.2 Богуславский И. М.

Богуславский И. М. 的第一工作单位始终为俄罗斯科学院信息传输问题研究所，在 2005 年及 2013 年曾将西班牙马德里理工大学作为第二署名单位。将其论文另存并统计，筛除干扰项可得到下表。

表 3.20 Богуславский И. М. 作为第一作者的论文以及参与撰写的所有论文的高频词和关键词统计数据

排序	作为第一作者的论文（14 篇）		参与撰写的所有论文（14 篇）	
	高频词	关键词	高频词	关键词
1	semantic	semantic	semantic	semantic
2	система	UNL	система	UNL
3	ontology	ontology	ontology	ontology
4	предложение	ЭТАП	предложение	ЭТАП
5	тип	football	тип	football
6	ЭТАП	individuals	ЭТАП	individuals
7	knowledge	knowledge	knowledge	knowledge
8	question	НормСС①	question	НормСС
9	proceedings	question	proceedings	question
10	evaluation	pascual	evaluation	pascual
11	conference	understanding	conference	understanding
12	structure	analyzer	structure	analyzer

① 该缩略语全称为 нормализованная синтаксическая структура。

续表

排序	作为第一作者的论文(14 篇)		参与撰写的所有论文(14 篇)	
	高频词	关键词	高频词	关键词
13	перевод	answering	перевод	answering
14	синтаксический	причина	синтаксический	причина
15	корпус	Iomdin	корпус	Iomdin
16	information	автодериват	information	автодериват
17	отношение	неоднозначность	отношение	неоднозначность
18	неоднозначность	repository	неоднозначность	repository
19	understanding	валентность	understanding	валентность
20	валентность	ошибки	валентность	ошибки

综合对照高频词和关键词,可知 Богуславский И. М. 的主要研究领域为**语义分析**、**通用网络语言**、**语言本体知识**、**ЭТАП 机器翻译系统**,涉及**文本处理系统**、**句法结构**、**评测**、**机器翻译**、**语料库**、**歧义消解**、**文本信息**等诸多具体问题。此外,Богуславский И. М. 的研究与 **Iomdin** 的理论密切相关。在论文数据库中以定性研究方法进行验证,可以验证上述统计结果是基本正确的。需要补充的是:Богуславский И. М. 的研究兴趣广泛,偏重计算机处理方向,涉及自然语言理解的多个具体问题。

3.1.5 其他研究所的学者

在俄罗斯科学院的一些研究所中从事计算语言学研究的学者并不集中,于是我们将分散于俄罗斯科学院其他研究所的计算语言学学者一并放在此节中进行阐述。此外还有个别独立科研所的学者也一并纳入此小节。

3.1.5.1 Падучева Е. В.

Падучева Е. В. 是俄罗斯科学院全俄科学技术信息研究所的著名语义学家,是俄罗斯著名语言学家 Зализняк Андрей А. 的妻子,是 Зализняк Анна А. 的母亲。将语料库中 Падучева Е. В. 的所有论文另存并统计,排除干扰项后得到下表。

表 3.21 **Падучева Е. В. 作为第一作者的论文以及参与撰写的所有论文的高频词和关键词统计数据**

排序	作为第一作者的论文(18 篇)		参与撰写的所有论文(20 篇)	
	高频词	关键词	高频词	关键词
1	быть	наст.	быть	наст.
2	контекст	бывать	контекст	бывать
3	время	впечатление	время	впечатление
4	глагол	наблюдатель	глагол	наблюдатель
5	значение	контекст	ситуация	контекст
6	бывать	НСВ	значение	НСВ
7	ситуация	СВ	субъект	СВ
8	впечатление	время	бывать	субъект
9	момент	нибудь	впечатление	время
10	субъект	прош.	момент	нибудь
11	НСВ	субъект	говорящий	прош.
12	СВ	момент	наблюдатель	момент
13	наблюдатель	выглядеть	НСВ	выглядеть
14	нибудь	глагол	СВ	глагол
15	говорящий	рисковать	нибудь	рисковать
16	предложение	утвердительность	предложение	утвердительность
17	Апресян	семантика	Апресян	семантика
18	интерпретация	речевой	интерпретация	эгоцентрика
19	семантика	эгоцентрика	семантика	речевой
20	вид	участник	вид	говорящий

对比两组高频词和关键词,可见 Падучева Е. В. 在计算语言学领域主要关注**动词的时间范畴**、**体范畴**、**语义**、**语境**、**言语交际**等问题,在认知学领域的问题上主要关注**观察者**、**印象**、**主体**、**阐释**、**自我中心**等。她的研究内容应当与 **Апресян** 的研究成果有密切关联,**нибудь**、**рисковать**、**утвердительность** 很可能是她研究中的一些典型实例。在论文数据库中定性研究方法分析论文标题和摘要,可印证统计结果是正确的。需要补充的是:Падучева Е. В. 很善于从认知和情态(модальность)的角度来阐释语言现象,动词 быть、бывать 也是她开展语义研究的一个典型实例。

3.1.5.2 Семенова С. Ю.

Семенова С. Ю. 的主要工作单位为俄罗斯科学院社科信息研究所，从2010年开始，还兼职于俄罗斯国立人文大学。将她所有论文进行另存并统计，筛除干扰项得到下表。

表 3.22 Семенова С. Ю. 作为第一作者的论文以及参与撰写的所有论文的高频词和关键词统计数据

排序	作为第一作者的论文（15 篇）		参与撰写的所有论文（17 篇）	
	高频词	关键词	高频词	关键词
1	имя	СХ①	имя	СХ
2	информация	имя	информация	имя
3	словарь	параметрический	словарь	параметрический
4	значение	лексика	значение	лексика
5	лексика	параметр	лексика	параметр
6	параметр	словарь	параметр	словарь
7	класс	высота	тип	высота
8	параметрический	энциклопедический	класс	энциклопедический
9	тип	parametric	параметрический	parametric
10	описание	глубина	описание	глубина
11	часть	класс	часть	класс
12	семантический	мера	речь	мера
13	наречие	Руслан	семантический	Руслан
14	мера	наречие	диалог	наречие
15	поле	неколичественный	наречие	неколичественный
16	высота	участник	мера	должность
17	функция	должность	поле	участник
18	глубина	поле	термин	описание
19	участник	профессия	высота	профессия
20	лексема	описание	функция	поле

对照两组高频词和关键词，可以看出 Семенова С. Ю. 的研究重点在于**参数和参数化**、**词汇语义**、**词典**、**百科知识**等领域，涉及**词汇语义场**、**副词**、**测量和量度**等具体问题，使用了**描写**、**分类**、**非量化**等研究方法，而 **должность**

① 该缩略语全称为 семантическая характеристика。

很可能是一个典型实例。在论文数据库中采用定性研究方法对论文标题和摘要进行核对,可以验证以上统计结果基本准确。需要做出如下补充:Семенова С. Ю. 还研究了一些称名词汇和语义词典中的多义现象,讨论对比了定量参数和非定量参数。

3.1.5.3 Крылов С. А.

Крылов С. А. 一直在俄罗斯科学院东方研究所工作,此外还长期将俄罗斯科学院系统分析研究所署名为第二单位。将 Крылов С. А. 的所有论文另存并统计,筛除干扰项得到下表。

表 3.23 Крылов С. А. 作为第一作者的论文以及参与撰写的所有论文的高频词和关键词统计数据

排序	作为第一作者的论文(11 篇)		参与撰写的所有论文(18 篇)	
	高频词	关键词	高频词	关键词
1	Гак	Гак	данные	starling
2	речь	ЛБД①	starling	Гак
3	единица	ЧЗ②	тип	говор
4	starling	starling	запись	запись
5	информация	ТБД③	говорить	mongolian
6	подход	ЛСР④	речь	словоформа
7	синтаксический	УСП⑤	словоформа	bonito
8	тип	АП⑥	словарь	occupy
9	данные	FD⑦	информация	говорить
10	запись	mongolian	единица	делимитатор
11	значение	СПО⑧	основа	Мартемьянов
12	функция	occupy	форма	синтагматический
13	словарь	Мартемьянов	говор	сосед

① 该缩略语全称为 лексическая база данных。
② 该缩略语全称为 частное значение。
③ 该缩略语全称为 текстовая база данных。
④ 该缩略语全称为 лексико-синтаксический разряд。
⑤ 该缩略语全称为 условно-семантическое представление。
⑥ 该缩略语全称为 автоматический перевод。
⑦ 该缩略语全称为 Frequency Dictionary。
⑧ 该缩略语全称为 словоформа с префиксальным отрицанием。

续表

排序	作为第一作者的论文(11篇)		参与撰写的所有论文(18篇)	
	高频词	关键词	高频词	关键词
14	словоформа	делимитатор	корпус	типовой
15	corpus	grammatemes	лексика	grammatemes
16	перевод	ranging	синтаксический	ranging
17	состав	концепция	функция	поле
18	frequency	мощность	контекст	разничение
19	ЛСР	знач.	поле	ударение
20	УСП	асимметрия	corpus	фонема

综合分析两组高频词和关键词,可知 Крылов С. А. 的主要研究方向为**词汇和文本数据库**、**词典**、**语料库**、**句法语义**等相关领域,涉及**频率**、**概念**、**词形**、**非对称**等具体问题,其研究与 **Гак** 和 **Мартемьянов** 的理论有关。Крылов С. А. 的研究语言除俄语外还涉及**蒙古语**,在行文中习惯使用缩略语。在论文数据库中运用定性研究方法进行检验,可见 Крылов С. А. 的研究范围比较广泛,总体来说,是围绕词汇-句法语义问题、词汇和文本数据库建设问题展开。

3.1.5.4 Котов А. А.

Котов А. А. 在2010年以前长期在俄罗斯国立人文大学工作,后于2011年转入国家研究中心库尔恰托夫研究所工作。将其论文另存并统计,筛除干扰项后得到下表。

表3.24 Котов А. А. 作为第一作者的论文以及参与撰写的所有论文的高频词和关键词统计数据

排序	作为第一作者的论文(12篇)		参与撰写的所有论文(17篇)	
	高频词	关键词	高频词	关键词
1	emotional	emotional	emotional	emotional
2	агент	агент	высказывание	агент
3	высказывание	сценарий	агент	сценарий
4	сценарий	адресат	адресат	адресат
5	адресат	поведение	сценарий	высказывание
6	поведение	эмоциональный	ситуация	поведение

续表

排序	作为第一作者的论文(12篇)		参与撰写的所有论文(17篇)	
	高频词	关键词	高频词	关键词
7	ситуация	высказывание	поведение	эмоциональный
8	модель	emotion	модель	agent
9	эмоциональный	expressive	эмоциональный	emotion
10	agent	agent	действие	expressive
11	действие	информант	коммуникация	острота
12	computer	активизация	agent	информант
13	коммуникация	адресант	computer	активизация
14	реакция	реакция	речь	адресант
15	речь	simulated	реакция	реакция
16	речевой	goal	речевой	simulated
17	emotion	multimodal	emotion	multimodal
18	communication	микросостояние	коммуникативный	goal
19	коммуникативный	коммуникативный	communication	микросостояние
20	goal	computer	говорящий	коммуникативный

综合对照两组高频词和关键词,可知 Котов А. А. 的主要研究方向为**情感**、**情态**、**言语行为**、**言语交际**等领域,涉及**表述**、**脚本**、**代理器(人)**、**模式**、**情景**、**行为**、**说话人**、**听话人**、**计算机**、**目的**等具体问题。在论文数据库中以定性研究方法分析各论文标题和摘要,验证了上述统计数据和结论的正确性。需要做出的补充为:Котов А. А. 较多论述了计算机虚拟代理器中的情感言语交际行为,此外还讨论了构建俄语情感语料库的问题。

3.1.5.5 Зарецкая Е. Н.

Зарецкая Е. Н. 所在单位为俄联邦政府国民经济研究院。她发表在"对话"会议的论文主要集中于 2007 年之前。将其论文另存并统计,筛除干扰项后得到下表。

表 3.25 Зарецкая Е. Н. 作为第一作者的论文以及参与撰写的所有论文的高频词和关键词统计数据

排序	作为第一作者的论文(8 篇)		参与撰写的所有论文(8 篇)	
	高频词	关键词	高频词	关键词
1	речь	тезис	речь	тезис
2	человек	спора	человек	спора
3	коммуникация	доказательство	коммуникация	доказательство
4	люди	человек	люди	человек
5	тезис	аргументация	тезис	аргументация
6	информация	люди	информация	люди
7	собеседник	коммуникация	собеседник	коммуникация
8	спора	пафос	спора	пафос
9	доказательство	собеседник	доказательство	собеседник
10	аргументация	бессознательный	аргументация	бессознательный
11	речевой	апелляция	речевой	апелляция
12	сообщение	этос	сообщение	этос
13	правило	оппонент	правило	оппонент
14	цель	оратор	цель	оратор
15	отношение	сообщение	отношение	сообщение
16	зрение	речь	зрение	речь
17	общение	эристический	общение	эристический
18	говорящий	риторика	говорящий	риторика
19	понимание	логос	понимание	логос
20	личность	соперник	личность	соперник

综合对照高频词和关键词的情况,可知 Зарецкая Е. Н. 的主要研究方向为**言语交际**、**演讲术**、**逻辑心理**等领域,涉及**交谈者**、**争执**、**论据**、**推理**、**呼吁**、**演讲者**、**信息**、**理解**、**说话人**、**竞争对手**、**观点**、**目的**等具体问题,以及**论题**、**内在精神和思想**、**引起同情的因素**、**理法(道)**等逻辑范畴。在论文数据库中以定性研究方法核对论文标题和摘要,可以验证上述统计结果的正确性。

3.2 高等院校流派

3.2.1 高等经济学校的学者

3.2.1.1 Апресян В. Ю.

Апресян В. Ю. 长期在俄罗斯科学院俄语研究所学习和工作。自 2011 年开始,论文第一署名单位变更为国家研究型大学高等经济学校。在论文数据库中选出 Апресян В. Ю. 撰写的论文,另存并统计,筛除干扰项后得到下表。

表 3.26 Апресян В. Ю. 作为第一作者的论文以及参与撰写的所有论文的高频词和关键词统计数据

排序	作为第一作者的论文(23 篇)		参与撰写的所有论文(24 篇)	
	高频词	关键词	高频词	关键词
1	мало	мало	мало	мало
2	говорящий	судьба	говорящий	судьба
3	тип	правда	тип	правда
4	место	повезло	место	повезло
5	ситуация	последний	ситуация	говорящий
6	значение	говорящий	значение	последний
7	образ	Апресян	образ	Апресян
8	время	каузатив	Апресян	ситуация
9	Апресян	emotion	Russian	каузатив
10	судьба	ситуация	время	пресуппозиция
11	Russian	пресуппозиция	судьба	наряду
12	правда	fear	якобы	посчастливиться
13	конструкция	посчастливиться	правда	повезти
14	якобы	повезти	конструкция	fear
15	сейчас	сейчас	сейчас	существования
16	последний	существование	последний	emotion
17	речь	наравне	речь	акцентный
18	событие	акцентный	действие	исчезнуть

续表

排序	作为第一作者的论文(23 篇)		参与撰写的所有论文(24 篇)	
	高频词	关键词	高频词	关键词
19	указание	исчезнуть	указание	событие
20	существование	место	событие	исключение

通过分析这些高频词和关键词,可知 Апресян В. Ю. 的主要研究领域应当是**言语**、**话语**、**情感认知**,而 **мало**、**судьба**、**правда**、**повезло**、**fear**、**последний** 等很可能是一些具体实例。其研究对象可能涉及**使役动词**、**情感**、**预设**等范畴。对论文数据库的论文标题和摘要进行浏览,我们可做如下补充:Апресян В. Ю. 的 24 篇论文较多关注了让步意义(уступительность),此外对语义学和语用学也有较多提及。

当然,我们还可以采用另一种统计方法作为辅助。具体操作方法是:将 Апресян В. Ю. 参与撰写的所有论文的标题先进行词频统计,再进行关键词统计,所得出频率较高的词有 семантика、прагматика、семантический,而关键词只有 семантика、прагматика,见下面图 3.3 和图 3.4。这一统计结果印证了 Апресян В. Ю. 很注重语义学和语用学两方面的研究。

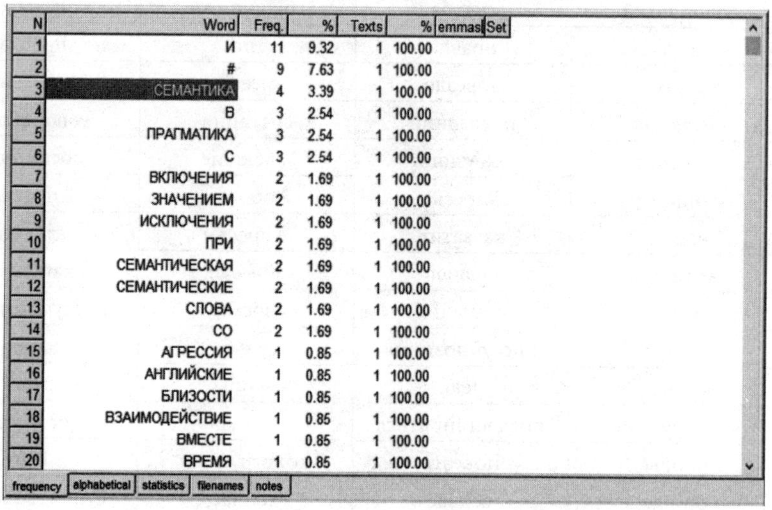

N	Word	Freq.	%	Texts	%	emmas	Set
1	И	11	9.32	1	100.00		
2	#	9	7.63	1	100.00		
3	СЕМАНТИКА	4	3.39	1	100.00		
4	В	3	2.54	1	100.00		
5	ПРАГМАТИКА	3	2.54	1	100.00		
6	С	3	2.54	1	100.00		
7	ВКЛЮЧЕНИЯ	2	1.69	1	100.00		
8	ЗНАЧЕНИЕМ	2	1.69	1	100.00		
9	ИСКЛЮЧЕНИЯ	2	1.69	1	100.00		
10	ПРИ	2	1.69	1	100.00		
11	СЕМАНТИЧЕСКАЯ	2	1.69	1	100.00		
12	СЕМАНТИЧЕСКИЕ	2	1.69	1	100.00		
13	СЛОВА	2	1.69	1	100.00		
14	СО	2	1.69	1	100.00		
15	АГРЕССИЯ	1	0.85	1	100.00		
16	АНГЛИЙСКИЕ	1	0.85	1	100.00		
17	БЛИЗОСТИ	1	0.85	1	100.00		
18	ВЗАИМОДЕЙСТВИЕ	1	0.85	1	100.00		
19	ВМЕСТЕ	1	0.85	1	100.00		
20	ВРЕМЯ	1	0.85	1	100.00		

frequency | alphabetical | statistics | filenames | notes

图 3.3 Апресян В. Ю. 所撰写论文的标题的词频统计结果

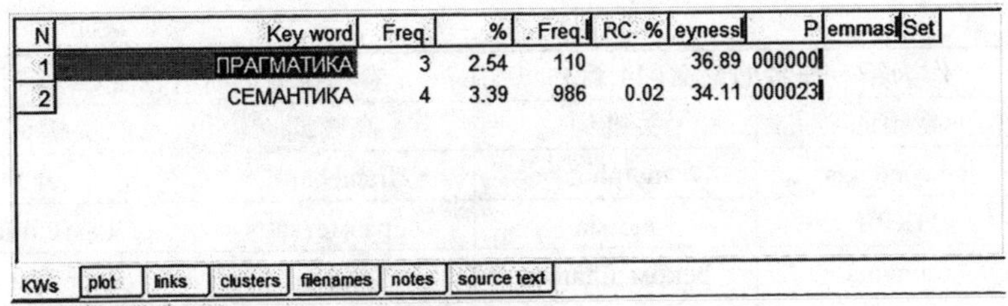

N	Key word	Freq.	%	. Freq.	RC. %	eyness	P	emmas	Set
1	ПРАГМАТИКА	3	2.54	110		36.89	000000		
2	СЕМАНТИКА	4	3.39	986	0.02	34.11	000023		

KWs plot links clusters filenames notes source text

图 3.4 Апресян В. Ю. 所撰写论文的标题的关键词统计结果

3.2.1.2 Ляшевская О. Н.

Ляшевская О. Н. 曾在莫斯科国立大学、俄罗斯科学院全俄科学技术信息研究所、俄罗斯科学院俄语研究所、挪威特罗姆瑟大学等多所科研机构和高校学习和工作，自 2011 年开始在国家研究型大学高等经济学校任教，同时在俄罗斯科学院俄语研究所兼任研究员。将其所有论文另存并统计，筛除干扰项后得到下表。

表 3.27 Ляшевская О. Н. 作为第一作者的论文以及参与撰写的所有论文的高频词和关键词统计数据

排序	作为第一作者的论文(14 篇)		参与撰写的所有论文(29 篇)	
	高频词	关键词	高频词	关键词
1	semantic	role	semantic	role
2	role	verb	конструкция	лексика
3	verb	construction	Russian	framebank
4	конструкция	semantic	role	framenet
5	construction	framebank	лексика	verb
6	data	конструкция	verb	конструкция
7	словарь	framenet	значение	construction
8	corpus	inventory	форма	semantic
9	форма	patient	семантический	круглый
10	лексика	adjectival	корпус	заслон
11	словоформа	pattern	construction	роль
12	данные	частотный	глагол	неоднозначность
13	framebank	лексика	данные	семантический
14	syntactic	frame	словарь	inventory
15	dictionary	словоформа	framenet	patient
16	lexical	argument	proceedings	тело

续表

排序	作为第一作者的论文(14 篇)		参与撰写的所有论文(29 篇)	
	高频词	关键词	高频词	关键词
17	proceedings	morpho.	framebank	тег
18	НКРЯ	лемма	разметка	Рахилина
19	framenet	рекомендация	corpus	форум
20	pattern	Kashkin	НКРЯ	Yarn

以作为第一作者的论文的数据为主,以参与撰写的所有论文的数据为辅,综合对照两组高频词和关键词,可知 Ляшевская О. Н. 的主要研究方向为**词汇语义**、**词汇结构**、**语料库**、**词典**、**形态**、**句法**等领域,涉及以下诸多具体问题:**语义角色**、Ляшевская О. Н. 等研发的 **framebank** 俄语词汇结构数据库、美国加州大学开发的 **framenet** 词汇框架网络、**动词**、**形容词**、**频率词典**、**词形**、**语料库标注**、**歧义**等,而 **patient**、**круглый** 等词很可能是分析中的实例。Ляшевская О. Н. 的研究与 **Kashkin**、**Рахилина** 等人的研究有关,她撰写的英文论文较多。在论文数据库中以定性研究方法进行验证,可确认上述统计数据的准确性。需要做出的补充是:Ляшевская О. Н. 注重词汇形态还原问题的研究,研究的词类除动词、形容词外还涉及名词,此外还较多参与了语义歧义消解方面的研究。

3.2.1.3 Толдова С. Ю.

Толдова С. Ю. 是国家研究型大学高等经济学校人文学院的首席研究员,是语言学形式模型实验室负责人。早先就读于莫斯科国立大学应用语言学系和数学系。将其所有论文另存并统计,筛除干扰项后得到下表。

表 3.28 Толдова С. Ю. 作为第一作者的论文以及参与撰写的所有论文的高频词和关键词统计数据

排序	作为第一作者的论文(11 篇)		参与撰写的所有论文(19 篇)	
	高频词	关键词	高频词	关键词
1	discourse	discourse	discourse	discourse
2	Russian	connective	Russian	coreference
3	coreference	coreference	corpus	connective
4	relations	contrast	coreference	contrast

续表

排序	作为第一作者的论文(11 篇)		参与撰写的所有论文(19 篇)	
	高频词	关键词	高频词	关键词
5	corpus	relations	relations	relations
6	annotation	annotation	feature	resolution
7	connective	blog	text	annotation
8	contrast	resolution	annotation	rstreebank
9	feature	spoken	evaluation	blog
10	text	rstreebank	word	anaphora
11	resolution	comparison	resolution	corpus
12	comparison	именной	proceeding	entity
13	spoken	anaphora	connective	comparison
14	proceeding	прилагательных	type	extraction
15	группы	pronoun	information	feature
16	прилагательных	marker	extraction	chain
17	language	chain	conference	order
18	evaluation	secondary	system	markup
19	anaphora	anaphoric	contrast	demo
20	type	feature	number	type

以作为第一作者的论文的数据为主，以参与撰写的所有论文的数据为辅，综合对照两组高频词和关键词，可知 Толдова С. Ю. 的主要研究方向为**话语分析**、**语言类型**、**语料库**等领域，涉及**博客**、**事实提取**、**实体**、**标记**、**特征**、**萃取**、**照应回指**、**链条**、**比较**等重要范畴，研究**连接词**、**形容词**、**代词**等词类。所撰写的英文论文较多，在论文数据库中以定性研究方法进行验证，可确认上述统计结果的正确性。需要补充的是：Толдова С. Ю. 尤其擅长信息检索方法测评。

3.2.1.4　Летучий А. Б.

Летучий А. Б. 2006 年之前在俄罗斯国立人文大学学习，副博士毕业后进入俄罗斯科学院俄语研究所深造，自 2011 年开始在国家研究型大学高等经济学校任教。其所有论文均为独立撰写，将这些论文另存并统计，筛除干扰项后得到下表。

表 3.29 **Летучий А. Б. 作为第一作者的论文以及参与撰写的所有论文的高频词和关键词统计数据**

排序	作为第一作者的论文(11 篇)		参与撰写的所有论文(11 篇)	
	高频词	关键词	高频词	关键词
1	глагол	взаимно	глагол	взаимно
2	конструкция	ощущение	конструкция	ощущение
3	тип	глагол	тип	глагол
4	объект	угроза	объект	угроза
5	ситуация	нулевой	ситуация	нулевой
6	взаимно	связка	взаимно	связка
7	ощущение	объект	ощущение	объект
8	употребление	конструкция	употребление	конструкция
9	время	арабский	время	арабский
10	пример	переходный	пример	переходный
11	нулевой	лабильный	нулевой	лабильный
12	угроза	лабильность	угроза	лабильность
13	местоимение	употребление	местоимение	употребление
14	правило	местоимение	правило	местоимение
15	частность	каузация	частность	каузация
16	движение	угрозатив	движение	угрозатив
17	значение	болгарский	значение	болгарский
18	свойство	Недялков	свойство	Недялков
19	связка	взаимность	связка	взаимность
20	субъект	обоюдно	субъект	обоюдно

对照高频词和关键词,可知 Летучий А. Б. 的主要研究领域为**动词**、**词汇语义**、**句法**,涉及**结构**、**类型**、**客体**、**感受**、**及物动词**、**代词**、**意义**、**用法**、**规则**等问题,还涉及**相互性**、**不稳定性**、**因果关系**等范畴,所研究的语种包括**俄语**、**阿拉伯语**和**保加利亚语**。在论文数据库中以定性研究方法复查 Летучий А. Б. 各篇论文的标题及摘要,可以验证上述统计结果的正确性。需要补充说明的是:Летучий А. Б. 具体讨论了动词体和态的关系,而"威胁"(угроза)意义则是 Летучий 讨论词汇语义所选取的一个典型实例。

3.2.2 莫斯科国立大学的学者

3.2.2.1 Лукашевич Н. В.

Лукашевич Н. В. 长期在莫斯科国立大学科研计算中心工作。将其论文另存并统计,筛除干扰项得到以下两组数据。

表 3.30 Лукашевич Н. В. 作为第一作者的论文以及参与撰写的所有论文的高频词和关键词统计数据

排序	作为第一作者的论文(17 篇)		参与撰写的所有论文(39 篇)	
	高频词	关键词	高频词	关键词
1	понятие	RuThes	sentiment	sentiment
2	WordNet	тезаурус	task	task
3	sentiment	WordNet	понятие	RuThes
4	тезаурус	tweets	result	общественно
5	RuThes①	понятие	WordNet	тезаурус
6	термин	sentiment	evaluation	WordNet
7	relation	словосочетание	proceedings	news
8	словосочетание	relation	classification	reviews
9	отношения	термин	тезаурус	opinion
10	proceedings	concept	relation	collection
11	tweets	индексирование	sematic	понятие
12	task	общественно	feature	word
13	concept	RuWordNet②	reviews	evaluation
14	aspect	кластер	news	classification
15	evaluation	referential	opinion	tweets
16	онтология	многозначность	термин	relation
17	автоматический	reputation	collection	macro
18	многозначность	отношения	RuThes	participant
19	referential	participant	similarity	expression
20	индексирование	аннотация	словосочетание	similarity

Лукашевич Н. В. 参与撰写的论文较多,应优先考虑其作为第一作者的

① 该缩略语全称为 Russian Thesaurus,相当于俄语的 WordNet。
② 即俄语的 WordNet。

论文数据，其次参考她参与的所有论文的统计情况，这样可更加科学地判定其研究兴趣倾向和特长。两组高频词和关键词的统计情况表明，Лукашевич Н. В. 重点关注的问题集中在**俄语词库**、**新闻**等领域的计算机处理，主要涉及**概念**、**情感**、**词组**、**关系**、**术语**、**检索**、**指称**、**多义**、**本体**、**自动摘要**、**分类**等具体问题，**result**、**evaluation** 等高频词体现出 Лукашевич Н. В. 的研究中多次采用了实验分析法。在论文数据库中采用定性研究方法梳理其论文标题和摘要，再次验证了上述统计结果的正确性。

3.2.2.2　Федорова О. В.

Федорова О. В. 长期在莫斯科国立大学语文系工作，从 2015 年开始在俄罗斯科学院语言学研究所兼职。将其所有论文另存并统计，筛除干扰项得出下表。

表 3.31　Федорова О. В. 作为第一作者的论文以及参与撰写的所有论文的高频词和关键词统计数据

排序	作为第一作者的论文(13 篇)		参与撰写的所有论文(24 篇)	
	高频词	关键词	高频词	关键词
1	эксперимент	эксперимент	эксперимент	эксперимент
2	результат	память	результат	ЭДЕ
3	память	испытуемый	речь	испытуемый
4	материал	memory	материал	memory
5	речь	придаточное	память	Fedorova
6	ЭДЕ	интродукция	время	память
7	время	Fedorova	memory	Daneman
8	memory	Daneman	испытуемый	придаточное
9	испытуемый	ЭДЕ	местоимение	материал
10	местоимение	материал	discourse	интродукция
11	придаточное	местоимение	ошибка	span
12	гипотеза	рабочий	жест	изобр.
13	жест	активация	количество	затруднение
14	интродукция	working	пауза	рабочий
15	референт	carpenter	придаточное	предложение
16	Daneman	результат	тип	working
17	discourse	закрытие	дискурс	прайминг
18	активация	референт	синтаксический	местоимение

续表

排序	作为第一作者的论文(13 篇)		参与撰写的所有论文(24 篇)	
	高频词	关键词	高频词	关键词
19	Кибрик	гипотеза	эффект	закрытие
20	verbal	персонаж	выбор	активация

综合对照两组高频词和关键词,可知 Федорова О. В. 的主要研究方向为**认知科学**和**心理科学**领域,涉及**实验**、**记忆**、**话语**、**手势**、**指称**、**假设**、**言语错误**、**言语困难**等具体问题,研究过程中较多关注**从句**、**代词**等对象,采用**认知心理学实验**的方法,其研究与 **Daneman**、**Кибрик** 的理论密切相关。在论文数据库中以定性研究方法来检验以上数据,结论与上述统计数据是基本一致的。需要补充的是:Федорова О. В. 较多关注指称(референция)和回指(анафора)的问题,此外,讨论话语交际中一些心理认知因素,研究句法歧义的消解问题。

3.2.2.3 Кобозева И. М.

Кобозева И. М. 长期在莫斯科国立大学语文系工作。将其所有论文另存并统计,筛除干扰项后得到下表。

表 3.32 Кобозева И. М. 作为第一作者的论文以及参与撰写的所有论文的高频词和关键词统计数据

排序	作为第一作者的论文(10 篇)		参与撰写的所有论文(18 篇)	
	高频词	关键词	高频词	关键词
1	frankly	ДС①	character	character
2	значение	ВП②	person	person
3	объект	frankly	meaning	trait
4	метафора	sincerely	тип	behaviour
5	character	агонист	similar	frankly
6	adverb	candidly	semantic	Lukashevich
7	контекст	метафора	behaviour	gordy
8	описание	trait	значение	колокол

① 该缩略语全称为 дискурсивные слова。

② 该缩略语全称为 вопросительное предложение。

续表

排序	作为第一作者的论文(10 篇)		参与撰写的所有论文(18 篇)	
	高频词	关键词	高频词	关键词
9	тип	понимать	объект	proud
10	meaning	adverb	trait	similar
11	sincerely	character	information	nomination
12	высказывание	force	context	sincerely
13	информация	trajectory	news	meaning
14	частица	интенциональный	corpus	candid
15	агонист	силовой	group	агонист
16	словарь	адвербиал	situation	situation
17	candidly	frank	frankly	context
18	концепт	концепт	семантический	news
19	реплика	антагонист	роль	typical
20	семантический	сознание	контекст	adverb

以作为第一作者的论文的数据为主,以参与撰写的所有论文的数据为辅,综合对照两组高频词和关键词,可知 Кобозева И. М. 的主要研究方向为**语义**、**话语**、**隐喻**等领域,涉及**意义**、**特征**、**人物性格**、**提问**、**语境**、**意图**、**描写**、**类型**、**理解**、**表述**、**行为**、**信息**、**语料库**等诸多问题,涉及**坦诚**、**副词**、**促效剂**、**轨迹**等概念范畴,**frankly**、**sincerely**、**candidly**、**proud** 等词可能是分析中的典型实例。在论文数据库中以定性研究方法进行梳理,可以验证上述数据和结论的正确性。需要补充的是:Кобозева И. М. 的研究中还讨论了多义词的本体研究等问题。

3.2.2.4 Михеев М. Ю.

Михеев М. Ю. 的工作单位始终是莫斯科国立大学科研计算中心,现为中心下属的自动化词典系统实验室的首席研究员。将其所有论文另存并统计,筛除干扰项后得到下表。

表 3.33 **Михеев М. Ю.** 作为第一作者的论文以及参与撰写的所有论文的高频词和关键词统计数据

排序	作为第一作者的论文(9 篇)		参与撰写的所有论文(10 篇)	
	高频词	关键词	高频词	关键词
1	Набоков	Набоков	Набоков	Набоков
2	сущ.	сущ.	сущ.	сущ.
3	автор	Агеев	автор	Агеев
4	http	Шаламов	http	Платонов
5	Платонов	Платонов	Платонов	автор
6	Агеев	роман	Агеев	Шаламов
7	глаг.	Струве	время	роман
8	роман	Шолохов	глаг.	Струве
9	Шаламов	Есенин	роман	Есенин
10	время	автор	Шаламов	Шолохов
11	сочетание	глаг.	глагол	причаст.
12	глагол	причаст.	сочетание	глаг.
13	группа	тихий	группа	тихий
14	перевод	Дон	перевод	Дон
15	рассказ	рассказ	рассказ	рассказ
16	Струве	Крюков	словарь	Крюков
17	Шолохов	повестователь	Шолохов	повестователь
18	Есенин	образец	Есенин	совпадение
19	лицо	совпадение	тихий	личный
20	тихий	личный	значение	авторство

综合对照两组高频词和关键词,可知 Михеев М. Ю. 的主要研究方向为**文学作品文本处理**、**文学作品翻译**、**作家个人风格**等领域,研究的对象主要包括 **Набоков**、**Агеев**、**Шаламов**、**Платонов**、**Струве**、**Шолохов**、**Есенин**、**Крюков** 等多位作家和长篇小说**《静静的顿河》**,涉及**作者**、**名词**、**动词**、**组合**、**长篇小说**、**短篇小说**、**巧合**等概念范畴。在论文数据库中以定性研究方法梳理论文标题和摘要,可验证上述统计结果的正确性。需要补充的是:Михеев М. Ю. 还讨论了作家作品中的词组先例(прецедент)的问题,并借此来确定作家的个人风格。

3.2.2.5 Большакова Е. И.

Большакова Е. И. 所在单位为莫斯科国立大学计算数学与控制论系，从2012年开始，Большакова Е. И. 将国家研究型大学高等经济学校列为自己的第二单位。将其所有论文另存并统计，同样筛除干扰项后得到下表。

表 3.34 Большакова Е. И. 作为第一作者的论文以及参与撰写的所有论文的高频词和关键词统计数据

排序	作为第一作者的论文(11篇)		参与撰写的所有论文(18篇)	
	高频词	关键词	高频词	关键词
1	словарь	пароним	термин	малапропизм
2	речь	общенаучный	словарь	пароним
3	научный	научный	группа	term
4	группа	малапропизм	речь	термин
5	научно	научно	шаблон	шаблон
6	пароним	словарь	feature	общенаучный
7	словосочетание	paronym	словосочетание	collocation
8	общенаучный	выражение	лексика	научный
9	система	паронимия	пароним	научно
10	выражение	словосочетание	малапропизм	комментирование
11	лексика	шаблон	научно	комментарий
12	термин	технический	существительное	кандидат
13	малапропизм	глагольно	collocation	словосочетание
14	автоматический	литературно	extraction	paraphrase
15	конструкция	кредит	error	paronym
16	технический	проза	событие	исправление
17	шаблон	редактирование	автоматический	error
18	структура	исправление	синтаксический	терминологический
19	существительное	дискурсивный	распознавание	correcting
20	единица	однокоренной	комментарий	кросслексика

以作为第一作者的论文的统计数据为主，以参与撰写的所有论文的统计数据为辅，综合对照两组高频词和关键词，可知 Большакова Е. И. 的主要研究方向为**科技文本自动处理**、**词典学**、**同音异义词**等领域，涉及**词汇文本**、**术语**、**词典**、**词组**、**文学文本**、**编辑**、**纠错**等具体问题，以及**小倾向性**、**表述**、**结构**、**模板**等概念范畴。在论文数据库中以定性研究方法核查论文标题和摘

要，可以验证上述统计结果的正确性。

3.2.2.6 Мальковский М.Г.

Мальковский М.Г. 一直工作在莫斯科国立大学计算数学与控制论系，他参与撰写的"对话"会议论文主要在2010年之前。将其所有论文另存并统计，筛除干扰项得到下表。

表3.35 Мальковский М.Г. 作为第一作者的论文以及参与撰写的所有论文的高频词和关键词统计数据

排序	作为第一作者的论文(7篇)		参与撰写的所有论文(12篇)	
	高频词	关键词	高频词	关键词
1	ЛБЗ①	ЛБЗ	анализ	ЛБЗ
2	тринотация	тринотация	правило	тринотация
3	информация	УТП	синтаксический	штраф
4	формирование	формирование	структура	treevial
5	сеть	штраф	текст	правило
6	связь	аннотация	система	синтаксический
7	правило	развертка	ЛБЗ	интерпретация
8	система	сеть	информация	treeton
9	анализ	преобразование	тринотация	анализ
10	штраф	САФЛБЗ②	штраф	УТП
11	аннотация	CORBA	интерпретация	мультиструктура
12	обработка	вектор	формирование	анализатор
13	семантический	метамодель	связь	формирование
14	синтаксический	treeton	сеть	Старостин
15	структура	глоссарий	управление	аннотация
16	УТП③	информация	treevial	развертка
17	набор	тривиальный	анализатор	структура
18	текст	glossary	набор	штрафный
19	задача	обозначить	применение	гладкий
20	преобразование	правило	модель	шаблон

以作为第一作者的论文的统计数据为主，以参与撰写的所有论文的统

① 该缩略语全称为 лингвистическая база знаний。
② 该缩略语全称为 система автоматизированного формирования ЛБЗ。
③ 该缩略语全称为 универсальное терминологическое пространство。

计数据为辅，综合对照两组高频词和关键词，可知 Мальковский М. Г. 的主要研究领域为**语言学知识库**、**术语**，涉及**信息系统**、**句法**、**语义**、**结构**、**规则**、**标注**、**词库**等问题，以及补偿函数（**штрафная функция**）、三项符号等重点范畴，还涉及 **CORBA** 体系结构、**treeton** 系统。Мальковский М. Г. 的研究与 **Старостин** 的理论有关。在论文数据库中以定性研究方法梳理所涉及的论文标题及摘要，可验证上述统计结果的正确性。需要补充的是：Мальковский М. Г. 还研究了文本片段理解。

3.2.2.7 Казакевич О. А.

Казакевич О. А. 的工作单位一直是莫斯科国立大学科研计算中心。将她参与撰写的论文另存并统计，筛除干扰项得到下表。

表 3.36 Казакевич О. А. 作为第一作者的论文以及参与撰写的所有论文的高频词和关键词统计数据

排序	作为第一作者的论文（7 篇）		参与撰写的所有论文（11 篇）	
	高频词	关键词	高频词	关键词
1	данные	говор	данные	синтагма
2	база	северный	тон	тон
3	говор	селькуп	синтагма	селькупский
4	словарь	site	база	данные
5	site	данные	конец	конец
6	проект	Evenki	речь	говор
7	северный	база	проект	селькуп
8	селькуп	озвученный	говор	северный
9	data	кетский	селькупский	кетский
10	материал	селькупский	значение	база
11	Evenki	кет	словарь	site
12	запись	исчезающий	site	проект
13	селькупский	проект	пауза	озвученный
14	звуковой	мультимедийный	селькуп	кет
15	носитель	район	северный	исчезающий
16	речь	материал	время	мультимедийный
17	кетский	звуковой	кетский	социолингвистический
18	озвученный	аудио	запись	район
19	исчезающий	файл	интонация	Захаров
20	мультимедийный	фольклор	носитель	пауза

以作为第一作者的论文的统计数据为主，以参与撰写的所有论文的统计数据为辅，综合对照两组高频词和关键词，可知 Казакевич О. А. 的主要研究领域为**北方少数民族濒临消亡的语言**、**方言及其声音**、**多媒体数据库**，涉及**词典**、**文本**、**网页**、**言语**、**停顿**等问题，研究对象主要有**塞尔库普语**、**愒语**、**鄂温克语**等北方语言。Казакевич О. А. 的研究与 **Захаров** 的理论有关。在论文数据库中以定性研究方法进行验证，可证明上述统计结果的正确性。需要补充的是：Казакевич О. А. 还讨论了北方少数民族濒临消亡的语言的语音系统，此外还谈到了萨满语词汇的问题。

3.2.2.8 Литвиненко А. О.

Литвиненко А. О. 的工作单位始终是莫斯科国立大学语文系，将其所有论文另存并统计，筛除干扰项生成下表。

表 3.37 Литвиненко А. О. 作为第一作者的论文以及参与撰写的所有论文的高频词和关键词统计数据

排序	作为第一作者的论文(8 篇)		参与撰写的所有论文(10 篇)	
	高频词	关键词	高频词	关键词
1	speech	reported	speech	reported
2	речь	устный	речь	устный
3	reported	нарратив	discourse	ЭДЕ
4	устный	причинно	reported	speech
5	дискурс	speech	дискурс	нарратив
6	нарратив	чужой	устный	причинно
7	причина	цитирование	нарратив	discourse
8	чужой	tone	intonation	чужой
9	причинно	причина	жест	цитирование
10	direct	оформление	причина	tone
11	отношения	direct	чужой	story
12	оформление	framing	direct	intonation
13	intonation	intonation	отношения	direct

续表

排序	作为第一作者的论文(8 篇)		参与撰写的所有论文(10 篇)	
	高频词	关键词	高频词	关键词
14	время	дискурс	оформление	дискурс
15	discourse	письменный	время	оформление
16	tone	ПСО①	story	framing
17	конструкция	следственный	structure	причина
18	цитирование	косвенный	corpus	письменный
19	выражение	обоснование	конструкция	ПСО
20	связь	двоеточие	корпус	следственный

综合对照两组高频词和关键词,可知 Литвиненко А. О. 的主要研究领域为**话语**、**言语**、**口头叙事**,涉及**原因结果关系**、**语调**、**结构**、**直接与间接**、**引述**、**手势**、**冒号**、**语料库**等问题。在论文数据库中以定性研究方法梳理论文标题及摘要,可以验证上述统计结果的正确性。需要补充的是:Литвиненко А. О. 着重讨论了儿童的口头叙事。

3.2.3 俄罗斯国立人文大学的学者

3.2.3.1 Крейдлин Г. Е.

Крейдлин Г. Е. 一直在俄罗斯国立人文大学工作,另存其所有论文并统计,筛除干扰项得到下表。

表 3.38 Крейдлин Г. Е. 作为第一作者的论文以及参与撰写的所有论文的高频词和关键词统计数据

排序	作为第一作者的论文(16 篇)		参与撰写的所有论文(18 篇)	
	高频词	关键词	高频词	关键词
1	тело	тело	тело	тело
2	жест	жест	жест	жест
3	человек	человек	человек	соматический
4	объект	рука	объект	человек
5	рука	невербальный	рука	Переверзева

① 该缩略语全称为 причинно-следственные отношения。

续表

排序	作为第一作者的论文(16篇)		参与撰写的所有论文(18篇)	
	高频词	关键词	高频词	关键词
6	поведение	поведение	часть	рука
7	глаза	соматический	поведение	невербальный
8	значение	женщина	признак	поведение
9	выражение	Переверзева	глаза	body
10	диалог	глаза	значение	глаза
11	невербальный	телесный	выражение	женщина
12	признак	диалог	невербальный	диалог
13	женщина	body	диалог	телесный
14	размер	объект	соматический	объект
15	соматический	палец	body	культура
16	коммуникация	жестовой	Переверзева	голова
17	движение	голова	размер	жестовой
18	культура	дейктический	коммуникация	палец
19	палец	ориентация	голова	грудь
20	голова	жестикулирующий	единица	дейктический

综合对照两组高频词和关键词,不难看出 Крейдлин Г. Е. 的主要研究方向是**非言语交际行为**和**身势语**,主要涉及交际行为中的**手势**、**身体各部分**、**性别**、**指称**、**对话**等具体问题,且 Крейдлин Г. Е. 的研究内容与 **Переверзева** 的理论密切相关。返回论文数据库中对论文标题和摘要进行定性分析,可以确认上述统计数据反映出的结论完全正确。此外需要补充的是:Крейдлин Г. Е. 专门描述了对话中言语交际单位和非言语交际单位的相互作用机制,还对不同语言文化中的身势语进行了对比研究。

3.2.3.2 Беликов В. И.

Беликов В. И. 在 2012 年之前一直在俄罗斯科学院俄语研究所工作,自 2013 年起,论文署名单位均更改为俄罗斯国立人文大学。另存他的所有论文并进行统计,筛除干扰项后得出下表。

表 3.39 Беликов В. И. 作为第一作者的论文以及参与撰写的所有论文的高频词和关键词统计数据

排序	作为第一作者的论文(16 篇)		参与撰写的所有论文(17 篇)	
	高频词	关键词	高频词	关键词
1	словарь	НКРЯ	словарь	НКРЯ
2	НКРЯ	СМИ	НКРЯ	СМИ
3	корпус	страница	корпус	страница
4	тип	норма	тип	ГИКРЯ
5	норма	спорт	норма	норма
6	СМИ	жаркий	СМИ	спорт
7	интернет	воздух	таблица	жаркий
8	документ	БТС	интернет	воздух
9	относительно	интернет	документ	БТС
10	таблица	среагировать	относительно	интернет
11	страница	отреагировать	разметка	среагировать
12	БТС①	сайт	страница	отреагировать
13	воздух	ГИКРЯ	ГИКРЯ	сайт
14	глагол	благосфера	глагол	благосфера
15	сайт	словарь	сайт	словарь
16	соотношение	блог	вариант	блог
17	поиск	издание	соотношение	издание
18	вариант	блоггер	поиск	блоггер
19	спорт	фразеологизм	спорт	Яндекс
20	жаркий	Яндекс	жаркий	фразеологизм

综合对照 Беликов В. И. 的两组高频词和关键词,可见其主要研究方向为**互联网文本**、**大众媒体文本**、**语料库**、**词典学**等领域,涉及**网页**、**博客**、**НКРЯ**、**ГИКРЯ**、**Яндекс** 等研究对象和**类型**、**标准**等研究范畴。他的研究中较多使用定量统计方法,因此产生了很多图表和实验结果。此外还有部分内容涉及了**动词**和**成语**的问题,**спорт**、**жаркий**、**воздух**、**среагировать**、**отреагировать** 很可能是研究中列出的典型实例。在论文数据库中运用定性研究方法进行检验,可证明上述统计数据较好地反映了 Беликов В. И. 的研究专长。需要做出的具体补充是:Беликов В. И. 是 ГИКРЯ 的主要构建者

① 该缩略语全称为 Большой толковый словарь русского языка。

之一,他还研究了俄语的电子印刷标准,将 Яндекс 作为词汇研究的工具,使用互联网语料对词典标注进行验证。

3.2.3.3 Подлесская В. И.

Подлесская В. И. 长期在俄罗斯国立人文大学工作,是该大学语言学研究所教授。将其所有论文另存并统计,筛除干扰项得到下表。

表 3.40 Подлесская В. И. 作为第一作者的论文以及参与撰写的所有论文的高频词和关键词统计数据

排序	作为第一作者的论文(17 篇)		参与撰写的所有论文(22 篇)	
	高频词	关键词	高频词	关键词
1	ЭДЕ	ЭДЕ	ЭДЕ	ЭДЕ
2	речь	коррекция	речь	коррекция
3	конструкция	самоисправление	конструкция	самоисправление
4	говорящий	забракованный	корпус	затруднение
5	корпус	relative	говорящий	забракованный
6	тип	просодически	discourse	relative
7	дискурс	prosodic	тип	конструкция
8	фрагмент	фрагмент	дискурс	корпус
9	коррекция	препаративный	фрагмент	препаративный
10	relative	подстановка	коррекция	story
11	discourse	онлайн	relative	дискурс
12	prosodic	нерелевантность	corpus	подстановка
13	corpus	дистантный	prosodic	discourse
14	самоисправление	дискурс	затруднение	просодически
15	состав	корпус	Кибрик	дискурсивный
16	clause	говорящий	речевой	prosodic
17	забракованный	маркер	самоисправление	нерелевантность
18	Кибрик	конструкция	состав	онлайн
19	маркер	сновидение	дискурсивный	дистантный
20	просодически	дискурсивный	маркер	фрагмент

综合对照两组高频词和关键词,可见 Подлесская В. И. 主要研究**话语分析**、**语言类型学**、**语料库**等领域,涉及**韵律**、**说话人**、**改错**、**片段**、**标注**、**话语准备**、**非关联性**、**表达困难**等具体问题,她的研究与 **Кибрик** 的理论密切相关。在论文数据库中用定性研究方法梳理论文标题和摘要,验证了上述统计数

据和结论的正确性。需要补充的是:Подлесская В. И. 在自己的研究中较多地使用了语料库。

3.2.3.4 Соколова Е. Г.

Соколова Е. Г. 2005 年之前在俄罗斯人工智能科研所莫斯科分部工作,自 2007 年开始在俄罗斯国立人文大学工作。另存她的所有论文并使用 WordSmith Tools 进行统计,筛除干扰项后得到下表。

表 3.41 Соколова Е. Г. 作为第一作者的论文以及参与撰写的所有论文的高频词和关键词统计数据

排序	作为第一作者的论文(13 篇)		参与撰写的所有论文(18 篇)	
	高频词	关键词	高频词	关键词
1	объект	генерация	ЕЯ	ЕЯ
2	отношения	ЕЯ	объект	генерация
3	генерация	строение	генерация	строение
4	ЕЯ①	изображение	система	текст
5	описание	текст	отношения	изображение
6	представление	объект	представление	объект
7	содержание	сооружение	данные	сооружение
8	информация	отношения	описание	атрибут
9	система	содержание	информация	содержание
10	данные	ЛСО②	содержание	ЛСО
11	знания	постройка	запрос	представление
12	изображение	изображение	знания	отношения
13	корпус	ГЕЯ③	предметный	постройка
14	понятие	Bateman	корпус	запрос
15	термин	представление	понятие	МПО④
16	строение	Болдасов	изображение	Bateman
17	область	портал	строение	Болдасов
18	онтология	отличить	термин	предметный

① 该缩略语全称为 естественный язык。

② 该缩略语全称为 лексико-семантические отношения。

③ 该缩略语全称为 генерация текстов на ЕЯ。

④ 该缩略语全称为 модель предметной области。

续表

排序	作为第一作者的论文(13 篇)		参与撰写的所有论文(18 篇)	
	高频词	关键词	高频词	关键词
19	тип	онтология	онтология	отличить
20	структура	атрибут	структура	портал

以作为第一作者的论文的统计数据为主,以参与撰写的所有论文的统计数据为辅,综合对照两组高频词和关键词,可知 Соколова Е. Г. 主要从事**自然语言文本生成**、**本体知识**、**图片内容识别与描写**、**词汇语义关系**等领域的研究,较多涉及**概念**、**对象**、**数据**、**结构**、**语料库**、**术语**、**门户网站**、**属性**等具体问题,**сооружение**、**постройка**、**отличить** 等可能是典型分析实例。此外,Соколова Е. Г. 的研究与 **Bateman** 和 **Болдасов** 的理论密切相关。在论文数据库中通过定性研究方法对以上统计数据进行检验,可知 Соколова Е. Г. 所从事人工智能方面的研究确实与上述内容相一致。需要补充的是:Соколова Е. Г. 还讨论了计算语言学俄英词库(русско-английский тезаурус)以及自然语言文本自动分析的问题。

3.2.3.5 Кобзарева Т. Ю.

Кобзарева Т. Ю. 一直在俄罗斯国立人文大学工作。她所参与撰写的论文截止到 2010 年,此后未再见她有新的论文在"对话"会议中发表。将其论文另存并统计,筛除干扰项得到下表。

表 3.42 Кобзарева Т. Ю. 作为第一作者的论文以及参与撰写的所有论文的高频词和关键词统计数据

排序	作为第一作者的论文(10 篇)		参与撰写的所有论文(16 篇)	
	高频词	关键词	高频词	关键词
1	сегмент	сегмент	сегмент	сегмент
2	хозяин	хозяин	алгоритм	анализ
3	связь	ПГ①	связь	хозяин
4	сочинение	сочинение	хозяин	алгоритм
5	структура	ПФ②	омонимия	поверхностно

① 该缩略语全称为 предложная группа。

② 该缩略语全称为 проективный фрагмент。

续表

排序	作为第一作者的论文(10 篇)		参与撰写的所有论文(16 篇)	
	高频词	关键词	高频词	关键词
6	линейный	линейный	поверхностно	сочинение
7	сегментация	анализ	синтаксический	омонимия
8	поверхностно	сочиненный	сочинение	линейный
9	сочиненный	поверхностно	структура	ПФ
10	группа	связь	сегментация	ПСА①
11	поиск	ЗП②	линейный	предложение
12	граница	сегментация	правило	сегментация
13	омонимия	проективность	ПСА	связь
14	синтаксический	предложение	группа	синтаксический
15	ситуация	запятая	поиск	сочиненный
16	проективность	морфанализ	модель	ЗП
17	запятая	сочинительный	сочиненный	проективность
18	препинание	структура	граница	снятие
19	вершина	граница	снятие	запятая
20	неоднозначность	омонимия	существительное	сочинительный

以作为第一作者的论文的统计数据为主,以参与撰写的所有论文的统计数据为辅,综合对照两组高频词和关键词,可知 Кобзарева Т. Ю. 的重点研究方向为**句法分析**、**标点符号**等领域,涉及**表层句法分析**、**句子切分**、**合成**、**形态分析**、**多义**、**分组**、**算法**、**逗号**等具体问题,以及**物主(所有者** хозяин**)**、**线性**、**投射性**、**界限**等概念范畴。在论文数据库中运用定性研究方法对论文标题和摘要进行梳理,可验证上述结论的正确性。需要补充说明的是:Кобзарева Т. Ю. 还讨论了前置词分组的问题,以及表层句法分析中的共指现象。

3.2.3.6 Коротаев Н. А.

Коротаев Н. А. 一直任教于俄罗斯国立人文大学,现为该大学语言学研究所副教授,博士期间师从该校的 Подлесская В. И. 教授。将 Коротаев Н.

① 该缩略语全称为 поверхностно-синтаксический анализ。
② 该缩略语全称为 знак препинания。

A. 的论文另存并统计,筛除干扰项后得到下表。

表 3.43 Коротаев Н. А. 作为第一作者的论文以及参与撰写的所有论文的高频词和关键词统计数据

排序	作为第一作者的论文(9 篇)		参与撰写的所有论文(12 篇)	
	高频词	关键词	高频词	关键词
1	ЭДЕ	ЭДЕ	ЭДЕ	ЭДЕ
2	discourse	disfluencies	discourse	disfluencies
3	Russian	disfluency	Russian	disfluency
4	speech	Подлесская	speech	Кибрик
5	disfluencies	коммуникативно	речи	Подлесская
6	типа	вставки	corpus	строке
7	речи	Кибрик	дискурса	spoken
8	spoken	дискурсивной	spoken	коммуникативно
9	Кибрик	зависимой	типа	вставки
10	корпусе	пограничной	Кибрик	дискурса
11	паузы	isolated	корпуса	discourse
12	corpus	spoken	disfluencies	дискурсивной
13	disfluency	паузы	жестов	пограничной
14	конструкции	строке	паузы	isolated
15	Подлесская	pauses	disfluency	зависимой
16	коммуникативно	lengthening	конструкции	паузы
17	дискурса	незавершенности	Подлесская	рассказы
18	дискурсивной	discourse	linguistics	коррекции
19	конструкций	clusters	единицы	repairs
20	корпуса	сновидениях	коммуникативно	pauses

以作为第一作者的论文的统计数据为主,以参与撰写的所有论文的统计数据为辅,综合对照两组高频词和关键词,可知 Коротаев Н. А. 的重点研究方向为**话语分析**、**口语交际**、**语料库**等领域,涉及**类型**、**交际**、**手势**、**停顿**、**不流利性**、**未完成性**、**修改**、**隔绝**等概念范畴,另外,其论文成果与 **Кибрик**、**Подлесская** 的研究有关。在论文数据库中运用定性研究方法对论文标题和摘要进行梳理,可验证上述统计分析的正确性。需要补充说明的是:Коротаев Н. А. 研究兴趣还包括句法和韵律、小型语料库的创建和运用。

3.2.4 圣彼得堡国立大学的学者

3.2.4.1 Азарова И. В.

Азарова И. В. 一直在圣彼得堡国立大学工作。她作为第一作者撰写的论文均发表于2008年以前,自2009年后 Азарова И. В. 主要是作为次要作者继续参加圣彼得堡国立大学团队的研究。我们将其所有论文另存为临时子语料库并统计,筛除干扰项后得到下表。

表 3.44 Азарова И. В. 作为第一作者的论文以及参与撰写的所有论文的高频词和关键词统计数据

排序	作为第一作者的论文(10篇)		参与撰写的所有论文(14篇)	
	高频词	关键词	高频词	关键词
1	Russnet	Russnet	Russnet	Russnet
2	Wordnet	Wordnet	Wordnet	Wordnet
3	значение	AGFL	значение	AGFL
4	AGFL①	валентность	контекст	значение
5	контекст	рамки	глагол	валентность
6	валентность	контекст	валентность	контекст
7	глагол	синсет	прилагательное	рамки
8	тип	тезаурус	семантический	прилагательное
9	семантический	значение	тип	синсет
10	тезаурус	предлог	структура	тезаурус
11	позиция	глагол	тезаурус	регулярно
12	данные	gender	существительное	предлог
13	структура	дерево	позиция	дерево
14	существительное	анализ	корпус	глагол
15	корпус	регулярно	данные	семантический
16	набор	позиция	описание	морально
17	дерево	семантический	схема	схема
18	синсет	nounform	набор	Синопальникова
19	описание	SynsetID	синсет	gender
20	предлог	EuroWordnet	дерево	существительное

① 即 AGFL 语法,全称 the Affix Grammars over a Finite Lattice。

以作为第一作者的论文的统计数据为主，以参与撰写的所有论文的统计数据为辅，综合对照两组高频词和关键词，可知 Азарова И. В. 的主要研究领域为 **Russnet** 和 **Wordnet** 两个词库，具体包括**词汇意义**、**同义词组**、**AGFL 语法**、**配价**、**上下文**、**类型**、**语义**、**结构**、**关系**、**语料库**等问题，涉及**文本**、**动词**、**形容词**、**名词**、**前置词**、**性别**、**位置**、**框架**、**树状结构**等概念范畴。Азарова И. В. 的研究内容可能与 **Синопальникова** 的理论有关。在论文数据库中以定性研究方法综合分析论文标题及摘要，结果验证了上述统计结果的正确性。需要补充的是：Азарова И. В. 还讨论了文本中信息自动抽取及使用 AGFL 语法对文本进行形态标注的问题。

3.2.4.2 Богданова Н. В.

Богданова Н. В. 一直在圣彼得堡国立大学语文系工作。她在“对话”会议的论文均发表于 2008 年以后。将其论文另存并统计，筛除干扰项得到下表。

表 3.45 Богданова Н. В. 作为第一作者的论文以及参与撰写的所有论文的高频词和关键词统计数据

排序	作为第一作者的论文（9 篇）		参与撰写的所有论文（10 篇）	
	高频词	关键词	高频词	关键词
1	речь	ОРД①	речь	ОРД
2	корпус	речь	корпус	речь
3	speech	звуковой	speech	информант
4	звуковой	информант	информант	звуковой
5	информант	блин	речевой	спонтанный
6	речевой	спонтанный	звуковой	блин
7	спонтанный	Асиновский	спонтанный	корпус
8	описание	корпус	день	Асиновский
9	день	ЗКРЯ②	описание	речевой
10	corpus	речевой	corpus	выпуск
11	устный	день	данные	русский
12	блин	устный	устный	ЗКРЯ

① 该缩略语全称为 Один речевой день。

② 该缩略语全称为 Звуковой корпус русского языка。

续表

排序	作为第一作者的论文(9 篇)		参与撰写的所有论文(10 篇)	
	高频词	关键词	高频词	关键词
13	единица	speech	блин	день
14	говорящий	монолог	единица	материал
15	форма	материал	говорящий	устный
16	данные	Шерстинова	Асиновский	speech
17	Асиновский	живой	звучание	монолог
18	Кибрик	Степанова	технология	Шерстинова
19	ЗКРЯ	повседневный	поиск	Степанова
20	интеллектуальный	Куканова	интеллектуальный	звучание

综合对照两组高频词和关键词,不难看出 Богданова Н. В. 的主要研究方向为**言语**、**口语**、**语料库**等领域,包含**自发性言语**、**言语的一天**、**俄语声音语料库**、**说话人**、**自述**等问题,涉及**文本**、**单位**、**自发性**、**生动性**、**日常性**等范畴,而 **блин** 很可能是一个典型实例。Богданова Н. В. 的研究内容应当与 **Асиновский**、**Шерстинова**、**Степанова**、**Кибрик**、**Куканова** 的理论密切相关。在论文数据库中以定性研究方法核对论文标题和摘要,可以证明上述统计数据和结论的正确性。需要补充的是:Богданова Н. В. 在自己的研究中还提到了话语单位词典构建这一问题。

3.2.4.3 Ягунова Е. В.

Ягунова Е. В. 的署名单位一直为圣彼得堡国立大学,将她所有论文另存并统计,筛除干扰项得到下表。

表 3.46 Ягунова Е. В. 作为第一作者的论文以及参与撰写的所有论文的高频词和关键词统计数据

排序	作为第一作者的论文(7 篇)		参与撰写的所有论文(9 篇)	
	高频词	关键词	高频词	关键词
1	тема	художественный	тема	текст
2	художественный	деловой	художественный	художественный
3	эксперимент	тема	эксперимент	деловой
4	деловой	псевдо	деловой	тема
5	псевдо	эксперимент	восприятие	псевдо

续表

排序	作为第一作者的论文(7篇)		参与撰写的所有论文(9篇)	
	高频词	关键词	高频词	关键词
6	восприятие	опорный	структура	эксперимент
7	структура	восприятие	псевдо	восприятие
8	элемент	информант	материал	Касевич
9	материал	псевдотекст	фонетический	фонетический
10	опорный	распознаваемость	элемент	опорный
11	результат	членение	опорный	слово
12	членение	вычислительный	данные	псевдотекст
13	компонент	динамичность	Касевич	информант
14	синтагма	испытуемый	речь	распознаваемость
15	информант	фонетический	результат	членение
16	фонетический	рема	синтагма	вычислительный
17	признак	Касевич	членение	синтагма
18	коммуникативный	синтагма	компонент	материал
19	фрагмент	функциональный	испытуемый	испытуемый
20	высказывание	предсказуемость	информант	динамичность

综合对照两组高频词和关键词,可知 Ягунова Е. В. 的主要研究领域为**文本处理**、**实义切分**、**支撑词**①,涉及**主位**、**述位**、**结构**、**实验**、**受试者**、**成分**、**组合**、**交际**、**识别**、**计算**、**动态性**等问题。Ягунова Е. В. 的研究主要涉及**文学语体**和**公文语体**,与 **Касевич** 的理论有密切关系。在论文数据库中以定性研究方法梳理论文标题及摘要,验证了上述统计结果的正确性。需要补充的是:Ягунова Е. В. 还讨论了文本中的韵律特征。

3.2.5 其他大学的学者

在有些大学从事计算语言学研究的学者并不集中,我们将这类大学的学者统一放在本小节中进行综述。

① 即 опорные слова,在汉语中有时译为"关键词",但与 ключевые слова 不同,Ягунова Е. В.(2008)专门论述了两者的区别。

3.2.5.1 Борисова Е. Г.

Борисова Е. Г. 曾在普希金俄语学院、国际广告学院、莫斯科国立印刷大学等高校学习和工作，自 2011 年开始在莫斯科市立师范大学工作。将她的所有会议论文另存并统计，筛除干扰项得到下表。

表 3.47 Борисова Е. Г. 作为第一作者的论文以及参与撰写的所有论文的高频词和关键词统计数据

排序	作为第一作者的论文(12 篇)		参与撰写的所有论文(13 篇)	
	高频词	关键词	高频词	关键词
1	понимание	сообщение	понимание	понимание
2	сообщение	понимание	адресат	адресат
3	адресат	слушающий	сообщение	сообщение
4	частица	адресат	частица	слушающий
5	говорящий	воздействие	говорящий	воздействие
6	информация	частица	информация	частица
7	слушающий	ирония	слушающий	ирония
8	воздействие	междометие	воздействие	междометие
9	значение	референция	значение	референция
10	общение	дискурсивный	общение	дискурсивный
11	речь	говорящий	речь	говорящий
12	смысл	филол.	смысл	картина
13	описание	смысл	описание	филол.
14	средство	общение	средство	смысл
15	выражение	particle	выражение	общение
16	междометие	картина	междометие	particle
17	единица	внимание	ситуация	внимание
18	степень	соискание	степень	соискание
19	ирония	импликатур	единица	импликатур
20	референция	указательный	ирония	комментарий

综合两组高频词和关键词的情况，可知 Борисова Е. Г. 的研究重点为**言语交际**、**话语**、**信息理解**等领域，涉及**意思**、**文本**、**指称**、**讽刺**、**隐含意义**等问题，以及**消息**、**语气词**、**感叹词**、**说话人**、**听话人**等研究对象。在论文数据库中以定性研究方法验证各论文的标题和摘要，验证出上述数据及结论是正确的。需要做出的补充是：Борисова Е. Г. 具体探讨了言语相互作用的模式、

文本和信息理解中的影响因素以及隐喻空间的问题。

3.2.5.2 Воскресенский А. Л.

Воскресенский А. Л. 的工作单位为莫斯科第 101 听障儿童特殊寄宿学校[①]。他在 12 篇论文中均为第一作者或独立作者，将这些论文另存并统计，筛除干扰项可得到下表。

表 3.48 Воскресенский А. Л. 作为第一作者的论文以及参与撰写的所有论文的高频词和关键词统计数据

排序	作为第一作者的论文(12 篇)		参与撰写的所有论文(12 篇)	
	高频词	关键词	高频词	关键词
1	жест	жест	жест	жест
2	глухие	глухие	глухие	глухие
3	жестовый	жестовый	жестовый	жестовый
4	словарь	каталог	словарь	каталог
5	речь	слышащие	речь	слышащие
6	система	сурдоперевод	система	сурдоперевод
7	поиск	продукт	поиск	продукт
8	время	словарь	время	словарь
9	перевод	РЖЯ	перевод	РЖЯ
10	значение	коллектив	значение	коллектив
11	запрос	Хахалин	запрос	Хахалин
12	интернет	sign	интернет	sign
13	описание	перевод	описание	перевод
14	каталог	запрос	каталог	запрос
15	конференция	поиск	конференция	поиск
16	технология	словесный	технология	словесный
17	использование	интернет	использование	интернет
18	обработка	дети	обработка	дети
19	обучение	демонстратор	обучение	демонстратор
20	слышащие	аватар	слышащие	аватар

Воскресенский А. Л. 是莫斯科第 101 听障儿童特殊寄宿学校的学者，他的研究自然与聋人的语言处理有关。对比高频词和关键词，可见

① 该学校并非高等学校，但没有必要在学校类别中单独列出一类，权且放在此小节中。

Воскресенский А. Л. 主要关注的是**聋人手势语**的领域，涉及**手势**、**词典**、**文本**、**言语**、**目录**、**搜索查询**、**意思**、**翻译**、**描写**、**互联网运用**等具体问题。在论文数据库中结合定性研究方法，可以验证上述统计数据的准确性。需要做出的补充是：Воскресенский А. Л. 着重讨论了聋人手语及其词典、语义和自动搜索查询的问题，论述了运用互联网进行知识抽取的方法。

3.2.5.3 Браславский П. И.

Браславский П. И. 长期工作和生活在叶卡捷琳堡市，自 2012 年开始署名单位为乌拉尔联邦大学，此前的工作单位一直是俄罗斯科学院乌拉尔分院机械工程研究所。将其论文另存并统计，筛除干扰项后得出下表。

表 3.49 Браславский П. И. 作为第一作者的论文以及参与撰写的所有论文的高频词和关键词统计数据

排序	作为第一作者的论文(9 篇)		参与撰写的所有论文(12 篇)	
	高频词	关键词	高频词	关键词
1	оценка	термип	оценка	question
2	термин	classifi	термин	classifi
3	http	оценка	data	термин
4	classifi	ProThes①	feature	оценка
5	тезаурус	тезаурус	task	search
6	search	search	search	dictionary
7	поиск	freq.	question	ProThes
8	данные	cation	result	http
9	web	Yarn	information	definition
10	метод	метод	dictionary	Yarn
11	feature	user	evaluation	тезаурус
12	user	http	web	query
13	запрос	page	classifi	task
14	Yandex	web	тезаурус	user
15	WordNet	Yandex	поиск	freq.
16	документ	query	Яндекс	Yandex
17	ProThes	кандидат	classification	review

① 该缩略语全称为 project thesaurus，该项目说明见网页 http://www.imach.uran.ru/prothes/。

续表

排序	作为第一作者的论文(9篇)		参与撰写的所有论文(12篇)	
	高频词	关键词	高频词	关键词
18	proceedings	запрос	WordNet	cation
19	query	поиск	query	web
20	freq.	WordNet	definition	feature

以作为第一作者的论文的统计数据为主,以参与撰写的所有论文的统计数据为辅,综合对照两组高频词和关键词,可知 Браславский П. И. 的主要研究方向为**术语**、**词库**、**网络搜索查询**等领域,涉及**分类**、**特征**、**检索**、**网络**、**查询**、**评估**等具体问题,与 **Yandex**、**WordNet**、**ProThes**、**Yarn** 等项目或计算机网络资源有关。在论文数据库中以定性研究方法对照论文标题和摘要,验证出上述统计数据和结论的正确性。需要补充的是:Браславский П. И. 讨论了网页的分类方法,评估了 ROMIP 机器翻译系统。

3.2.5.4 Циммерлинг А. В.

Циммерлинг А. В. 长期在莫斯科国立人文大学工作,2015 年该校正式并入莫斯科国立师范大学。此外,Циммерлинг А. В. 从 2013 年开始在俄罗斯科学院语言学研究所兼任高级研究员。将其论文另存并统计,筛除干扰项得到下表。

表 3.50 Циммерлинг А. В. 作为第一作者的论文以及参与撰写的所有论文的高频词和关键词统计数据

排序	作为第一作者的论文(12篇)		参与撰写的所有论文(17篇)	
	高频词	关键词	高频词	关键词
1	element	clitic	element	clitic
2	clitic	scrambling	clitic	scrambling
3	subject	clusterizing	subject	clusterizing
4	scrambling	element	scrambling	element
5	Russian	movement	Russian	movement
6	clusterizing	subject	clusterizing	subject
7	предложение	clause	предложение	clause
8	verb	position	verb	position
9	position	verb	position	verb

续表

排序	作为第一作者的论文(12 篇)		参与撰写的所有论文(17 篇)	
	高频词	关键词	高频词	关键词
10	clause	sentential	clause	sentential
11	movement	order	movement	order
12	order	transitive	order	transitive
13	argument	zero	argument	zero
14	zero	slavic	slavic	slavic
15	slavic	cluster	zero	cluster
16	cluster	expletive	cluster	expletive
17	syntax	accusative	syntax	accusative
18	sentence	dative	structure	dative
19	structure	argument	sentence	argument
20	transitive	animate	dative	animate

综合对照两组高频词和关键词,可知 Циммерлинг А. В. 的主要研究方向为**句法**、**运动动词**、**斯拉夫语**等领域,涉及**附着语**、**主体**、**词序**、**位置**、**分句**、**结构**等诸多问题,以及**元素**、**聚类**、**混杂**、**宾格**、**予格**等概念范畴。Циммерлинг А. В. 较多地使用英文撰写论文,且其研究从语言哲学的视角出发。在论文数据库中以定性研究方法检验上述数据,结论基本一致。需要补充的是:Циммерлинг А. В. 还较多地关注了位置倒装和类型学的问题,总体来看,他所做的研究涉猎广泛。

3.2.5.5 Сорокин А. А.

Сорокин А. А. 是莫斯科物理技术学院算法与程序技术系副教授,此前在莫斯科国立大学任教。将其论文另存并统计,筛除干扰项得到下表。

表 3.51 Сорокин А. А. 作为第一作者的论文以及参与撰写的所有论文的高频词和关键词统计数据

排序	作为第一作者的论文(8 篇)		参与撰写的所有论文(13 篇)	
	高频词	关键词	高频词	关键词
1	model	correction	model	correction
2	word	model	language	model
3	morphological	morphological	word	morphological

续表

排序	作为第一作者的论文(8篇)		参与撰写的所有论文(13篇)	
	高频词	关键词	高频词	关键词
4	language	spelling	morphological	spelling
5	correction	paradigm	Russian	sorokin
6	using	neural	correction	paradigm
7	Russian	sorokin	using	BERT
8	training	training	training	neural
9	data	using	data	training
10	task	gap	task	метка
11	neural	edit	BERT	using
12	spelling	paradigms	feature	tagging
13	used	tagging	corpus	опечаток
14	sentence	tags	spelling	gap
15	table	errors	used	edit
16	first	competition	neural	errors
17	set	word	table	paradigms
18	number	however	based	performance
19	feature	candidate	set	tags
20	case	error	text	competition

综合对照两组高频词和关键词,可知 Сорокин А. А. 的主要研究方向为**语言处理模型**、**语言测试实验**,涉及**形态处理**、**数据集训练**、**神经网络双向编码转换器模型(BERT)**、**标记**、**拼写**、**纠错**等具体问题。Сорокин А. А. 较多地使用英文撰写论文,且其研究多使用计算的方式。在论文数据库中以定性研究方法检验上述数据,结论基本一致。需要补充的是:Сорокин А. А. 擅长使用算法。

3.3 科技公司流派

3.3.1 Ермаков А. Е.

Ермаков А. Е. 所在单位为"ЭР СИ О"有限责任公司,此公司前身为"担保人–公园–互联网"有限责任公司(ООО «Гарант-Парк-Интернет»)。

Ермаков А. Е. 的论文主要集中在2009年之前,我们将其所有论文另存为一个临时子语料库,用 WordSmith Tools 进行统计,对生成的高频词表和关键词表进行筛查,去除干扰项后得到下表。

表 3.52 Ермаков А. Е. 作为第一作者的论文以及参与撰写的所有论文的高频词和关键词统计数据

排序	作为第一作者的论文(10篇)		参与撰写的所有论文(11篇)	
	高频词	关键词	高频词	关键词
1	связь	тональность	связь	тональность
2	сеть	президент	сеть	сеть
3	поиск	near	поиск	факт
4	смысл	Плешко	смысл	президент
5	тональность	разбор	тональность	Плешко
6	словарь	смысл	семантический	near
7	синтаксический	сеть	синтаксический	акция
8	элемент	коробка	словарь	связь
9	объект	морфоанализ	ситуация	разбор
10	разбор	подписание	объект	досье
11	запрос	аренда	элемент	смысл
12	область	компания	предложение	коробка
13	http	досье	факт	морфоанализ
14	президент	платеж	область	подписание
15	near	гарант	разбор	аренда
16	семантический	налог	запрос	компания
17	ситуация	прибыль	президент	гарант
18	знания	японец	форма	платеж
19	поисковый	договор	правило	персон
20	онтология	персон	знания	налог

综合比对两组高频词和关键词,可知 Ермаков А. Е. 的主要研究方向为**句法分析**、**文本搜索**、**情态分析**等领域,具体包含**文本处理**、**意义**、**词典**、**剖析**、**查询**、**形态分析**、**语义**等问题,涉及**网络**、**档案**、**联系**、**情景**、**事实**等概念范畴。**президент**、**аренда**、**налог**、**прибыль** 等很可能是具体实例。Ермаков А. Е. 的研究应当与 **Плешко** 的理论有密切关系。在论文数据库中运用定性研究方法梳理论文标题及摘要,验证出上述统计数据及结论的正确性。需要补充的是:Ермаков А. Е. 讨论了文本事实抽取和联想语义网络的问题。

3.3.2 Пазельская А. Г.

Пазельская А. Г. 所在单位为“Ай-Теко”封闭式股份公司，2010 年之前曾在莫斯科国立大学、俄罗斯科学院全俄科学技术信息研究所和 ABBYY 公司工作或学习过。将其所有论文另存并统计，筛除干扰项后得到下表。

表 3.53 Пазельская А. Г. 作为第一作者的论文以及参与撰写的所有论文的高频词和关键词统计数据

排序	作为第一作者的论文（8 篇）		参与撰写的所有论文（9 篇）	
	高频词	关键词	高频词	关键词
1	имя	имя	имя	имя
2	ситуация	отглагольный	ситуация	отглагольный
3	существительное	тональность	существительное	тональность
4	тип	существительное	sentiment	существительное
5	число	ситуация	тип	ситуация
6	множественный	множественный	число	множественный
7	тональность	число	множественный	sentiment
8	отглагольный	эмоция	тональность	число
9	эмоция	множественность	отглагольный	эмоция
10	глагол	incorporation	эмоция	summarization
11	Падучева	стимул	information	множественность
12	именной	деривация	глагол	incorporation
13	отрицание	отрицание	summarization	стимул
14	деривация	экзистенциально	Падучева	деривация
15	множественность	именной	именной	отрицание
16	состояние	стативно	отрицание	экзистенциально
17	incorporation	Падучева	деривация	redundancy
18	действие	Ляшевская	множественность	стативно
19	определение	модель	состояние	именной
20	событие	предчувствие	incorporation	Падучева

以作为第一作者的论文的统计数据为主，以参与撰写的所有论文的统计数据为辅，综合对照两组高频词和关键词，可知 Пазельская А. Г. 的主要研究方向为**动名词**、**复数**、**情感意义**、**情态**等领域，涉及**名词**、**情景**、**动机**、**派生**、**否定**、**模式**等具体问题，以及**数**、**合并**、**存在性**、**冗余**、**静态**等概念范畴。Пазельская А. Г. 的研究与 **Падучева** 和 **Ляшевская** 的理论密切相关。在论

文数据库中以定性研究方法核查论文标题及摘要，验证出上述统计数据的正确性。需要补充的是：Пазельская А. Г. 较多讨论了述谓名词的问题。

3.4 境外机构流派

3.4.1 境外科研院研究所的学者

3.4.1.1 Лобанов Б. М.

Лобанов Б. М. 是白俄罗斯国家科学院信息学问题联合研究所的计算语言学家。在论文数据库中将 Лобанов Б. М. 的所有论文进行另存并统计，排除干扰项得出下表。

表 3.54 **Лобанов Б. М.** 作为第一作者的论文以及参与撰写的所有论文的高频词和关键词统计数据

排序	作为第一作者的论文(21 篇)		参与撰写的所有论文(32 篇)	
	高频词	关键词	高频词	关键词
1	речь	речь	речь	речь
2	синтагма	синтагма	синтагма	синтагма
3	аллофон	аллофон	синтез	аллофон
4	синтез	УМП	аллофон	омограф
5	сигнал	текст	речевой	синтез
6	препинание	синтез	speech	текст
7	система	омограф	омограф	Belarusian
8	English	клонирование	система	клонирование
9	УМП①	препинание	сигнал	NooJ
10	speech	сигнал	диктор	диктор
11	intonation	intonation	Belarusian	сигнал
12	речевой	melodic	препинание	просодический
13	граница	ИК②	характеристика	препинание
14	пара	предложение	English	интонационный

① 这是一个作者论文中的缩写，全称为 универсальный мелодический портрет。

② 该缩略语全称为 интонационная конструкция。

续表

排序	作为第一作者的论文(21篇)		参与撰写的所有论文(32篇)	
	高频词	关键词	高频词	关键词
15	омограф	синтагматический	просодический	речевой
16	клонирование	пара	intonation	intonation
17	характеристика	интонационный	клонирование	melodic
18	интонационный	портрет	граница	компиляция
19	просодический	граница	synthesis	клон
20	melodic	просодический	интонационный	голос

对照两组数据,可见 Лобанов Б. М. 研究的问题主要集中在**言语**、**语音**、**语调**、**韵律**、**标点符号**等领域,涉及**俄语**、**白俄罗斯语**、**英语**三种语言。**合成**、**组合体**、**音位变体**、**同形异义词**等具体研究对象或具体问题出现的频率以及关键度较高,**克隆**是 Лобанов Б. М. 所在团队使用的一种独特的技术方法。在论文数据库中利用定性研究方法对论文标题和摘要进行分析,可以印证以上统计数据是正确的。可做的补充为:Лобанов Б. М. 的很多论文涉及语音合成问题。

3.4.1.2 Труб В. М.

Труб В. М. 所在单位为乌克兰国家科学院乌克兰语研究所,其论文均为独立撰写。将这些论文另存并统计,筛除干扰项后得到下表。

表 3.55 Труб В. М. 作为第一作者的论文以及参与撰写的所有论文的高频词和关键词统计数据

排序	作为第一作者的论文(8篇)		参与撰写的所有论文(8篇)	
	高频词	关键词	高频词	关键词
1	нельзя	нельзя	нельзя	нельзя
2	время	миф	время	миф
3	тип	слесарь	тип	слесарь
4	действие	бывший	действие	бывший
5	ситуация	нормативно	ситуация	нормативно
6	значение	презумпция	значение	презумпция
7	интерпретация	несов.	интерпретация	несов.
8	бывший	интерпретация	бывший	интерпретация

续表

排序	作为第一作者的论文(8篇)		参与撰写的所有论文(8篇)	
	高频词	关键词	高频词	关键词
9	слесарь	глубинный	слесарь	глубинный
10	деятельность	задолго	деятельность	задолго
11	функция	давний	функция	давний
12	момент	достижение	момент	достижение
13	говорящий	прежний	говорящий	прежний
14	несов.	функция	несов.	функция
15	вид	эмпатия	вид	эмпатия
16	конструкция	действие	конструкция	действие
17	предикат	предикатив	предикат	предикатив
18	речь	ситуативный	речь	ситуативный
19	структура	деятельность	структура	деятельность
20	нормативно	предикат	нормативно	предикат

从高频词和关键词表难以完全判断出 Труб В. М. 的研究方向，因此我们同时使用定性研究方法梳理论文标题及摘要。综合定量统计数据和定性分析，可知 Труб В. М. 的主要研究方向为**词汇语义阐释**，涉及**言语**、**行为**、**类型**、**情景**、**功能**、**动词体**等问题，以及**谓词**、**假定**、**移情**等概念范畴，**нельзя**、**миф**、**слесарь** 等词及大量形容词均是典型实例。

3.4.2 境外高校的学者

3.4.2.1 Большаков И. А.

从论文发表年份来看，Большаков И. А. 2009 年以前工作于墨西哥国立理工学院计算机研究中心自然语言与文本处理实验室。在墨西哥国立理工学院的这个研究团队中 Гельбух А. Ф. 的出现频次很高。自 2010 年以后，Большаков И. А. 返回莫斯科作为独立学者继续从事计算语言学研究。

表 3.56 **Большаков И. А. 作为第一作者的论文以及参与撰写的所有论文的高频词和关键词统计数据**

排序	作为第一作者的论文(10 篇)		参与撰写的所有论文(13 篇)	
	高频词	关键词	高频词	关键词
1	словосочетание	словосочетание	словарь	малапропизм
2	группа	кросслексика①	группа	пароним
3	словарь	страница	словосочетание	словосочетание
4	запрос	малапропизм	пароним	кросслексика
5	тип	беременность	пара	пара
6	страница	уважительность	тип	страница
7	пара	забыть	малапропизм	Gelbukh
8	существительное	Google	запрос	коллокация
9	качество	пара	существительное	беременность
10	Google	запрос	страница	paronym
11	синоним	синоним	речь	уважительность
12	смысл	интернет	Google	забыть
13	связь	Gelbukh	синоним	Google
14	кросслексика	перестановка	Russian	исправление
15	интернет	титул	исправление	грех
16	информация	группа	коллокация	синоним
17	форма	Франция	смысл	группа
18	забыть	ангина	интернет	интернет
19	малапропизм	здоровье	кросслексика	запрос
20	речь	уважительный	кандидат	словарь

以作为第一作者的论文的统计数据为主,以参与撰写的所有论文的统计数据为辅,综合对照两组高频词和关键词,可知 Большаков И. А. 研究的主要方向为**词典学**、**互联网搜索查询**等领域,具体包括**词汇搭配**、**кросслексика 电子词典**、**网页**、**Google**、**同义词**、**同音异义词**、**意义**等问题,涉及**小倾向性**、**文本**、**名词**、**信息**等概念范畴,而 **беременность**、**уважительность**、**титул**、**ангина** 等很可能是典型实例。Большаков И. А. 的研究内容应当与 **Gelbukh(Гельбух)** 的理论有密切关系。在论文数据库中以

① 即 CrossLexica,是由 Большаков И. А. 等人研发的大型俄语词汇搭配及意义联系的电子词典。

定性研究方法核对论文标题及摘要,可以验证上述统计结果的正确性。需要补充的是:除上述内容外,Большаков И. А. 还探讨了电子词典中概念的联想网络。

3.4.2.2 Недолужко А. Ю.

Недолужко А. Ю. 所在单位为捷克布拉格的查尔斯大学①,布拉格学派的创始人马泰休斯就是这所大学的教授。我们将 Недолужко А. Ю. 的所有论文另存并统计,筛除干扰项后得到下表。

表 3.57 Недолужко А. Ю. 作为第一作者的论文以及参与撰写的所有论文的高频词和关键词统计数据

排序	作为第一作者的论文(7 篇)		参与撰写的所有论文(11 篇)	
	高频词	关键词	高频词	关键词
1	Czech	Czech	Czech	Czech
2	coreference	coreference	coreference	coreference
3	Russian	possessive	Russian	possessive
4	English	chain	English	chain
5	possessive	pronoun	possessive	pronoun
6	pronoun	reflexive	pronoun	anaphora
7	chain	кореференция	anaphora	reflexive
8	reflexive	English	chain	PDT
9	data	Prague	annotation	кореференция
10	number	bridging	data	Prague
11	кореференция	Russian	reflexive	English
12	anaphora	PCEDT②	number	Russian
13	PDT③	anaphoric	corpus	bridging
14	annotated	anaphora	annotated	resolution
15	annotation	treebank	resolution	annotated
16	German	annotated	кореференция	PCEDT
17	corpus	German	PDT	annotation
18	relation	textual	German	treebank

① 也译为"查理大学",创立于 1348 年,是欧洲最古老、规模最大的大学之一。

② 即 Prague Czech-English Dependency Treebank。

③ 即 Prague Dependency Treebank,俄语表述为:Синтаксически аннотированный корпус чешского языка。

续表

排序	作为第一作者的论文(7篇)		参与撰写的所有论文(11篇)	
	高频词	关键词	高频词	关键词
19	anaphoric	coreferential	anaphoric	coreferential
20	treebank	ассоциативный	treebank	ассоциативный

对比两组高频词和关键词,可知 Недолужко А. Ю. 的主要研究方向为**句法标注语料库(树库)**、**共指**、**回指**等领域,具体涉及**代词**、**所有格**、**链式结构**、**联想**等范畴或问题,所研究的语种包括**捷克语**、**俄语**、**英语**、**德语**等。在论文数据库中以定性研究方法对论文标题和摘要进行核对,可以验证上述统计结果的正确性。需要补充的是:Недолужко А. Ю. 很善于在不同语种的平行语料间进行对比研究。

3.4.2.3 Гельбух А. Ф.

Гельбух А. Ф. 所在单位始终为墨西哥国立理工学院计算机研究中心自然语言与文本处理实验室,将其所有论文另存并统计,筛除干扰项得到下表。

表 3.58 Гельбух А. Ф. 作为第一作者的论文以及参与撰写的所有论文的高频词和关键词统计数据

排序	作为第一作者的论文(7篇)		参与撰写的所有论文(10篇)	
	高频词	关键词	高频词	关键词
1	алгоритм	выравнивание	clustering	clustering
2	выравнивание	абзац	context	выравнивание
3	абзац	алгоритм	алгоритм	абзац
4	сходство	сходство	translation	extrhech
5	термин	испанский	number	spanish
6	уровень	Sidorov	выравнивание	unsupervised
7	данные	уровень	абзац	context
8	оценка	термин	сходство	сходство
9	испанский	основанный	English	алгоритм
10	система	популяция	cluster	extraction
11	словосочетание	морфема	unsupervised	испанский
12	количество	unsupervised	spanish	dataset

续表

排序	作为第一作者的论文(7 篇)		参与撰写的所有论文(10 篇)	
	高频词	关键词	高频词	关键词
13	словарь	вычисление	термин	translation
14	точность	хромосома	dataset	purity
15	корпус	генетический	данные	беременность
16	обработка	точность	результат	Sidorov
17	вычисление	словосочетание	information	entropy
18	unsupervised	Сидоров	extraction	интернет
19	морфема	alignment	словарь	parallel
20	alignment	мутация	запрос	discrimination

以作为第一作者的论文的统计数据为主,以参与撰写的所有论文的统计数据为辅,综合对照两组高频词和关键词,可知 Гельбух А. Ф. 的主要研究方向为**文本自动分析处理**领域,涉及**算法**、**对齐**、**相似性**、**术语**、**词典**、**语料库**、**数据集**、**上下文**、**翻译**等重要问题,以及**无监督**、**精确性**、**形素**等范畴。Гельбух А. Ф. 的研究涉及**词汇**、**文本**、**段落**、**词组**等语言单位层次,涉及**俄语**、**西班牙语**两个语种,他的研究与 **Sidorov(Сидоров)**的理论有密切关系。在论文数据库中以定性研究方法核查论文标题和摘要,可验证上述统计结果的正确性。需要补充说明的是:Гельбух А. Ф. 的研究范围比较广,涉及文本自动分析处理的多个方面,尤其比较重视形态学问题的分析处理。

3.4.3 境外科研公司的学者

3.4.3.1 Ландэ Д. В.

Ландэ Д. В. 的署名单位一直为乌克兰 ElVisti 信息中心,其论文均发表于 2010 年之前。将其论文另存并统计,筛除干扰项后得到下表。

表 3.59 Ландэ Д. В. 作为第一作者的论文以及参与撰写的所有论文的高频词和关键词统计数据

排序	作为第一作者的论文(7 篇)		参与撰写的所有论文(8 篇)	
	高频词	关键词	高频词	关键词
1	документ	документ	документ	документ
2	понятие	взаимосвязь	понятие	infostream

续表

排序	作为第一作者的论文(7篇)		参与撰写的所有论文(8篇)	
	高频词	关键词	高频词	关键词
3	связь	понятие	данные	взаимосвязь
4	данные	infostream	связь	понятие
5	количество	мониторинг	система	мониторинг
6	система	связь	информация	контент
7	взаимосвязь	веб	количество	источник
8	информация	контент	infostream	связь
9	информационный	источник	взаимосвязь	веб
10	источник	сообщение	информационный	сообщение
11	net	net	источник	net
12	мониторинг	новость	поиск	информационный
13	веб	информационный	net	новость
14	сообщение	село	мониторинг	село
15	infostream	количество	сообщение	выявление
16	выявление	выявление	веб	количество
17	корпус	стабильность	контент	стабильность
18	контент	перепечатки	выявление	Григорьев
19	новость	параллельный	корпус	перепечатки
20	интернет	дубликат	интернет	параллельный

综合对照两组高频词和关键词,可知 Ландэ Д. В. 的主要研究领域为**文本挖掘**、**信息流监控**、**事件抽取**,涉及**概念**、**联系**、**数据**、**系统**、**网络**、**信息源**、**信息流**、**抽取**、**平行语料库**、**内容**、**稳定性**、**重复**等问题,其研究与 **Григорьев** 的理论有关。在论文数据库中以定性研究方法进行复查,可验证统计结果的正确性。需要补充的是:Ландэ Д. В. 讨论了信息搜索的问题。

3.5　关于统计数据的讨论

3.5.1　进行初步数据统计的意义

应当说,我们在本章中对高频作者的论文的高频词和关键词初步进行了全面的数据统计,这是一项基础性的定量研究工作,尽管距离深入挖掘每位作者的思想精髓还有相当长的距离，但初步的全面统计本身就已经是一项收获，其意义主要体现在以下三个方面。

一是对俄罗斯计算语言学界的重点学者进行了宏观的、全景式的展示。因“对话”会议自2000年至今已有23年的近2400篇论文，数量之大，使得我们无法在短期内通读并总结所有论文。而以人物为切入点，对其涉及的论文进行全面的数据统计则是一种行之有效的方案，从一个特定的角度较为宏观地展示了俄罗斯计算语言学态势的全貌。这样的统计具有鲜明的宏观性，使得知识库的使用者可以对当前俄罗斯计算语言学的全景有一个大致的印象。

二是该基础性的定量统计研究为定性分析提供了实证主义的论据。对于这些高频作者中的每一位而言，我们都可以在网络上搜索其个人信息，也可以通读“对话”会议中的相关论文，从而对其研究成果及思想精髓以定性研究方法进行总结。而定量统计是从另一个方面对定性研究方法的结论进行佐证或是补充。众所周知，英美语言学界较为推崇定量研究方法，以实证数据说话，这也成了当代语言学研究的主流。因此我们在本书中尝试用定量研究方法来对传统的研究做一补充，试图用定量统计数据来为俄罗斯计算语言学的相关学者和子领域分析提供证据。如果定量、定性两种研究方法反映出作者的研究兴趣和特长是一致的，那么两种研究方法就互相印证了彼此的正确性，也就是说，定量统计数据可为定性分析提供依据。而定性分析中忽略的问题或范畴可以在定量统计中进行补充，反之亦然。如果定量统计数据对作者的反映不完整，那么也需要以定性分析梳理的内容进行补充。

三是本章的统计工作为未来深入地去挖掘每位作者的研究特长提供了一个基础性的数据参考，这有助于我们及学界同人在将来的研究工作中继续挖掘每位作者的思想和成就。我们非常清楚，这些高频作者中的每一位都具有相当大的研究价值，单单进行初步的统计还是远远不够的。当前，我们首要工作是以多位高频作者为线索，率先对重点人物涉及的论文的高频词和关键词进行初步全面统计，这为今后深入研究这些重点代表人物提供了初步宏观数据支撑。在今后的科研生涯中，我们还将持续关注这些学者的动态,深入挖掘每位高频作者的思想理论,力求更为深入地归纳这些俄罗斯计算语言学代表人物的理论贡献。

3.5.2　统计数据汇总

在本章中,我们按照高频作者作为第一作者的论文和参与撰写的所有论文这两种情况,对所涉及论文的高频词和关键词分别进行了统计。在关于每位作者的统计数据表中,我们分四列记录了统计结果。接下来,我们将作者的高频词和关键词统计数据表进行综合计算,分别找出四列中出现频率最高的30个词,然后再计算四列总计排名最高的30个词,试图以此来探究俄罗斯计算语言学界最为关注的热点问题或范畴。我们仍以四列来分别对相关的高频词和关键词的频率进行排序,最右边一列记录四列汇总后的排序。

表3.60　高频作者的论文所涉及的高频词和关键词的总体统计数据排序及全体汇总排序

排序	高频作者作为第一作者的论文		高频作者参与撰写的所有论文		四列词汇总计排名
	高频词总计排名	关键词总计排名	高频词总计排名	关键词总计排名	
1	значение	глагол	значение	глагол	речь
2	речь	говорящий	речь	говорящий	значение
3	тип	конструкция	тип	жест	тип
4	словарь	жест	словарь	семантический	словарь
5	говорящий	информант	говорящий	словарь	говорящий
6	система	речь	корпус	валентность	ситуация
7	информация	ситуация	время	запрос	глагол
8	ситуация	словарь	ситуация	интернет	объект
9	время	словосочетание	глагол	конструкция	конструкция
10	данные	частица	данные	синтагма	корпус
11	корпус	intonation	система	частица	время
12	глагол	particle	corpus	ЭДЕ	семантический
13	конструкция	Wordnet	информация	discourse	данные
14	объект	валентность	конструкция	semantic	система
15	семантический	дискурс	семантический	говор	информация
16	структура	дискурсивный	объект	дискурс	жест
17	описание	документ	поиск	знания	поиск

续表

排序	高频作者作为第一作者的论文		高频作者参与撰写的所有论文		四列词汇总计排名
	高频词总计排名	关键词总计排名	高频词总计排名	关键词总计排名	
18	перевод	знания	правило	значение	структура
19	поиск	идиома	синтаксический	идиома	перевод
20	связь	интернет	структура	информант	запрос
21	corpus	контекст	жест	контекст	правило
22	группа	параллельный	перевод	перевод	существительное
23	правило	поиск	существительное	представление	синтаксический
24	синтаксический	представление	information	речевой	corpus
25	существительное	синтагма	запрос	синтаксический	знания
26	форма	сообщение	контекст	сообщение	контекст
27	discourse	субъект	описание	существительное	речевой
28	Апресян	тезаурус	речевой	тезаурус	термин
29	выражение	термин	термин	тон	интернет
30	высказывание	emotion	форма	фразеология	частица

从上述统计结果来看，当前俄罗斯计算语言学界最为关注的问题或范畴有**意义**、**言语**、**类型**、**词典**、**说话人**、**场景**、**动词**、**客体**、**构建**、**语料库**、**时间**、**语义**、**数据**、**系统**、**信息**、**手势**、**搜索**、**结构**、**翻译**、**查询**、**规则**、**名词**、**句法**、**知识**、**语境**、**术语**、**互联网**、**语气词**、**配价**、**话语**、**词组**、**组合**、**Wordnet**、**成语**、**语调**、**概念**、**主体**、**描写**、**词库**、**表述**、**情感**。这些方面的研究值得我们在未来给予特别关注。

在未来的科研工作中，我们将以这些词为搜索项，在论文语料库中以WordSmith Tools的Concord工具进行搜索，找出与这些主题关系最为密切的文章，从而进行深入的总结梳理。

3.6 本章小结

在本章中，我们所做的工作就是采用定量为主和定性为辅的方法，以人物和单位为线索，对俄罗斯计算语言学的研究成果和流派进行梳理。在所构建的俄罗斯计算语言学论文语料库和数据库以及前两章中的初步统计数据的基础上，以单位类别为框架，进一步梳理了俄罗斯计算语言学"对话"会议中作为论文第一作者且影响力较大的多位学者的研究重点。以此视角对当前俄罗斯计算语言学流派进行梳理。

在研究方法上，我们以定量统计的方法为主，对每位高频作者论文的高频词和关键词分两次进行统计，主要参考其作为第一作者的论文统计数据，同时参照其参与撰写的所有论文的统计数据。**这种定量统计的方法不仅较为直观地反映了每位作者高度关注的领域、问题及概念范畴，而且能够为我们探究俄罗斯计算语言学界重点学者的研究成果提供可信度较高的实证数据支撑**。在采用定量统计方法的同时，我们以定性研究方法为辅助，通过纵览高频学者的论文标题及摘要，对定量统计中得出的高频词和关键词进行验证。事实证明，**定量研究方法和定性研究方法是一套切实可行的研究方案，很好地实现了彼此印证和相互补充**。

在后面两章，我们将继续运用所构建的论文语料库和数据库，以特定子领域为线索，梳理俄罗斯计算语言学的最新研究成果。

第 4 章　语料库语言学子领域定量研究

上一章中,我们以人物为线索梳理了俄罗斯计算语言学界重点高频第一作者的研究领域和专长。在本章,我们将以语料库语言学子领域为例,探索应用已建成的论文知识库针对特定领域或具体问题展开专项研究的方法。

在自建俄罗斯计算语言学论文语料库的基础上,定量统计俄罗斯语料库语言学子领域的最新学术论文,以统计数据为线索,结合定性研究方法,梳理 21 世纪俄罗斯语料库语言学最新进展;介绍俄罗斯计算语言学界的新型语料库建设情况、语料库应用方法及语料库语言学理论方面的成果。

4.1　俄罗斯语料库研究相关统计数据

我们所构建的论文语料库和论文数据库是一个具有系统性的宝库,其中包含了 21 世纪俄罗斯计算语言学研究前沿的多个方面和子领域。在论文语料库的高频词和关键词梳理中,我们找出诸如语料库语言学子领域、语义计算子领域、文本分析子领域、言语分析子领域、机器翻译子领域、多义问题、信息传递与抽取问题等当今俄罗斯计算语言学高度关注的方向领域或具体问题。俄罗斯的语料库语言学研究前沿也体现在与其密切相关的高频词和关键词中。

4.1.1　俄语文本统计

以相关高频词和关键词为突破口,运用 WordSmith Tools 的 Concord 搭配功能进行统计,可以找出与这些高频词或关键词关系密切的搭配和论文,便于我们结合定性研究的方法进行总结归纳。我们先以俄语词“корпус＊[①]”为搜索词,在论文总语料库中进行检索,可以得出以下统计数据:

1)语料库中以 корпус 开头的词形中,比较高频的有 корпуса(2459 次)、корпус(1654 次)、корпусе(1334 次)、корпусов(616 次)、корпусной(177 次)、корпусная(165 次)、корпусу(156 次)、корпусах(151 次)、корпусом(130 次)、корпусного(104 次)。

2)与“корпус＊”相搭配的词形中,去除虚词等干扰项并排除形态变化的因素,左边第一位比较高频的有 национальный、звуковой、речевой、создание、разметка 等,左边第二位有 материал、текст、разметка、синтаксически、семантически 等,左三有 текст、разметка、материал、создание、анализ 等,右一有 текст、русский、лингвистика、исследование、параллельный 等,右二有 язык、текст、устный、рассказ、речевой 等,右三有 речь、НКРЯ、текст、язык、WWW 等。

在左右各三词的搭配区间中,与搜索词最近的左一和右一位置上的高频搭配词研究价值最高,因此我们将搭配频率超过 15 次的搭配词都梳理出来。左一位置上搭配频率超过 15 次的还有:конференция、материал、русский、интернет、текстовый、размеченный、параллельный、сновидение、основной、текст、аннотированный、основа、объем、большой、анализ、данные、диалектный、устный、представительный、часть、опыт、проект、обучающий、уппсальский、помощь、репрезентативность 等。右一位置上搭配频率超过 15 次的还有:данные、НКРЯ、устный、современный、МУРКО[②]、публ.、ОРД[③]、пример、звучащий、СМИ、АКУЕМ[④]、материал、ruTenTen、один、диалектный、подход 等。

3)从该搜索词在语料库的每篇论文中的分布图(plot)(图 4.1)来看,排在最前的 3 篇论文中“корпус＊”均出现了 100 次以上,而出现了 50 次以上

---

① 星号“＊”在 WordSmith Tools 中代表任意字符串。

② МУРКО 团队(Команда МУРКО)是俄语国家语料库(НКРЯ)的研发者。

③ Один речевой день 的缩写。

④ Акустический корпус украинской эфирной речи 的缩写。

的有22篇论文,出现了30次以上的有59篇论文,出现了20次以上的有109篇论文。在研究俄罗斯语料库语言学时应当对这些论文给予高度关注。

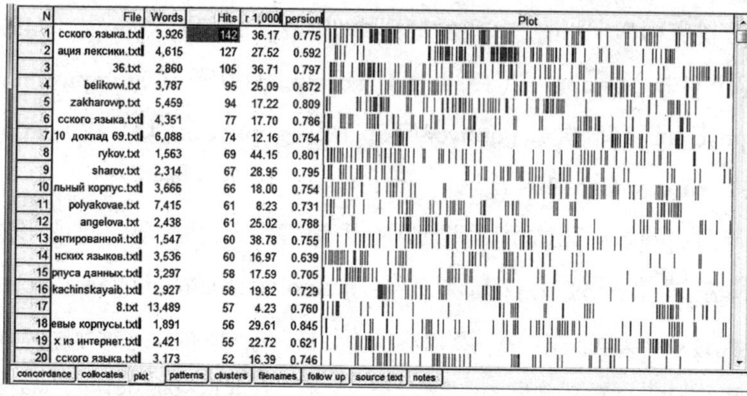

N	File	Words	Hits	r 1,000	persion	Plot
1	ского языка.txt	3,926	142	36.17	0.775	
2	ация лексики.txt	4,615	127	27.52	0.592	
3	36.txt	2,860	105	36.71	0.797	
4	belikowi.txt	3,787	95	25.09	0.872	
5	zakharowp.txt	5,459	94	17.22	0.809	
6	ского языка.txt	4,351	77	17.70	0.786	
7	10 доклад 69.txt	6,088	74	12.16	0.754	
8	rykov.txt	1,563	69	44.15	0.801	
9	sharov.txt	2,314	67	28.95	0.795	
10	льный корпус.txt	3,666	66	18.00	0.754	
11	polyakovae.txt	7,415	61	8.23	0.731	
12	angelova.txt	2,438	61	25.02	0.788	
13	ентированной.txt	1,547	60	38.78	0.755	
14	нских языков.txt	3,536	60	16.97	0.639	
15	рпуса данных.txt	3,297	58	17.59	0.705	
16	kachinskayaib.txt	2,927	58	19.82	0.729	
17	8.txt	13,489	57	4.23	0.760	
18	евые корпусы.txt	1,891	56	29.61	0.845	
19	х из интернет.txt	2,421	55	22.72	0.621	
20	ского языка.txt	3,173	52	16.39	0.746	

concordance | collocates | plot | patterns | clusters | filenames | follow up | source text | notes

图4.1 搜索词"корпус *"在每篇论文中的分布图(plot)

4)从簇(clusters)的统计来看,"корпус *"构成的高频词组有 корпус русского языка、национальный корпус русского、в национальном корпусе、конференция корпусная лингвистика、в корпусе текстов、по корпусной лингвистике、на материале корпуса、звуковой корпус русского、корпусное исследование устного 等。

以上统计数据为我们锁定该领域的关键问题和重点论文提供了可资借鉴的线索和依据。

4.1.2 英语文本统计

同样的方法我们再以英语词"corpus/corpora"为搜索词进行检索和统计,得出我们需要的数据和信息如下。

1)我们构建的论文语料库中单数 corpus(3626次)比复数 corpora(1297次)出现频率更高。

2)与 corpus 或 corpora 相搭配的词形中,去除虚词等干扰项并排除形态变化的因素,左边第一位比较高频的有 national、parallel、text、annotated、speech 等,左边第二位有 russian、web、large、british、journal 等,左三有 russian、international、words、dictionary、texts 等,右一有 linguistics、based、data、study、size 等,右二有 russian、study、spoken、modern、texts 等,右三有 language、UK、 everyday、spoken、linguistic 等。

同样，我们将与搜索词最近的左一和右一位置上频率超过 15 次的高频搭配词都梳理出来。左一位置上还有：training、large、russian、web、test、annotated、http、learner、english、bilingual、tagged、whole、conference、brown、review、ruTenTen、comparable、internet、target、type 等。右一位置上还有：annotation、RNC、contain、analysis、leeds、using、workshop、statistics 等。

3）从该搜索词在语料库的每篇论文中的分布图（plot）（图 4.2）来看，排在最前的论文中 corpus 或 corpora 出现了 90 次，而出现了 50 次以上的有 10 篇论文，出现了 30 次以上的有 26 篇论文，出现了 20 次以上的也有 61 篇论文。这些英语论文也应重点关注。

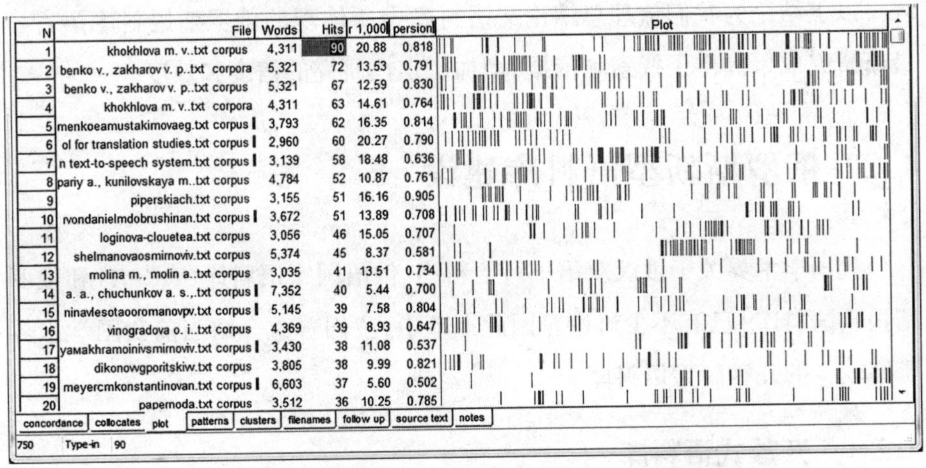

N	File	Words	Hits	r 1,000	persion	Plot
1	khokhlova m. v..txt corpus	4,311	90	20.88	0.818	
2	benko v., zakharov v. p..txt corpora	5,321	72	13.53	0.791	
3	benko v., zakharov v. p..txt corpus	5,321	67	12.59	0.830	
4	khokhlova m. v..txt corpora	4,311	63	14.61	0.764	
5	menkoeamustakimovaeg.txt corpus	3,793	62	16.35	0.814	
6	ol for translation studies.txt corpus	2,960	60	20.27	0.790	
7	n text-to-speech system.txt corpus	3,139	58	18.48	0.636	
8	pariy a., kunilovskaya m..txt corpus	4,784	52	10.87	0.761	
9	piperskiach.txt corpus	3,155	51	16.16	0.905	
10	rvondanielmdobrushinan.txt corpus	3,672	51	13.89	0.708	
11	loginova-clouetea.txt corpus	3,056	46	15.05	0.707	
12	shelmanovaosmirnoviv.txt corpus	5,374	45	8.37	0.581	
13	molina m., molin a..txt corpus	3,035	41	13.51	0.734	
14	a. a., chuchunkov a. s.,.txt corpus	7,352	40	5.44	0.700	
15	ninavlesotaooromanovpv.txt corpus	5,145	39	7.58	0.804	
16	vinogradova o. i..txt corpus	4,369	39	8.93	0.647	
17	yaмakhramoinivsmirnoviv.txt corpus	3,430	38	11.08	0.537	
18	dikonowgporitskiw.txt corpus	3,805	38	9.99	0.821	
19	meyercmkonstantinovan.txt corpus	6,603	37	5.60	0.502	
20	papernoda.txt corpus	3,512	36	10.25	0.785	

concordance　collocates　plot　patterns　clusters　filenames　follow up　source text　notes

750　Type-in　90

图 4.2　搜索词 corpus 或 corpora 在每篇论文中的分布图（plot）

4）从簇（clusters）的统计来看，corpus 或 corpora 构成的高频词组有 russian national corpus、corpus of russian、a corpus based、of corpus linguistics、web as corpus、russian web corpus、annotated corpus of、the test corpus、a large corpus、national corpus RNC、the training corpus、british national corpus 等。

4.1.3　统计数据小结

为全面分析俄罗斯计算语言学界当前的语料库语言学研究情况，我们将俄语词和英语词的统计结果进行汇总对比，可以得出以下结论。

1）无论是以俄语词检索还是以英语词检索，“语料库”一词的单数使用频率都高于复数。

2）与核心词“语料库”距离较近、共现频率较高的搭配词处于俄罗斯语料库语言学研究的热点范围内，且这些词所对应的概念属于语料库语言学语境下的重点相关范畴。从词汇概念网络的视角来看，它们从“语料库”核心概念发散出来，形成与其关系最近的第一层相关概念网。簇的统计印证了这一点，上述重点相关概念在高频词组中同样有所体现。

3）从搜索词在语料库的每篇论文中的分布图（plot）来看，搜索词出现频次越高的文章，其与语料库语言学研究的关联性越强，研究价值越大，是我们优先参阅的论文。

以上结论为我们梳理总结论文语料库中所体现的俄罗斯语料库语言学最新研究成果提供了线索和依据，增加了定性研究的信度和效度。

4.2 俄罗斯新型语料库建设

我国学术界关于俄汉双语平行语料库、俄语国家语料库（НКРЯ）和俄罗斯报刊语料库[①]已有不少讨论。因此本节中，我们着重介绍当前我国学术界了解较少的几种新型语料库。

4.2.1 开放式语料库

俄语开放式语料库（Открытый корпус русского языка）是一个自由开放项目，从2009年开始建设，其目标是打造一个形态、语法和语义均标记了的俄语文本语料库，对研究者完全开放，且用户可自由编辑。俄语开放式语料库项目的主要工作为：1）建立已标记的文本库；2）为用户提供标记编辑或纠错操作的界面；3）编写程序工具，对标注进行质量监控；4）制定俄语文本标注的标准。

① Компьютерный корпус текстов русских газет конца XX-ого века，参见 http://www.philol.msu.ru/~lex/corpus/。

建立标记好的熟语料库是一个非常艰苦的过程,需要许多人花费大量的时间和精力,因此语料库通常是由公共机构的研究人员靠团队力量来建设的。语料库建成后,研究人员可以用其来解决各种问题,有时候语料库的用处甚至大得超出当初建设者们的设想。为了给学术界带来最大益处,俄语开放式语料库不仅向用户开放浏览访问接口,同时其全部语料可供完全免费下载使用。

该语料库之所以被称为"开放式",一是因其采用的语料是互联网上开放的可以自由下载使用的文本;二是语料库开放给任何网络用户,允许其参与语料库文本的标注和修改;三是网络用户可以向语料库提交自己的文本,请其代为标注。语料库的这种开放式众包(crowdsource)的方式将语料处理任务分解成若干小任务,运用网络许可的处理程序,交给互联网上众多不具备语言学专业知识的网友进行处理,从而使得语料库得以不断更新和扩大。

这种众包的方式在语料库建设方面的较早成功案例为 Tatoeba(源于日语"例えば",意为"例如")项目,由越南裔法国人 Trang Ho 于 2006 年始创。该项目是一个"句子及其翻译的集合"①,允许使用者在其网站上自由添加或修改意义相同的不同语言的句子或成语。其开始仅是基于英语和日语的语料库,目前的语言数量已超过 80 种,句子数量超过 60 万。任何人都可以添加新句子及其翻译或修改现有的句子及其翻译,需要时可免费下载所有语言语料的全部或任一部分。逐渐地,该项目的开放语料"作为机器自学习的独特资源得到广泛认可"②。

4.2.2 大型互联网语料库

俄语互联网总语料库(ГИКРЯ)是由俄罗斯国立人文大学、ABBYY 公司、莫斯科物理技术学院的学者联合开发的巨型海量语料库,此外,莫斯科国立大学和英国利兹大学也给予了协助。ГИКРЯ 收集的语料均来自俄语互联网资源,包括新闻、BK 社交网、生活杂志、mail. ru 博客及杂志吧

① 见其网站说明 http://tatoeba. org/zh-cn。

② 参见介绍 https://ru. wikipedia. org/wiki/Татоэба。

(Журнальный Зал)和一些论坛,语料的收集和标注均采用计算机程序自动完成(Беликов 等 2012)。ГИКРЯ 项目不定期组织研讨会,并欢迎相关领域的研究者和爱好者参与项目研究。

语料下载采用高度可扩展网络爬虫 Apache Nutch①,然后清理网页垃圾,用"3+5"算法(Зеленков 等)进行查重。ГИКРЯ 自行编制了分词器,形态标注采用 TnT-Russian 程序(Sharov 等),形态词典还参考了 Yandex 研发的 Mystem 程序②,标记集采用了俄罗斯广泛使用的 MULTEXT-East 俄语编码③,对于词典中的未登录词使用 cstlemma 程序④处理,此外,ГИКРЯ 还正在开发拼写自动纠错模块(Шаврина 等)。

Benko 等(2016)介绍了斯洛伐克建设的超大型互联网俄语语料库 Araneum Russicum⑤,并讨论了其建设和利用中存在的问题。在当今的互联网大数据信息时代,英国语言学家 Kilgarriff 等人提出了"网络即语料库"的思想,也就是 WaC(Web as Corpus),语料库规模的目标从世纪初的 1 亿词次提升到了 100 亿词次。此类超大型语料库的建设需要解决以下 7 个基本问题:1)下载互联网上的海量数据,提取文本信息,进行编码标准化;2)识别下载的文本的语言,删除"不正确"文件;3)将文本切分为段落和句子;4)删除重复的内容(相同或部分相同的文本片段);5)分词,将文本切分为词;6)语言学(形态或句法)标注,词形还原和注解;7)将建成的语料库上传到语料库管理器(即建立索引结构),使得用户可在线访问查询语料库。当前,Araneum Russicum 俄语语料库总集已达到 100 亿词次,人们在总集中抽取了 10%和 1%的语料建立了中型和小型两个样本集。此类超大型语料库在词的查询分析方面具有更大的覆盖率和更全面的代表性,也能够体现网络语言中的最新变化,但同时须承认,在精确性上它无法取代传统的中小型人工筛选语料

① 网站为 http://nutch.apache.org/。

② 参见 https://tech.yandex.ru/mystem/。

③ 参考 http://corpus.leeds.ac.uk/mocky/msd-ru.html。

④ 参考 https://github.com/kuhumcst/cstlemma。

⑤ 是斯洛伐克布拉迪斯拉发夸美纽斯大学创建的 Aranea 系列多语种互联网语料库(http://ucts.uniba.sk/aranea_about/)中的俄语语料库,参考 http://ucts.uniba.sk/aranea_about/_russicum.html。

库。超大型网络语料库的三个亟待解决的问题可以归结为:语言标注的问题(即词形还原和标记)、元数据的问题(当前主要指"文本基本信息标注")以及文本数据查重和清理的技术。

值得注意的是,ГИКРЯ 对语料进行了文本基本信息标注(метатекстовая разметка),对来自社交网络的每个文本都标注了原网页上文字的书写时间地点、URL、文本体裁(博客、新闻等等)、作者性别、作者出生时间地点等信息。在 ГИКРЯ 界面上可以通过以上指标对文本语料进行查询,还可对查询结果进行归类。该标注方法在应用语言学研究中可用于对文本进行自动的地区、体裁、性别、年龄分类,这些区别特征还有助于拼写纠错和歧义消解。这种对文本基本信息进行标注的方法是同类的 Araneum Russicum 语料库所不具备的。

在当今的互联网时代,这种大数据互联网语料库建设无疑是一个值得关注的发展趋势。ГИКРЯ 开发团队力求兼顾语料库的规模和语料的平衡性(Беликов 等 2013),目前 ГИКРЯ 已达 150 亿词次,未来的目标是建成 500 亿词次的巨型语料库[①],且实现文本的自动标注和纠错,从而为语言学研究者提供一个"已标注、已查重、来源为多种类型网页、标注了文本基本信息、专门为语言学分析建立了索引"的语料库。

4.2.3 声音言语语料库

Кривнова 等 2001 年就已提出仿效美国的 TIMIT 语音言语语料库构建俄语的言语语料库,并将涉及俄语言语语料库构建的基本问题分为四类:技术问题、内容问题、结构问题和具体操作问题。

4.2.3.1 俄语声音语料库

俄语声音语料库(Звуковой корпус русского языка)由圣彼得堡国立大

① 当前最大的俄语互联网语料库为英国人 Kilgarriff A. 建成的 ruTenTen 语料库,达到 160 亿词次,参考 https://the. sketchengine. co. uk/。此外,还有英国利兹大学建设的 RuWac 语料库,20 亿词次,参考 http://corpus. leeds. ac. uk/ruscorpora. html,以及瑞典乌普萨拉大学建设的乌普萨拉俄语语料库(Уппсальский корпус русского языка, The Uppsala Russian Corpus),参考 http://www. moderna. uu. se/slaviska/ryska/corpus/。

学(СПбГУ)的学术团队研发[①],从交际符号学的角度对自然语言的声音形式(звуковая форма)进行整合建模,以实现以下研究目标:1)收集母语者的言语材料,并使用计算机表示和处理这些材料;2)对这些声音言语进行多层次标注;3)对这些声音言语进行语言学分析;4)研究言语语法的基础;5)建立和研究声音言语资源及多媒体产品。Степанова 等(2008)、Богданова 等(2009、2010)、Богданова-Бегларян 等(2015)讨论了俄语声音语料库构建的原则方法。

俄语声音语料库的语料分为两个模块。一个模块是"言语的一天"(Один речевой день),记录 40 位母语者(20 位男性、20 位女性)一天或几天里的真实自发言语(спонтанная речь)。每位受试发音者需要填写社会和心理问卷调查表,心理语言学家通过研究问卷调查表和听取言语录音可以确定每位受试者的心理类型。"言语的一天"模块是语料库最重要的部分,它包含的是受试发音者(информант)及其交际者(коммуникант)间的真实言语语料和言语行为,在言语自动识别和言语综合等应用语言学研究课题中具有重要意义,还为观察俄语的社会现状提供了第一手材料。另一个模块是"经过语言学均衡处理的(лингвистически сбалансированный)材料录音",录音在特定交际情景(阅读文本、转述文本或描述画面等)条件下进行,自发性的程度不同,100 位受试者分别来自不同社会群体和职业(医疗工作者、法律工作者、大学生、大学老师等)。

在语料库中可以根据词形或者受试者的编号以及社会心理特征进行搜索。语料库总规模为 450 小时的录音,1100 个 WAV 格式的文件,其中包含 268 小时的声音言语。库中已标注的语料为 50 小时的录音,标注软件为 ELAN 程序[②],分 8 个层级进行分割标注,处理完成后共保存 125 个 EAF 格式[③]的已标注文件,包含 33.8 小时的声音言语,24.4 万词次。最后形成的

① 项目带头人阿西诺夫斯基·亚·谢(Асиновский А. С.)研究俄罗斯土著民族语言 20 多年,在圣彼得堡的俄罗斯科学院语言研究所(ИЛИ РАН)领导语言研究自动化实验室 11 年,主要带头从事俄语和俄罗斯其他民族语言的语言资料库研究。现为圣彼得堡国立大学语文系副主任。

② 专门对视频和音频进行标注分析处理的软件,参考 https://tla.mpi.nl/tools/tla-tools/elan/。类似的语音语料处理软件还有 Praat 语音学软件,参考 http://www.fon.hum.uva.nl/praat/。

③ 使用 ELAN 程序标注后的语音语料一般保存为".eaf"格式的文件。

Access 数据库包含 14 个基本表格,保存了所有已标注和未标注的声音语料。

4.2.3.2 关于做梦的叙述和其他声音言语语料库

俄罗斯计算语言学界的另一个声音语料库为“关于做梦的叙述和其他声音言语语料库”①。该语料库由俄罗斯科学院语言学研究所、俄罗斯国立人文大学、莫斯科国立大学和新西伯利亚国立技术大学的学者研发。项目对话语语料进行了三种方式转录(транскрипция)②,用可视化图形手段来记录录音中的声音,以反映伴随自发口语话语的生成且在很大程度上决定语言表达形式的最重要的话语现象。语料分为两大部分:一部分是俄罗斯人的口语自述,包括“关于做梦的叙述”“西伯利亚人关于生活的叙述”“生活中有趣的经历”三个子语料库;另一部分是关于“礼物”和“滑雪”的一组多语种子语料库,录音为受试针对两个主题各一组画面展开即时叙述和一段时间之后的回忆转述,涉及俄语、亚美尼亚语和日语三个试验语种的三个子语料库③。该项目的所有语料均为独白叙述(монологический нарратив),这些自发言语最为适合进行转录及相应的言语分析。

上述两个语料库的突出特点是对音频语料的处理加工和利用,这种音频语料库的开发利用是俄语语料库语言学的一个新的增长点,利用语音语料可以分析文本语料无法提供的声音信息和数据,在语音识别、合成、分析方面都有广泛的应用前景,语音语料的处理工具也在不断更新,功能越来越强大,将是未来语料库建设的一个重要发展方向。

4.2.3.3 旨在语音合成的语音语料库

构建声音语料库的另一个发展方向是文本到语音的自动合成(Text-to-Speech,TTS)。Solomennik 等(2012)讨论了语音合成所需的文本语料库的自动生成方法,终极目标是通过文本到语音的自动合成建立一个平衡的语音

① 俄语表述为 Рассказы о сновидениях и Другие корпуса звучащей речи。在我国,类似的研究型声音语料库常称为“语音语料库”或“语音库”,例如中文语言资源联盟的语音库,参考 http://www.chineseldc.org/resource_list.php? begin=0&count=20。

② 即最小转录、简化转录和完全转录,详见 http://spokencorpora.ru/showtranshelp.py。

③ 详见 http://spokencorpora.ru/showcorplist.py。

数据库。合成语音的自然性和可读性是建立高品质语音数据库的必要条件,因此需要专门为其创建一个特定的语音平衡文本语料库,并编制适合俄语语音的文本语料筛选程序。Solomennik 等(2012)提出的文本语料库自动生成程序是俄语语音合成系统 VitalVoice[①] 的一部分,该程序能够自动生成不遗漏语音单位的文本语料库,以便实现所有语音单位的 TTS 合成。VitalVoice 的语音转录系统区分出 59 种单音(monophone),包括 19 个元音和 40 个辅音,在此基础上还有双音(diphone)和三音(triphone)等组合。将此自动生成文本语料库与一些任意的文本语料库进行对比的统计结果显示:自动生成的文本语料库在双音和三音组合中均无遗漏;而任意的文本语料库则发生了双音和三音组合的遗漏,其中三音组合遗漏较多。此外,在自动生成文本语料库的过程中还考虑到了应对语音单位的语调变体的若干方法,并且讨论了进一步改善该程序算法的可能性。

关于语音合成的数据库问题,Chistikov 等(2012)使用了具有语音特征的隐马尔可夫模型来自动生成言语数据库,语音特征集的构建则基于话语中的每一个音位变体的语言和韵律特征。而 Hetsevich 等(2012)介绍了白俄罗斯国家科学院信息学问题联合研究所开发的 NooJ 语音合成系统,该系统为语音合成领域的语言学问题建模提供了功能强大的程序平台,系统中的算法可以将俄语和白俄罗斯语两种语言的词典转换为 NooJ 可处理的格式,词典中保留所有的词汇、语法和口音信息。NooJ 词典有助于词汇和语法范畴以及音节重音的标注,由此根据单词的语法和词形信息可以在文本中搜索相应顺序的词串。

① 该系统由白俄罗斯"言语技术"公司开发,详细介绍见 http://www.speetech.by/techno/vitalvoice#fragment-1。

4.2.4 视频多媒体语料库

4.2.4.1 俄罗斯手语语料库

俄罗斯手语语料库(Корпус русского жестового языка)由新西伯利亚国立技术大学的学术团队建成。[①] 该语料库由以下三个子系统构成:1)语料可视化子系统,包括 ELAN 转录程序句法分析器、HTML5 视频播放器、转录表示体系;2)数据管理子系统;3)搜索查询子系统。

手语多用于聋哑人,其语料形式与发声语言语料有所不同,均是手语录像。因此,项目运用 ELAN 程序对这些录像语料进行标注处理,分标准标注和简化标注两种。标准标注分为四层:右手注解、左手注解、文字翻译、其他注释,在右手注解和左手注解两层建立了标记符号集,而简化标注只有文字翻译一层。

该项目收录了莫斯科和西伯利亚两地手语者的语料,兼顾了俄罗斯手语的通用性和地区差异两个因素,并对受试手语者和语料录像地点进行了基本信息(метаданные)标注,可以使用这些指标对语料进行搜索、查询和分类。目前,语料库可以实现以下功能:1)浏览已标注的视频语料;2)查看受试手语者的基本信息,包括性别、年龄、耳聋程度、常住地、习得手语的时间和学习条件;3)依据语料的基本信息(语料类型、录制地点、涉及话题、录制时间、受试手语者)进行分类;4)在单独的语料文件中或一组分类语料文件中,在特定标注层搜索查询词素或语法范畴。

俄罗斯手语语料库是视频语料库的一个雏形。与音频语料库相类似,视频语料库也是俄语语料库建设领域一个值得关注的发展方向。不过视频语料的处理更为复杂,除声音信息处理技术以外,还增加了图像识别与分析技术,这相对于音频语料库而言将是一种更为复杂的新型语料库。

---

① 我国类似的手语语料库介绍可参考 http://blog.sina.com.cn/cslylk。

4.2.4.2 多媒体俄语语料库

另一个重要的视频多媒体语料库是 НКРЯ 建成的 МУРКО 视频音频子语料库(Мультимедийный русский корпус)[①]。МУРКО 中目前包含了 18.7 万余个视频和音频片段,而且还有这些多媒体片段所对应的俄语口语文本,总计 89 万余句子,433 万余词次。这些资源可用于对俄语口语开展深入研究,视频音频片段不仅配有相应的口语文本,还在多媒体文件中呈现出真实的俄语语音、反映出其伴随的手势。根据 МУРКО 多媒体俄语语料库的设计和构建理念,其首要目标是便于语音、语调和身势语研究,同时也可用于对外俄语教学。关于多媒体片段的检索和查询,语料库的查询网页上提供了诸多筛选条件,包括说话人的性别、使用语言、言语行为的各种分类、手势的不同种类等。此外,Кудинов М. С. 等(2009)讨论了 МУРКО 的自动标注方法。

4.2.5 方言及民族语言语料库

萨拉托夫国立大学的 Крючкова 等(2011)建立了萨拉托夫方言语料库(СарДК),用以研究俄语方言言语,总结了方言语料库构建的八个评价指标:1)方言语料的选择标准和方言语料库的代表性;2)语料库中言语连续体的切分原则;3)文本片段切分后的输出参数;4)语料库中方言文本的表现形式;5)文本标注的类型和规则;6)方言文本的基本信息标注;7)方言语料库中非语言学信息的表示;8)用于方言学研究的用户查询最优方法。

此外,俄罗斯计算语言学界还关注到一些周边国家和民族语言以及俄罗斯国内少数民族语言的语料库建设。Хуршудян 等(2009)介绍了东亚美尼亚语语料库[②],涵盖了 19 世纪中期至今的东亚美尼亚语文本。Ангелова(2004)构建了保加利亚中学书面语文本语料库。Муталов(2009)讨论了达

① 详细介绍见其网站 http://www.ruscorpora.ru/instruction-murco.html,语料库查询页面为 http://ruscorpora.ru/search-murco.html。

② 见语料库网址 http://www.eanc.net/。

吉斯坦地区六种当地语言①的语料库建设问题。

4.2.6 平行语料库

Ландэ 等(2009)论述了借助自动搜索工具建立网络出版物文本俄乌双语平行语料库的方法。与传统双语平行语料库依靠人工选取语料的方法不同,该俄乌平行语料库的语料通过信息搜索引擎在线搜索两种语言文本的信息重复,通过信息查重可以自动寻找并收集内容相同的双语语料,从而高效地建立一个“准双语平行语料库”②。自动信息查重的步骤可归纳为:先建立频率形态词典,再建立双语翻译词典,然后确定双语文本中的参考词(опорные слова),最后确认信息重复。在实际操作层面,首先将大量歧义词形在测试集中计算生成频率形态词典,利用频率形态词典进行消歧,然后运用矢量模型计算文本中权重系数比较高的词,将其作为双语文本的参考词,再在 InfoStream 系统的基础上开发出信息查重搜索程序,进行双语语料的搜索和下载。

Kutuzov 等(2012)介绍了由秋明国立大学和国家研究型大学高等经济学校合作研发的针对俄语学习者建立翻译平行语料库(Russian Learner Parallel Corpus)的项目,旨在利用翻译中的不完善实例来研究翻译的评估方法,改善翻译质量。现有的平行语料库大多包含的是正确的译文,而该项目的目标是创建一个足够大的语料库,包含的是翻译质量并不完善的俄文和英文文本及其来源,并使用该语料库作为翻译研究的工具,研究那些译文中涉及的翻译错误。该语料库同时是计算语言学的宝贵资源,因为它提供的错译数据可用于翻译评估,进而为改善机器翻译系统的翻译质量提供依据。该语料库③可在网上进行访问,初期规模为 50 万词次,当前还在不断增补语

---

① 分别是:阿瓦尔语,达尔金语,列兹金语,拉克语,库梅克语,塔巴萨兰语(аварский, даргинский, лезгинский, лакский, кумыкский, табасаранский языки)。

② 之所以称其为“准双语平行语料库”,是因为自动查重会出现错误率,因此相对于人工选取语料的传统平行语料库而言,这个用自动查重方式收集的语料库中不能保证双语语料百分之百的一一对应。

③ 该语料库别称为 Russian Learner Translator Corpus(RusLTC),截至 2015 年 6 月规模达 150 万词次,网址为 http://rus-ltc.org/。

料。语料的主要来源是在俄罗斯大学的留学生所做的翻译文本。

НКРЯ的平行子语料库建设近年也得到长足发展,现有多个语种与俄语相对齐的平行子库,有些以俄语为源语言,有些以其他语言为源语言。比较成熟的对齐平行子库包括英俄、俄英、德俄、俄德、法俄、俄法、西俄、俄西、意俄、俄意、波兰语俄语、俄语波兰语、乌克兰语俄语、俄语乌克兰语、白俄罗斯语俄语、俄语白俄罗斯语以及多语种子库。[①] 此外,还有俄语与亚美尼亚语、保加利亚语、布里亚特语、汉语、拉脱维亚语、瑞典语、爱沙尼亚语等语种间的小型平行子库。[②]

4.2.7 专门用途语料库

从2002年开始,圣彼得堡国立大学数理语言学教研室和俄罗斯科学院语言研究所(ИЛИ РАН)建设了语料库语言学领域的俄语文本语料库(Митрофанова 等,2009: 322),并据此研究俄语语言学文本,简单说来,这实质上是一个"俄语语言学语料库"。

坦佩雷大学现代语言与翻译学学院的Михайлов等(2008)以司法话语语料为例构建了法庭口译语料库(CoInCoUT)。此语料库是口语语料库和平行语料库的结合,标注重点为交际信息、韵律信息和语言外信息。该语料库容量并不大,包含了8个诉讼案中对被告和证人的询问及俄语与芬兰语互译的录音,总时长14小时,共有3名译员参与口译。值得注意的是,该语料库对不同录音中的话语以文字、韵律要素和标注要素的形式存入Postgresql数据库的不同表格中,却并未进行语音转录和标注,说明其研究重点在于话语的内容、韵律和语言外交际信息,而不在于语音。在该口译平行语料库中对源语和译语的交际、韵律和语言外信息的标注对于研究口译现象有很大意义,标注的要素有语调、音量、语速、停顿、修改、重复、补充说明等,可以直观地反映出源语者和译者的话语特点。此外,该语料库还体现出法庭口译的翻译单位的灵活性,有时问答短至一两个词,有的问答很长,相当于一个语

① 参考 http://www.ruscorpora.ru/corpora-structure.html。

② 参考 http://www.ruscorpora.ru/search-para-en.html。

段或语篇,有时中间还会被法官或律师打断等,不同的口译单位,也值得区别研究对待。

Gornostay 等(2009)讨论了旨在优化自动生成图像描述的地名引用多语言文本语料库的创建和应用。对互联网上快速增长的图形信息自动生成描写是一个很具发展前景的研究方向,可对特定题材的系列文件使用自动摘要的方法来进行描写。以互联网上多语言的维基百科为语料,创建和使用面向对象的多语言语料库,不同语种互为补充,可以优化自动文摘任务。Gornostay 等(2009)用英语、德语、意大利语和拉脱维亚语等四国语言的百科词条建立了面向对象的多语言语料库,运用 Is-A 模型来识别语料库中的对象类型,根据对象类型对百科内容进行了分类,自动进行多文件摘要,生成地名图像描述。

4.2.8　俄语国家语料库的新进展

我国俄语界对于俄语国家语料库(НКРЯ)并不陌生,许汉成(2005)、李绍哲(2016)、王臻(2007)、陈虹(2012)等很多学者都曾介绍和讨论过 НКРЯ 的建设、应用和标注等问题。事实上,НКРЯ 在近年也有很多新进展,目前除主语料库外,还有深度标注句法子库、报刊子库、平行子库、方言子库、诗歌文本子库、训练子库、口语子库、重音子库、多媒体子库、多媒体平行子库、古俄语子库等 11 个相对独立的子语料库。[①] 因 НКРЯ 的最新进展涉及诸多方面,我们并不准备在本书中集中讨论,而是将另外撰文专门论述。本小节中我们着重介绍"对话"会议中高度相关论文的内容,其间将涉及 НКРЯ 的个别子语料库。

Поляков 等(2013)为 НКРЯ 中 18—19 世纪的文本语料编制了自动处理的语法词典和形态分析器,专门针对 18—19 世纪俄语的拼写、形态和词汇特点。НКРЯ 中现代俄语文本的形态分析器主要是 Dialing 和 Mystem,其语法基础为 Зализняк А. А. 的俄语语法词典[②]。从 17 世纪末至 19 世纪中晚

① 参考 НКРЯ 网站关于语料库介绍的页面 http://www.ruscorpora.ru/corpora-structure.html,以及查找页面的左栏 http://www.ruscorpora.ru/search-main.html。

② 见 Zaliznjak A. A. Grammatical dictionary of the Russian language[M]. 4 ed. Moscow,2003。

期,俄语经历了很多变化才最终形成现代俄语标准语。为了适应 НКРЯ 中不断增加的 18—19 世纪不同阶段俄语文本的不同特点,需要在分析器中做出多个模块,并且编写不同的语法规则,这样才能实现新编制的语法词典和形态分析器的通用性。

以往的俄语方言语料库大都局限于个别地区的方言,而 Сичинава 等(2014)为 НКРЯ 设计并初步建立的方言子语料库则致力于囊括俄语所在的所有区域的方言语料:既包括俄罗斯人传统聚居的欧洲东部地区,也包括俄罗斯人早期居住的欧洲东北部地区,还包括俄罗斯人后来迁徙到达的西伯利亚地区、远东地区、顿河流域和伏尔加河下游地区,此外还有俄罗斯移民所在的阿塞拜疆、罗马尼亚、澳大利亚、加拿大和美国等地区。语料形式多样,除了公开的常规文本以外,还有现场记录、音频及视频解码、小发行量的文集作品的文本等。目标是建成最具代表性的俄语方言文本集合和访问量最大、最受欢迎的俄语方言语料库。

Ляшевская 等(2008)为 НКРЯ 统计出频率词典①,这是基于 НКРЯ 自 20 世纪后半期以来的 1 亿词次的现代俄语语料统计得出的频率词典。相对于此前的三个俄语频率词典(Штейнфельд Э. А. 1963;Засориной Л. Н. 1977;Леннгрена Л. 1993)而言,该词典基于大规模真实语料,从实证主义角度体现了现代俄语的词频分布情况。并且词典包含的内容更加丰富,共四个部分:1)词汇总表,包括词汇的字母顺序列表、词汇的频率列表、不同语体的词频列表(文学语体词频列表、新闻语体词频列表、非文学语体词频列表、日常口语词频列表);2)各词类的频率列表,包括名词、动词、形容词、副词、代词、数词以及虚词的词频列表;3)辅助列表,包括各词类的频率列表(最高为名词)、字母的频率列表(最高为 о)、双字母组合的频率列表(最高为 ст);4)专有名词和缩略语词表。

① 可在网上查看其电子版本 http://dict.ruslang.ru/freq.php。

4.3　俄罗斯语料库应用

4.3.1　词汇搭配问题

大型语料库能够为计算词汇搭配问题提供实验数据支撑，因此近年来词汇搭配问题成为语料库应用研究的一个典型范例，圣彼得堡国立大学数理语言学教研室的学术团队、国家研究型大学高等经济学校的 Ляшевская О. Н. 较多从事这方面研究。

Митрофанова 等（2008）使用二元语法举例计算了词汇左右搭配的互信息系数，这是基于语料库的词汇搭配研究的典型算法，另外语境区间还可以扩大至三元语法甚至更大。Захаров（2015）使用 Sketch Engine 和 Ngram Viewer 两种语料库工具在 НКРЯ、ruTenTen、ГИКРЯ 三个语料库中对不同类型固定搭配的稳定性和常用程度进行了统计，实验证明，Ngram Viewer 工具可以更好地从历时角度计算俄语词汇搭配频率，使用海量语料库统计固定搭配的方法可以充实现有的搭配词典的容量，且能够及时反映出俄语日常用语中搭配变化的最新动态。

最近，以矢量空间模型为基础的语义分布建模已用于研究复杂语言单位（搭配结构、分句或句子）的意义。Bukia 等（2016）以俄语形容词和名词的句法搭配为例，将这种矢量空间模型用于计算语料库中搭配结构的句法联系，这同时也是一个搭配结构句法消歧的过程。

Ляшевская 等（2012、2013）使用 НКРЯ 资源自动提取和处理了俄语名词的搭配，得出了高频搭配、高频词汇语义标注以及具有相同语义标注的高频词素。在此基础上，借助于 НКРЯ 的词汇语义标注和词汇语法标注，研究自动识别抽取特定词汇搭配结构的技术，并试图依此建立可视化的俄语词汇搭配结构目录。

4.3.2　词汇的其他问题

Савчук（2010）依据 НКРЯ 等语料库中不同时期的语料细致讨论了俄语

阳性名词复数二格的形态规则的历时演化情况。例词有蔬菜水果名称和军事人员名称两组阳性名词,第一组中选取了 апельсин、баклажан、помидор、мандарин、абрикос、ананас、томат、банан 等词,第二组有 солдат、партизан、рекрут、кадет、гренадер、гардемарин、гусар、карабинер 等词。其复数二格形式在《俄语难点简明词典》(Еськова 2003)①、《俄语标准语用词难点及规范变体手册》(Горбачевич 1973)②、《现代俄语难点词典》(Горбачевич 2003)③等不同的词典和工具书中给出了不同的规定,词尾有 -ов 和零词尾两种情况。在俄语国家语料库(НКРЯ)的 18 世纪至 20 世纪上半叶、20 世纪下半叶、21 世纪大众传媒三个不同时期以及“商店中(1962—1963)”“问卷调查(1964—1965)”“对话语料(2010)”六个子语料库中的统计数据显示,蔬菜水果类阳性名词复数二格词尾的 -ов 变体出现频率所占比例在不同时期是不同的,在当代俄语中以 -ов 变体为准。而军事人员名称阳性名词复数二格的不同变体出现频率数据显示,除了 солдат 和 партизан 两个词的复数二格中零词尾的变体始终占绝大多数外,其他阳性名词的复数二格中 -ов 变体都呈逐渐增多的态势。这和第一组表现的趋势是相同的,反映出上述两个特定领域俄语阳性名词复数二格形态变化规则的历时发展倾向。

Соколова(2010)利用 НКРЯ 讨论了一组同义词(дом、здание、строение、постройка、корпус、сооружение 六词)间的词汇语义关系(ЛСО),目的是用语料实例作为处于相同语义场的同义词语义区别的客观依据。具体方法是从 НКРЯ 中检索出该组同义词中有任意两个词共现的所有句子,然后逐一对比每句中两个词的上下文,看它们所指是否为同一物,两个词若所指为同类型的不同物体则属于同类关系(однородные),若所指完全为同一个物体则属于同一关系(тождественные)。

Беликов(2011)从词典编纂学和社会语言学的角度提出了词汇分析的

---

① Еськова Н. А. Краткий словарь трудностей русского языка. Грамматические формы. Ударение[М]. М.: Русский язык, 2003.

② Горбачевич К. С. Трудности словоупотребления и варианты норм русского литературного языка: Словарь-справочник[М]. Л.: Наука, 1973.

③ Горбачевич К. С. Словарь трудностей современного русского языка[М]. СПб: Норинт, 2003.

分割统计方法（сегментно-статистический метод）。以未完成体动词 реагировать 所对应的三个完成体动词 прореагировать、отреагировать、среагировать 为例，先从历时角度对 НКРЯ 中不同时期的语料进行分段统计，找出三个完成体动词在不同时期被优先选用的倾向性区别。然后再从共时角度对“杂志阅览厅”（«Журнальный зал»）网站上相同时代的 20 本不同杂志进行分区统计，找出三个完成体动词在不同体裁和题材文本中被优先选用的倾向性区别。这说明，语料库中的语料若依据某些标准被分为不同区块，那么对于相同语言现象的统计数据结果可能会存在区别。

Khokhlova（Хохлова 2016）使用 ГИКРЯ（1.88 亿词次）和 ruTenTen（182.8 亿词次）两个大型互联网语料库以及 ruTenTen 的样本集（12.5 亿词次）分多种方法进行了俄语名词词频统计，并结合 Ляшевская（2009）在 НКРЯ 中统计出的词频词典进行了对比和讨论。Ляшевская（2009）在 НКРЯ 中统计出的词频词典显示，在非小说类（non-fiction）文本中得出的俄语最高频的 10 个名词分别为 год、время、человек、система、работа、статья、дело、случай、процесс、вопрос，在社会政论文本中最高频的 10 个名词为 год、человек、время、жизнь、дело、день、работа、страна、вопрос、слово。而 Khokhlova（Хохлова，2016）将 Ляшевская 的 НКРЯ 词频词典、ГИКРЯ、ruTenTen 总集、ruTenTen 样本集四个词频表中的词频进行了对比，指出上述两组 Ляшевская 的 НКРЯ 词频词典的高频名词在 ГИКРЯ 和 ruTenTen 两个大型互联网语料库中的词频反映却并不一致，尤其是非社会政论文本的差异更为明显。此外，还进行了最低频名词的统计和对比。统计数据说明，ГИКРЯ 和 ruTenTen 两个大型互联网语料库体现了网络语言的特性；Ляшевская 的 НКРЯ 词频词典中非小说类文本的最高频词与 ruTenTen 更为接近，而社会政论文本中的最高频词与 ГИКРЯ 更为接近，表明 ГИКРЯ 与报刊文体更为接近；ruTenTen 总集和样本集对于最高频词的统计结果一致，但最低频词的统计结果不同，证明样本集的规模不足以覆盖一些非常低频的词汇。

4.3.3 用于交叉学科的研究

Даниэль 等(2012)运用 НКРЯ 中的口语语料进行了社会语言学中男性和女性语言区别的研究。НКРЯ 中的部分口语语料被标注了性别等社会要素,同时被分为公众交际和私人交际两个子语料库,用于对两性口语表述的数量及分布情况进行统计。统计结果表明,从话语发出者——即说话者(адресант)——的角度来看,在公众交际场合男性说话多于女性;而在私人交际场合两性的差异不显著。从话语对象——即听话者(адресат)——的角度来看,私人交际场合下说话者对同性别的听话者说的话更多更长;而在公众交际场合下说话者对女性说的话相比对男性说的话明显要更多更长,无论说话者为男性还是女性,都是如此。这些结论与西方社会语言学的性别研究成果相互印证:男性和女性之间的言语差异并不是绝对的,而是取决于交际场合,公众场合下的话语是一种语言竞争,而在私人交际场合这种语言竞争就不复存在了。

4.4 俄罗斯语料库语言学理论进展

4.4.1 关于语料库语言学的术语

圣彼得堡国立大学数理语言学教研室和俄罗斯科学院语言研究所(ИЛИ РАН)建设了俄语语料库语言学语料库,用于研究俄语语料库语言学文本的内容和结构等基本理论问题(Митрофанова 等 2009: 322),尤其是下述问题:1)语料库语言学术语的提取、分析和系统化;2)语料库语言学术语的分类;3)研究语料库语言学领域的本体;4)对语料库语言学文本依主题进行归类;5)建立语料库语言学领域的计算机词库(тезаурус)。

语料库语言学文本的术语及其解释描述之间的距离存在一定规律,可以借助矢量夹角的余弦函数来计算(Митрофанова 等 2009),描写一词或多词术语的词汇语法模板以及术语语境的词汇语法模板,有助于提高术语提取和系统化的准确性。Митрофанова 等(2007)用 Python 语言设计的词汇自动分类(АКЛ)工具可用于语料库语言学俄语文本中术语的自动分类,该工具由三个模块构成:预处理文本和计算目标研究词素间距离的模块、层次聚类分析模块(блок иерархического кластерного анализа)和K-均值法聚类分析模块。此АКЛ工具被用于三个测试:在语料库的语言学语料库中对术语及其解释描述语进行自动分类、在实验语料库中对动词进行自动分类、在平行语料库中对词汇进行自动分类,结果证明了其在词汇自动分类中的可靠性和应用前景。

4.4.2 语料库标注中的消歧处理

Шаров(2003)讨论了语料库标注中形态歧义的处理方法。据Аношкина[①]的统计,俄语中共有2万多个歧义词形。其中少数词形是显而易辨的,例如词形 для 和 задаст,для 作为动词 длить 的副动词以及 задаст 作为形容词 задастый 的短尾形式的概率几乎为零。而大多数常见歧义词形需要借助一定办法才能消解,例如形容词中性短尾和副词、名词变格形式和副词变位形式、代词的各种形式等等。由于不同词类的句法特征是不一样的,所以可以使用句法算法来消解大部分歧义,剩余歧义采用概率的方法来筛选消解。

句法歧义消解研究主要集中于附着歧义和动词性成分的支配歧义。

Юдина М. В.(2006)从"前-后封闭"理论(теория раннего-позднего закрытия,РПЗ)角度讨论了定语从句的附着歧义的问题,也就是在定语从句前有两个性数范畴相同的可能被修饰词的情况下,定语从句究竟倾向于修饰哪一个中心词。定语从句倾向于修饰前一个词(称为 N_1)的情况称为"前封闭"(раннее закрытие,РЗ);倾向于修饰后一个词(称为 N_2)的情况称为"后封闭"(позднее закрытие,ПЗ)。作者随机选取105名年龄、性别不同的受试,实验统计数据表明:1)在中性语境中的РЗ占62.5%,在倾向于 N_1 的语境中РЗ占91.3%,在倾向于 N_2 的语境中РЗ占60.6%;2)当 N_1 与 N_2 为

① 见Аношкина同形歧义词形表 http://irlras-cfrl.rema.ru/homoforms/,转引自:Шаров С. А.(2003)。

阳性名词时 РЗ 占 65%，当 N_1 与 N_2 为阴性名词时 РЗ 占 78%。人理解复句的方式表明定语从句在附着歧义情况下，前封闭（РЗ）相对于后封闭（ПЗ）具有更大的可能性，对于阴性中心词来说更是如此。

Архипов А. В. 等（2004）专门讨论了由前置词 с 引导的伴随词组的附着歧义问题，并根据人处理类似歧义的知识来设置消歧方法。作者将前置词 с 引导的伴随结构分为两大类和六个次类：А 大类附着在谓词项上，包括次类 $А_1$-КОМ 纯伴随结构（комитативная конструкция）、次类 $А_2$-СИММ 对称谓词的行动元（актант симметричного предиката）、次类 $А_3$-АКТ 不对称谓词的行动元（актант несимметричного предиката）、次类 $А_4$-СИРК 状态元（сирконстант）；Б 大类不附着在谓词项上，包括次类 $Б_1$-ОПР 名词性成分的定语（определение имени）和次类 $Б_2$-СОЧ 准组合结构的连接项（сочинительная конструкция）。在自然语言处理和句法标注过程中，前置词 с 引导的伴随结构面临两种歧义，一种是确定伴随结构的中心词的歧义，即大类的歧义；另一种是伴随结构对该中心词的依存类型的歧义，即次类的歧义。在此基础上，作者给出前置词 с 引导的伴随结构歧义消解需要参照的指标：1）动物性；2）是否为人称代词；3）专有名词还是普通名词；4）与中心词的特征是否同类；5）语义类别；6）伴随结构由复合前置词 вместе с 引导的情况。

在该领域的相关研究还有，Гельбух А. Ф. 讨论了如何使用支配模式词典（словарь моделей управления）来进行句法歧义消解的问题。所谓的支配模式词典需要从语料库中统计生成，每个词条记录的不是像普通词典那样的义项信息，而是该词在语料库中的各种支配模式及其数量和概率。首先统计动词词条的支配模式，计算语料库中该支配模式被正确切分的计数，它占所有计数的权重值记作 p+；作为对比再计算该支配模式被错误切分的计数，它占所有计数的权重值记作 p-，正确计数和错误计数的比值 p+/p-是利用支配模式词典进行句法结构消歧的重要指标参数。在此基础上，对于具体的前置词短语附着歧义，借助支配模式词典中动词的搭配统计概率来进行计算，从而优选出句法结构可能性概率比较高的作为正确的结构。

Сичинава 等（2014）为 НКРЯ 设计并初步建立的方言子语料库对方言

语料采用了平行语料库的对照处理存储模式。首先将所收集的语料以相同的文本文件格式保存为初始的“文本 1”，然后用转录器 1 对文本 1 进行简化和标准化处理保存为“文本 2”，再用转录器 2 对文本 2 进行拼写处理转录为标准拼写格式并保存为“文本 3”。“文本 1”、“文本 2”和“文本 3”以平行语料库的方式进行存储，方便对照及查找原始文档。在此基础上，针对标准化的“文本 3”使用语法分析器进行语法标注，借助“文本 1”和“文本 2”消解语法歧义，并对“文本 3”中的方言语法特性①进行标注。语法标注完成后进行三个方面的元信息标注（метаразметка）：方言地点、语音特性注释②和文本信息标注，其中文本信息标注又分三个方面：文本体裁③、文本题材和文本所描述事件的时间和地点。

Ландэ 等（2009）依靠自动搜索查重技术建立的俄乌双语平行语料库也面临大量消歧的问题。消歧策略可分为基于规则和基于概率统计两种，经典的基于规则的策略例如 ЭТАП 系统借助句法分析规则进行消歧，而 Ландэ 的消歧方法是建立概率形态词典，运用概率计算来消解歧义。也就是说，对于大量歧义词形在测试集中计算生成形态频率表，利用形态频率进行消歧，这是一种较为简单易操作的概率统计消歧模型。

以 Кобрицов Б. П. 和 Шеманаева О. Ю. 等为代表的俄罗斯科学院全俄科学技术信息研究所语言学研究分部（Отдел лингвистических исследований ВИНИТИ РАН）的一些学者集中讨论了俄语国家语料库（НКРЯ）中语义歧义的消解问题。Кобрицов 等（2004）提出，在 НКРЯ 中搜索语料虽然可以对其特征进行限定，但常常会搜索出大量不符合条件的结果，这就需要对其左右的语境进行限制，以便缩小命中范围。左右语境的限制指标可以分为四种：1）根据文本的体裁、创建时间；2）根据左右语境的字

① 即在方言中不同于现代俄语标准语的语法规则，尤其是屈折变化规则中不同于标准语的情况。

② 即对方言中的语音特殊现象进行标注。目前以四种语音特性为例进行初步标注：1）重读元音系统中标注软辅音后元音 я 和 а 的位置交替；2）非重读元音系统中标注 о 音化（即把非重读元音 о 仍读作 о）和 а 音化（即把非重读元音 о 读作 а 或近似 а 的音）；3）在辅音系统标注 г 为爆破音或是摩擦音；4）ц 音化（即将 ч 发音为 ц）。

③ 此方言语料库将文本体裁分为四种：口头民间传说文本、书面民间传说文本、口头非民间传说文本、书面非民间传说文本。

母顺序;3)根据左右语境的词类和形态特征;4)根据左右语境的语义类别。其中后两者发挥更为重要的作用。常用词中的很大一部分都是多义词,在HKPЯ中搜索到的这些多义词经常囊括大量我们并不需要的义项和选择,这就需要建立过滤系统,以对搜索结果进行词义消歧。过滤系统中的规则根据是否考虑整体语境信息可以分为全局性的和局部性的规则;还可分为限制性的和优选性的规则。限制性的规则筛掉不符合条件的搜索结果,优选性的规则优先选出更符合条件的搜索结果,最后以"人物-衣着"这种换喻多义模式为例,提出了7条限制性和优选性的消歧规则。

Кобрицов 等(2005)之后进而提出,俄语国家语料库中针对常用固定搭配应当建立表层过滤器,以进行单一语义的标注,因为这些固定搭配的短语常常是捆绑在一起表示固定语义的。[①] 作者所提出的常用固定短语专用的表层过滤器包含以下关于固定搭配的信息:1)构成搭配的各个词素;2)搭配中各个词的词类特征;3)搭配中各个词的分类特征;4)搭配中各个词的词变特征;5)搭配中各个词的初始语义标注;6)固定搭配的左右语境的一些语法和词汇-语义属性。在对表层过滤器的效度评价方法上,提出了两个指数,完全消歧系数WSD适用于常用固定短语的语义被唯一确定时,即:$w\{s_1, \cdots s_n\} \rightarrow w\{s_i\}$;而部分消歧系数WSR适用于常用固定短语的语义被过滤掉一些后剩下多于一个意义的选项时,即:$w\{s_1, \cdots s_n\} \rightarrow w\{s_1, s_2\}$。

Шеманаева 等(2007)具体讨论了俄语国家语料库中形容词(包括性质形容词和关系形容词)的消歧过滤器的设计方法。首先要根据机器便于处理的语义特征标识对形容词的词典意义进行整合,整合出的机用义项数量常常少于词典中的义项;其次要考察各个机用义项所适用的语境特征,从而设计消歧过滤器;最后要合理安排过滤器的过滤顺序,以实现正确选择和高效消歧。以形容词 круглый 为例,可以标记三个机用义项:1)作为性质形容词表示形状,比如 круглое лицо、круглая луна,可标记为 кач. форма;2)作为性质形容词表示某特征达到很高的程度,如 круглый дурак、круглый

---

① 此外,Кобрицов Б. П.,Ляшевская О. Н.,Шеманаева О. Ю. 的«Снятие лексико-семантической омонимии в новостных и газетно-журнальных текстах: поверхностные фильтры и статистическая оценка»一文对其理论进行了总结。

отличник，可标记为 кач. степень；3）作为关系形容词表示时间和数量的完整，如 круглые сутки、круглое число、круглая дата，可标记为 отн. время & число。首先，使用常用固定短语过滤器选出固定搭配的短语，因为它们的语义具有整体性。其次，为每个机用义项编制独立过滤器，最好从比较特殊的义项开始。第二机用义项 кач. степень 比较特殊，先使用过滤器«круглый + сущ.：лицо»可以将这部分义项的语料过滤出来。然后是第三机用义项 отн. время & число，使用过滤器«круглый + сущ.：время & число»可以遴选出一部分合格语料，但是 круглые часы 和 круглый месяц 这样的语料是不合格的，因为 часы（«механизм»和«время»）和 месяц（«время»和«предмет»）也是多义的，与它们搭配在一起的 круглый 事实上属于第一机用义项 кач. форма，这时需要使用逆向过滤器，用«прил.：время & число + час：*pl*»和«прил.：время & число + месяц»过滤器先筛选出 круглые часы 和 круглый месяц，剩下的就是 круглые сутки、круглый год 等符合第三机用义项的语料。使用过滤器«круглый：кач. форма + сущ.：предмет & части тела»可得到最常用的第一机用义项。最后，一些无法编入机用义项的语料可能是一些转义用法，从自然语言处理的特点出发可统称其为语义的隐喻移位。

Kuzmenko 等（2015）提出了对于缺乏成熟语料的小语种使用概率统计策略进行消歧的方法，使用的算法是布里尔算法和 N 元语法。形态歧义消解大多使用手动标注语料库和机器学习的方法，然而此方法无法用于缺乏良好训练数据和手工标注的小语种语料库。对于这类情况需要运用统计模型，即布里尔算法（Brill 1995）和 N 元语法。所有算法都在现代希腊语语料库和现代意第绪语（Yiddish）语料库进行了测试。结果显示，多半具有歧义的词汇得以消歧，精确度大于 80%。该实验证明，对于没有高质量标注的生语料，使用统计方法进行消歧是一个不错的可供选择的方案。

4.4.3　语料库的构建理念

Кривнова 等 2001 年就已提出仿效美国的 TIMIT 语音言语语料库构建俄语的言语语料库。涉及俄语言语语料库构建的基本问题可以分为四类：

技术问题、内容问题、结构问题和具体操作问题。技术问题主要与声学和言语材料的记录方法有关,包括麦克风的类型和数量及计算机声卡的选择、数字编码模式及音频文件格式的选择、记录言语的声学环境、通信信道的类型等。内容问题最为复杂且最为关键,主要包括以下具体问题:1)选择播音者时,应考虑数量、性别、年龄、方言差异、教育、社会地位、职业等因素;2)选取文本素材时,应考虑专业的以及通用的文本,言语样本的类型(词、单独的句子、篇章、自发性言语),文本素材是否进行语音平衡以及平衡的方式,声音单位的代表性等;3)将文本素材在不同播音者间进行合理分配;4)将言语语料分为训练集和测试集两个子集;5)选择和确定需要标注的信息,主要包括拼写记录、语音记录、真实发声的语音转录、声音信号的声学与语音学标注等。结构问题主要涉及语料库中的语料和信息应当如何组织,以便于存储和查询。具体操作问题涉及语料库建设过程中为实现自动化和标准化处理而遇到的现实技术问题,主要与言语声音信号的转录格式有关。

Рыков(2003、2004)指出,语料库应当被看作人类言语活动的复杂本体,合理设计的语料库中应包含人类言语活动各类题材和体裁的多样化文本,这样一来,语料库便将社会生活中真实的言语活动与语言学研究的形式化文本材料有机地结合起来了。从这个意义来讲,以往的许多语料库收集语料的原则往往取决于文献的语文价值,对言语活动的真实性、丰富性体现得还远远不够。同时,语料库应当是一个相当复杂的言语统一体,它不应只是言语材料的成素和结构的简单集合,还应当包含对其的形式化表示,所以恰当的语料库应当是一个能够体现言语活动各组成部分的复杂符号体系。

Рыков(2005)借用修辞学[①]的этос(内在精神和思想)、пафос(引起同情的因素、动人的词句)、логос(理法、道)三个抽象范畴[②]来阐释语料库的构建原理。этос是言语收听者(即听者、听众)的精神特质和内在思想感情,是听众对演讲者的潜在需求,涉及发言的时间、地点和长短,也部分地影响到发

① риторика,亦译作"演讲术"。

② 这三个范畴主要援引自 Волков А. А. 和 Рождественский Ю. В. 的修辞学理论,可参考:Волков А. А. Основы русской риторики[M]. M.:МГУ, 1996 和 Рождественский Ю. В. Теория риторики[M]. M., 1997。

言主题的时宜性。пафос 是言语发出者(即演讲者、发言者)的目的意图,就是说,演讲者需要在听众面前讲述他们感兴趣的话题。пафос 范畴受制于 этос 范畴,因为 пафос 只能在 этос 限定的地点、时间和主题范围内得以实现。логос 是演讲者目的意图的具体实施,是演讲者在 этос 限定的条件下为实现自己的 пафос 而采用的一系列交际手段。从 пафос 到 логос 是演讲者意图的言语体现,是言语交际的实现,即演讲者用言语表达自己的意图,而听众充分理解这个意图并给出评价。

语料库正是用来体现特定时间和空间条件下社会言语活动(或是其中一部分)的。只有考虑到这个前提,才能保证语料库中语料体系的合理性。于是,对于语料库构建而言,этос 范畴就是语料库潜在用户对该语料库的各种需求和期待,用户希望语料库是一个系统化的言语统一体,其所包含的大量优质语料体系可以真实地反映社会言语交际。语料库构建的 пафос 范畴就是语料库建设者根据 этос 所做出的相应设计策划,包括语料的来源、筛选原则等等,这些设计理念就是语料库建设者的意图,是否符合 этос 至关重要。而 логос 范畴就是 пафос 的具体实施,也就是语料的具体收集和处理。首先区分言语的不同类型,并确定其在整个社会言语交际中的相对比例和代表性,然后描写每种类型言语中各种体裁的结构和相对比例,按照比例分不同体裁收集语料。этос、пафос 和 логос 三个范畴有助于我们理解语料库构建的内在机理,便于高效地建设和利用语料库。

4.5 本章小结

语料库语言学是俄罗斯计算语言学中的重要子领域,从第 2 章总的及分年度的高频词和关键词统计对比不难看出,语料库一直是俄罗斯计算语言学高度关注的研究领域。

在本章中,我们以计算语言学中的语料库语言学子领域为例,展示了对计算语言学特定领域开展专项研究的方法。由于时间和精力所限,我们所梳理的文献仅是“语料库”词频在 30 次以上的高度相关文献。

此外,除语料库语言学以外,还有计算语义学子领域、文本分析子领域、话语分析子领域、机器翻译子领域、信息传递与抽取问题等诸多子领域或热点问题,也有待进行梳理总结和高质量的思想提取。诸多领域思想方法的分析挖掘也是我们未来的努力方向。

我们在所构建的论文语料库和数据库的基础上进行了初步统计,并制订了分人物和领域专题两条线索进行梳理的计划。在第3章中,我们以定量统计方法为主、定性分析梳理为辅,分不同单位和人物进行了综述和梳理。本章中,我们以语料库语言学子领域为例,展示了对具体子领域进行总结梳理的方法。本章的研究结果使我们相信,能够在未来对俄罗斯计算语言学各子领域最新成果进展实现更深入的分析、更持久的挖掘。

第 5 章　计算语义学子领域定量研究

在本章中，我们将以与上一章相同的方法管窥俄罗斯计算语义学界的最新原创成果和计算语言学思想。体系性地介绍相关领域的俄罗斯计算语义学前沿思想，从而对当前我国所熟知的欧美计算语言学知识体系做出有益补充。

5.1　统计数据

在 2000 年至 2022 年共 793 万词次的总语料库中，我们以俄语词根“семанти *”为关键词，搜索与语义研究相关的文章，总共命中 1403 篇文章（图 5.1），说明 2000 年以来的所有论文中，有一半多的文章都提及“语义”范畴。然而，并不能肯定这些文章都是关于语义问题的专门研究，因为其中的很多文章只是少数几次提及“语义”范畴。因此，只有较多次提及该概念才可能是专门讨论语义的文章。

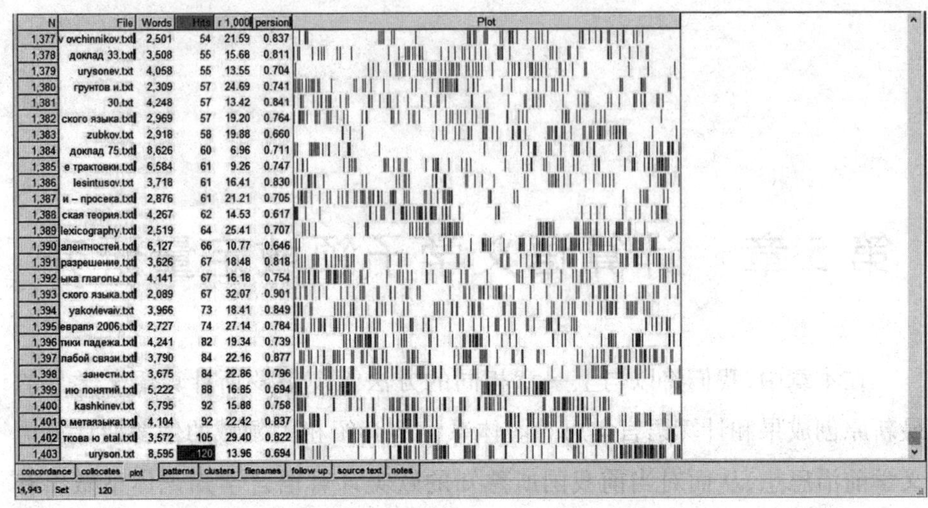

图 5.1　命中“семанти *”(“语义”范畴)的文档升序排列

这 1403 篇文章,命中“语义”范畴的次数差别很大。命中 1 次的文章有 222 篇;命中 2 次的文章有 161 篇;命中 3 次的文章有 95 篇;命中 4 次的文章有 105 篇;命中 5 次的文章有 77 篇。也就是说,命中 5 次及以下的文章有 660 篇文章,命中 6 次及以上的文章有 743 篇。

按照相同办法来计量,命中 6—10 次的文章有 259 篇;命中 11—15 次的文章有 189 篇;命中 16—20 次的文章有 102 篇;命中 21—25 次的文章有 61 篇;命中 26—30 次的文章有 35 篇;命中 31—35 次的文章有 30 篇;命中 36—40 次的文章有 18 篇;命中 41—45 次的文章有 11 篇;而命中 46—50 次的文章有 5 篇。

最后,命中 51 次及以上的文章只有 33 篇,其中最高命中 120 次,我们有理由认为这 33 篇文章是与语义研究高度相关的。

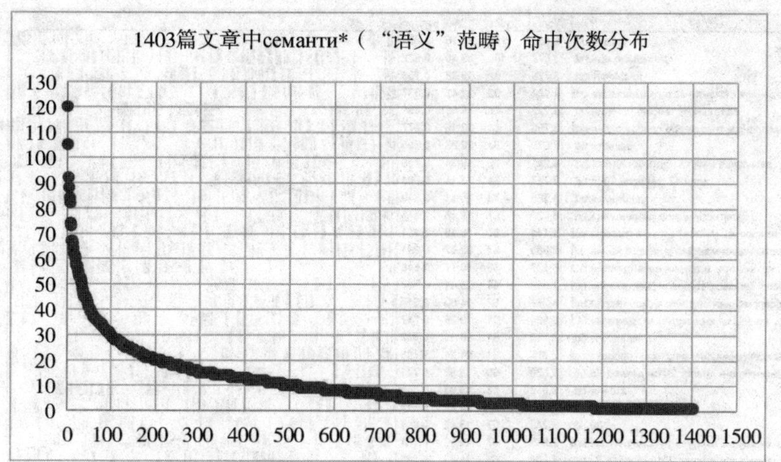

图 5.2 相关文章中"семанти＊"命中次数分布情况

图 5.2 中，纵坐标为命中"语义"范畴次数；横坐标为 1403 篇文章命中"语义"范畴次数的排序，从第 1 到第 1403。可以看出，命中次数越多的文章越少，这些高命中次数的文章，应当是我们本章梳理研究的重点。在本章接下来的论述中，我们就优先关注"语义"范畴命中次数在 21 次及以上的 193 篇文章，尤其是命中次数在 51 次及以上的 33 篇文章。上述 33 篇文章的"语义"范畴在文章中的分布情况如图 5.3 的右半部分所示。可以看出，"语义"范畴在文中的出现都较为密集。

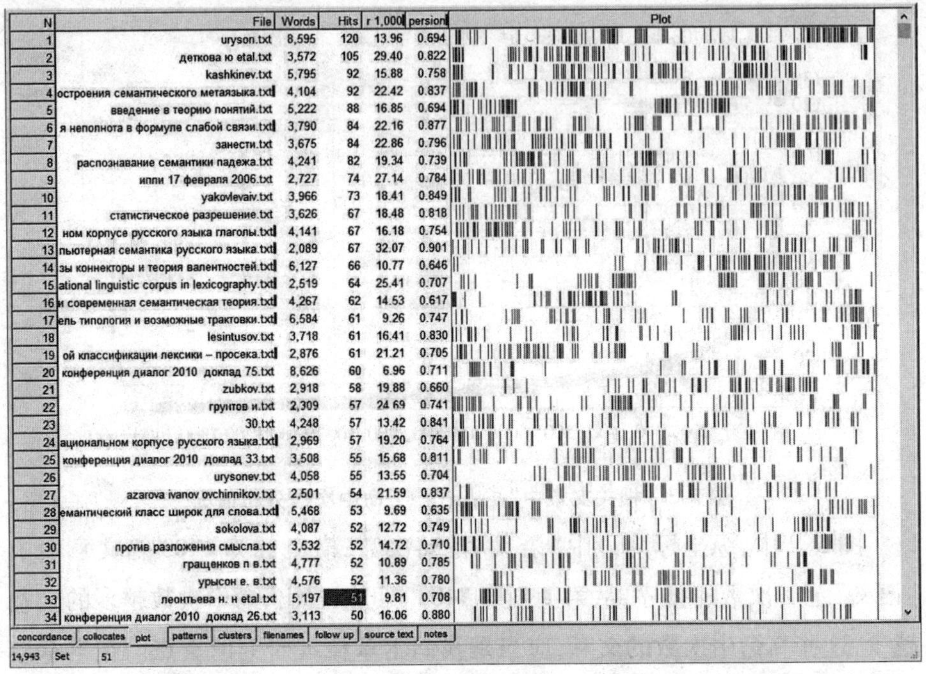

N	File	Words	Hits	r 1,000	persion	Plot
1	uryson.txt	8,595	120	13.96	0.694	
2	деткова ю etal.txt	3,572	105	29.40	0.822	
3	kashkinev.txt	5,795	92	15.88	0.758	
4	остроения семантического метаязыка.txt	4,104	92	22.42	0.837	
5	введение в теорию понятий.txt	5,222	88	16.85	0.694	
6	я неполнота в формуле слабой связи.txt	3,790	84	22.16	0.877	
7	занести.txt	3,675	84	22.86	0.796	
8	распознавание семантики падежа.txt	4,241	82	19.34	0.739	
9	иппи 17 февраля 2006.txt	2,727	74	27.14	0.784	
10	yakovlevaiv.txt	3,966	73	18.41	0.849	
11	статистическое разрешение.txt	3,626	67	18.48	0.818	
12	ном корпусе русского языка глаголы.txt	4,141	67	16.18	0.754	
13	пьютерная семантика русского языка.txt	2,089	67	32.07	0.901	
14	зы коннекторы и теория валентностей.txt	6,127	66	10.77	0.646	
15	ational linguistic corpus in lexicography.txt	2,519	64	25.41	0.707	
16	и современная семантическая теория.txt	4,267	62	14.53	0.617	
17	ель типология и возможные трактовки.txt	6,584	61	9.26	0.747	
18	lesintusov.txt	3,718	61	16.41	0.830	
19	ой классификации лексики – просека.txt	2,876	61	21.21	0.705	
20	конференция диалог 2010 доклад 75.txt	8,626	60	6.96	0.711	
21	zubkov.txt	2,918	58	19.88	0.660	
22	грунтов и.txt	2,309	57	24.69	0.741	
23	30.txt	4,248	57	13.42	0.841	
24	ациональном корпусе русского языка.txt	2,969	57	19.20	0.764	
25	конференция диалог 2010 доклад 33.txt	3,508	55	15.68	0.811	
26	urysonev.txt	4,058	55	13.55	0.704	
27	azarova ivanov ovchinnikov.txt	2,501	54	21.59	0.837	
28	емантический класс широк для слова.txt	5,468	53	9.69	0.635	
29	sokolova.txt	4,087	52	12.72	0.749	
30	против разложения смысла.txt	3,532	52	14.72	0.710	
31	гращенков п в.txt	4,777	52	10.89	0.785	
32	урысон е. в.txt	4,576	52	11.36	0.780	
33	леонтьева н. н etal.txt	5,197	51	9.81	0.708	
34	конференция диалог 2010 доклад 26.txt	3,113	50	16.06	0.880	

concordance collocates plot patterns clusters filenames follow up source text notes

14,943 Set 51

图 5.3 “семанти＊”在各篇文章中出现位置的分布图

此外,在我们构建的论文库中,与俄语“语义”范畴高频的左右搭配如图 5.4 所示,尤其右一搭配具有较高的参考价值。其中“语义网络、语义分析、语义关系、语义场、语义角色、语义类别、语义词典、语义概念、语义释义、语义推断、语义成分、语义结构、语义特征、语义标注、语义模式(模型)、语义搜索、语义主体”等搭配都是俄罗斯计算语言学界常用于语义研究的概念。

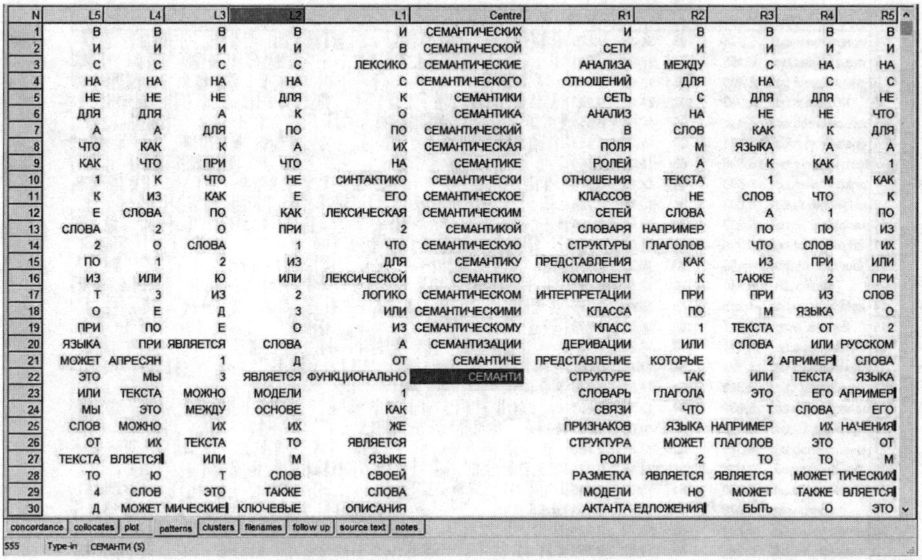

N	L5	L4	L3	L2	L1	Centre	R1	R2	R3	R4	R5
1	В	В	В	В	И	СЕМАНТИЧЕСКИХ	И	В	В	В	В
2	И	И	И	И	В	СЕМАНТИЧЕСКОЙ	СЕТИ	И	И	И	И
3	С	С	С	С	ЛЕКСИКО	СЕМАНТИЧЕСКИЕ	АНАЛИЗА	МЕЖДУ	С	НА	НА
4	НА	НА	НА	НА	С	СЕМАНТИЧЕСКОГО	ОТНОШЕНИЙ	ДЛЯ	НА	С	С
5	НЕ	НЕ	НЕ	ДЛЯ	К	СЕМАНТИКИ	СЕТЬ	С	ДЛЯ	ДЛЯ	НЕ
6	ДЛЯ	ДЛЯ	А	К	О	СЕМАНТИКА	АНАЛИЗ	НА	НЕ	НЕ	ЧТО
7	А	А	ДЛЯ	ПО	ПО	СЕМАНТИЧЕСКИЙ	В	СЛОВ	КАК	К	ДЛЯ
8	ЧТО	КАК	К	А	ИХ	СЕМАНТИЧЕСКАЯ	ПОЛЯ	М	ЯЗЫКА	А	А
9	КАК	ЧТО	ПРИ	ЧТО	НА	СЕМАНТИКЕ	РОЛЕЙ	А	К	КАК	1
10	1	К	ЧТО	НЕ	СИНТАКТИКО	СЕМАНТИЧЕСКИ	ОТНОШЕНИЯ	ТЕКСТА	1	М	КАК
11	К	ИЗ	КАК	Е	ЕГО	СЕМАНТИЧЕСКОЕ	КЛАССОВ	НЕ	СЛОВ	ЧТО	К
12	Е	СЛОВА	ПО	КАК	ЛЕКСИЧЕСКАЯ	СЕМАНТИЧЕСКИМ	СЕТЕЙ	СЛОВА	А	1	ПО
13	СЛОВА	2	О	ПРИ	2	СЕМАНТИКОЙ	СЛОВАРЯ	НАПРИМЕР	ПО	ПО	ИЗ
14	2	О	СЛОВА	1	ЧТО	СЕМАНТИЧЕСКУЮ	СТРУКТУРЫ	ГЛАГОЛОВ	ЧТО	СЛОВ	ИХ
15	ПО	1	2	ИЗ	ДЛЯ	СЕМАНТИКУ	ПРЕДСТАВЛЕНИЯ	КАК	ИЗ	ПРИ	ИЛИ
16	ИЗ	ИЛИ	Ю	ИЛИ	ЛЕКСИЧЕСКОЙ	СЕМАНТИКО	КОМПОНЕНТ	К	ТАКЖЕ	2	ПРИ
17	Т	3	ИЗ	2	ЛОГИКО	СЕМАНТИЧЕСКОМ	ИНТЕРПРЕТАЦИИ	ПРИ	ПРИ	ИЗ	СЛОВ
18	О	Е	Д	3	ИЛИ	СЕМАНТИЧЕСКИМИ	КЛАССА	ПО	М	ЯЗЫКА	О
19	ПРИ	ПО	Е	О	ИЗ	СЕМАНТИЧЕСКОМУ	КЛАСС	1	ТЕКСТА	ОТ	2
20	ЯЗЫКА	ПРИ	ЯВЛЯЕТСЯ	СЛОВА	А	СЕМАНТИЗАЦИИ	ДЕРИВАЦИИ	ИЛИ	СЛОВА	ИЛИ	РУССКОМ
21	МОЖЕТ	АПРЕСЯН	1	Д	ОТ	СЕМАНТИЧЕ	ПРЕДСТАВЛЕНИЕ	КОТОРЫЕ	2	АПРИМЕР	СЛОВА
22	ЭТО	МЫ	3	ЯВЛЯЕТСЯ	ФУНКЦИОНАЛЬНО	СЕМАНТИ	СТРУКТУРЕ	ТАК	ИЛИ	ТЕКСТА	ЯЗЫКА
23	ИЛИ	ТЕКСТА	МОЖНО	МОДЕЛИ	1		СЛОВАРЬ	ГЛАГОЛА	ЭТО	ЕГО	АПРИМЕР
24	МЫ	ЭТО	МЕЖДУ	ОСНОВЕ	КАК		СВЯЗИ	ЧТО	Т	СЛОВА	ЕГО
25	СЛОВ	МОЖНО	ИХ	ИХ	ЖЕ		ПРИЗНАКОВ	ЯЗЫКА	НАПРИМЕР	ИХ	НАЧЕНИЯ
26	ОТ	ИХ	ТЕКСТА	ТО	ЯВЛЯЕТСЯ		СТРУКТУРА	МОЖЕТ	ГЛАГОЛОВ	ЭТО	ОТ
27	ТЕКСТА	ВЛЯЕТСЯ	ИЛИ	М	ЯЗЫКЕ		РОЛИ	2	ТО	ТО	М
28	ТО	Ю	Т	СЛОВ	СВОЕЙ		РАЗМЕТКА	ЯВЛЯЕТСЯ	ЯВЛЯЕТСЯ	МОЖЕТ	ТИЧЕСКИХ
29	4	СЛОВ	ЭТО	ТАКЖЕ	СЛОВА		МОДЕЛИ	НО	МОЖЕТ	ТАКЖЕ	ВЛЯЕТСЯ
30	Д	МОЖЕТ	МИЧЕСКИЕ	КЛЮЧЕВЫЕ	ОПИСАНИЯ		АКТАНТА	ЕДЛОЖЕНИЯ	БЫТЬ	О	ЭТО

concordance collocates plot patterns clusters filenames follow up source text notes

555 Type-in СЕМАНТИ (S)

图 5.4 “семанти＊”的左右搭配情况

最后，我们前文指出，近年来俄罗斯计算语言学学术会议也录用了大批英语文章，因此我们也同理运用英文词根“semantic＊”搜索统计了与“语义”范畴密切相关的英语文章，统计情况如图 5.5 所示。考虑到英语文章在全世界范围内有更好的通识度，因此我们在本书中不将其作为梳理研究的重点，仅点明这些文章的大体内容，学界同人也可在参考文献列表中检索英语原文进行参阅。

含有英语词根“semantic＊”即英语“语义”范畴的文章共有 980 篇。其中，命中 21 次及以上的文章有 100 篇，命中 51 次及以上的文章有 35 篇。最高的一篇命中 185 次，如图 5.5 所示。

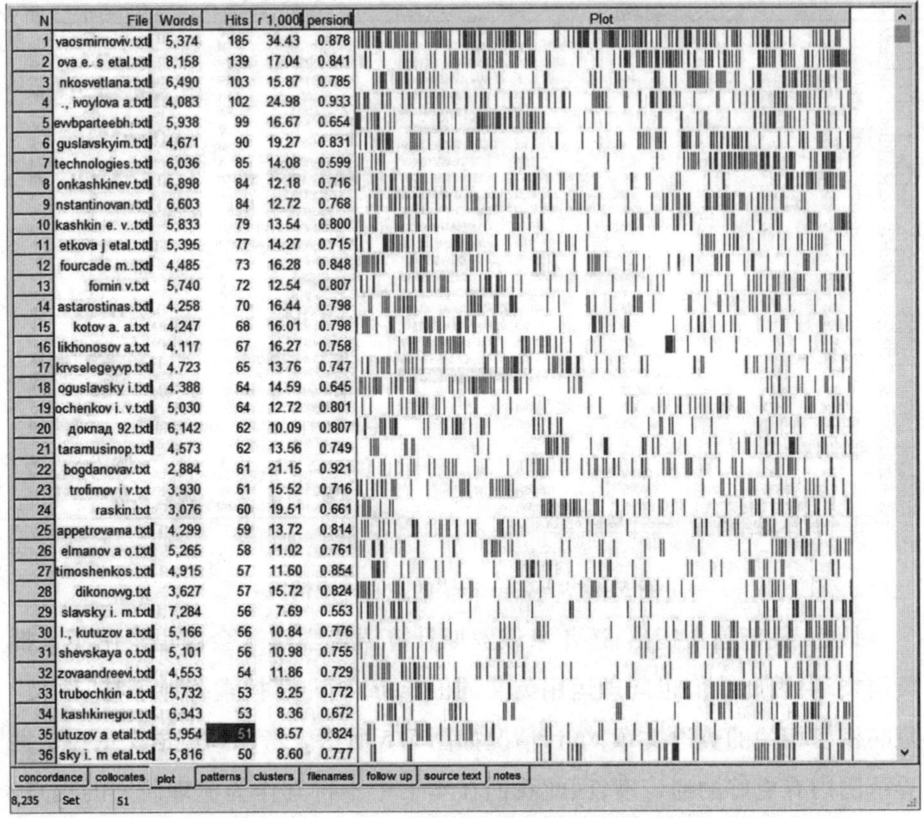

N	File	Words	Hits	r 1,000	persion	Plot
1	vaosmirnoviv.txt	5,374	185	34.43	0.878	
2	ova e. s etal.txt	8,158	139	17.04	0.841	
3	nkosvetlana.txt	6,490	103	15.87	0.785	
4	., ivoylova a.txt	4,083	102	24.98	0.933	
5	ewbparteebh.txt	5,938	99	16.67	0.654	
6	guslavskyim.txt	4,671	90	19.27	0.831	
7	technologies.txt	6,036	85	14.08	0.599	
8	onkashkinev.txt	6,898	84	12.18	0.716	
9	nstantinovan.txt	6,603	84	12.72	0.768	
10	kashkin e. v..txt	5,833	79	13.54	0.800	
11	etkova j etal.txt	5,395	77	14.27	0.715	
12	fourcade m..txt	4,485	73	16.28	0.848	
13	fomin v.txt	5,740	72	12.54	0.807	
14	astarostinas.txt	4,258	70	16.44	0.798	
15	kotov a. a.txt	4,247	68	16.01	0.798	
16	likhonosov a.txt	4,117	67	16.27	0.758	
17	krvselegeyvp.txt	4,723	65	13.76	0.747	
18	oguslavsky i.txt	4,388	64	14.59	0.645	
19	ochenkov i. v.txt	5,030	64	12.72	0.801	
20	доклад 92.txt	6,142	62	10.09	0.807	
21	taramusinop.txt	4,573	62	13.56	0.749	
22	bogdanovav.txt	2,884	61	21.15	0.921	
23	trofimov i v.txt	3,930	61	15.52	0.716	
24	raskin.txt	3,076	60	19.51	0.661	
25	appetrovama.txt	4,299	59	13.72	0.814	
26	elmanov a o.txt	5,265	58	11.02	0.761	
27	timoshenkos.txt	4,915	57	11.60	0.854	
28	dikonowg.txt	3,627	57	15.72	0.824	
29	slavsky i. m.txt	7,284	56	7.69	0.553	
30	l., kutuzov a.txt	5,166	56	10.84	0.776	
31	shevskaya o.txt	5,101	56	10.98	0.755	
32	zovaandreevi.txt	4,553	54	11.86	0.729	
33	trubochkin a.txt	5,732	53	9.25	0.772	
34	kashkinegor.txt	6,343	53	8.36	0.672	
35	utuzov a etal.txt	5,954	51	8.57	0.824	
36	sky i. m etal.txt	5,816	50	8.60	0.777	

图 5.5　英语"semantic＊"的命中文章排序及文中的分布图

本章中，我们就将以"语义"范畴的高频相关文章为线索，分不同方面来梳理俄罗斯计算语言学会议在语义研究方面的最新进展。

5.2　计算语义学的基本问题

俄罗斯的计算语义学根植于莫斯科语义学派的思想理论，在成体系的俄语语义学理论的基础上进一步研究语义的计算机自动处理问题。

Тузов В. А.（2001）在《俄语计算语义学》（«Компьютерная семантика русского языка»）一文中讨论了计算语义学的若干基本问题。语言的语义是构建带有模糊轮廓和同样模糊名称的海量语料的基础。仅当在语料基础和处理层之间划清界限时，才可能讨论对语义分析问题的解决方案。这种区分只有一种方法,其本质可以归结为形式语义语言的构建以及从语义语言到自然语言的双向转换。这种语义处理的实际意义在于,它可以减少与从文本中提取信息相关的任务,而仅仅是将形式语义语言中的文本转换为特定知识库内部表示的纯程序问题。计算语义学与现有的其他语言形式化方法之间的根本区别在于,它基于计算机对形式语义中词义的解释以及该解释在计算句子含义过程中的功能用途。

语言的函数性质。从这种方法的角度来看,俄语中的任何单词都是函数 $f(x_1,...,x_n)$ 中的单位,函数与该单词相关联并成为其语义。单词仅在替换特定值后才具有其特定含义,就像 $\sin(x)$ 函数仅在替换特定参数后才获取其值一样。单词的含义是在函数 f 执行期间进行计算的。语义分析器执行两个主要操作:选择单词的正确含义(计算机解释);将选定的值链接到有意义的表达式(整体短语)中,即成为具有独立语义解释的表达式。

Перцов Н. В. (2006)讨论了用于描述自然语言语义的元语言工具。自然语言语义研究应基于自然语言本身的有限子集,为了支持元语言的普遍化,即使是自然定向的语义元语言也不能仅使用自然语言手段:它们包括人工元素和结构。文章还建议考虑用描述语言的更浅层结构的科学仪器组成元语言的句法、形态和语音。该文的研究涉及发展构建语义理论基础的关键问题之一,即描述自然语言内容单元含义的语义元语言的本质问题。

Чернюгов В. В. (2002)的《概念理论绪论》(«Введение в теорию понятий»)从形式主义视角讨论了与语义紧密相关的概念理论。形式主义在许多学科中起着根本性的作用,但并不是形式化方法的所有方面都得到充分发展,尤其在最为困难的语义研究方面仍然很欠缺,语义解释问题的深度和重要性远未完全解决。语义方面缺乏研究通常会激发研究者使用非特定的创新的语义解释方法。概念理论在形式化语义方面开展研究,作为超数学学科的概念理论探索并解释了语义关系的本质,是一种语义形式主义。该概念被解释为用于构造现有概念的概括方案,该方案用作对正在形成的概念的语义解释。概念理论为形式理论的严格性设定了新的、更严格的标准。概念理论可以看作是概念数据变化发展的数学形式化,其主要任务是开发和研究概念构建方案。除了面向问题和通用的概念之外,概念理论还提供了语义概念的构建,这些语义概念将语义概念形式化。在编程语言的开发和通用化中,可以考虑概念语言的开发和构造。概念理论的语义概念在自然语言的理论和认知语言学中将发挥独特的作用。

Раскин В. (2005)讨论了本体语义学的方式和原因。那些熟悉本体语义方法的学者,重点关注将本体语义资源扩展到新的特定领域的关键问题,这是推广使用本体语义学资源并对其进行完善和改进的决定性因素。对于大多数不熟悉本体语义方法的人,尝试解释为什么要从事开发应用程序的业务并需要在本体语义学的理论基础上做好这件事。当然,关于该方法的主要基础是 Nirenburg 和 Raskin(2004)提出的概念,但该文试图将某些方面更加突出,并更新和升级 1998—2001 年编写的文本。

而 Падучева Е. В. (2006)从观察者的角度讨论了独特的概念"观察者"。观察者是带有指示语意义的零符号,是次于说话者的第二主体。像说话者一样,观察者通过自己的位置来识别物体和区域的空间,并通过与当前时刻的关系来识别时间。语言是为了在规范的讲话情境中进行交流而产生的,当说话者和观察者通过位置和时间的统一联系在一起时,就有共同的视野,可以看到彼此以及彼此的手势,这种情况会影响语言的结构:许多单词和类别的语义都以说话者和观察者为前提。该研究还对动词、副词、名称和语法类别的观察者进行了例证。

Зализняк А. А. (2009)提出并阐明了语义转换的概念。语义转换是语义类型学的一个对象,也是"世界语言中的语义转换目录"中的一个单元,由俄罗斯科学院语言研究所的一个团队完成研究。"语义转换"指的是在同一个词中有两种不同含义组合在一起的事实,表现为共时上的多义或历时上的语义演变。例如,"计数"和"持有某种意见"的含义是由俄语动词 считать 同步表达的;"把握"和"理解"的含义先后历时存在于俄语动词 понять 中。应当承认,语义转换的概念已成为语义学研究的核心概念之一。

Раскин В. 等(2010)在《猜测或知晓:自然语言处理中的两种语义处理方法》(«Догадка или знание: два подхода к семантике при обработке естественного языка»)一文中讨论了自然语言处理中两种语义学研究方法之间的根本区别。第一种流行的统计/机器学习方法(SML)常常被采用,其尝试通过联合使用单词作为无意义的字符串来进行统计,确定语义;而第二种更高效的方法是基于持久意义的少数方法,即基于直接和全面意义访问(DMA)的"真实"计算语义,直接和完整地表达文本的含义。这两种方法首先体现在自然语言处理(NLP)和计算语言学(CL)的区别上,NLP 更为脱离语义,而 CL 更为重视语义处理。美国政府对机器翻译的资助随着《语言与机器》(*Languages and Machines*)(1966)的出版而消失,而在 20 世纪 80 年代中期以一种基于知识的新方法缓慢地恢复,诸如信息检索、信息提取、文本挖掘、摘要和问题解答之类的多种应用逐步兴起。到 20 世纪 90 年代,基于语法的方法被那些应用统计和机器学习方法所取代,主要是非语言学家在从事 NLP,学界公开承认甚至吹嘘要完全取代其前辈的非语义学取向。然后大约在 1997 年,那时大多数政府拨款开始规定语义的必要性,声称语义是理解文本含义的唯一途径,另一方面,一小群计算语义学家正在论证获取语义资源(如本体和词典)的可行性。与这两种方法息息相关的另一个维度是 NLP 与人工智能(AI)之间的关系。在 20 世纪 80 年代关于 AI 的热潮达到顶峰时,NLP 自豪地将自己称为 NL AI。

Козеренко Е. Б. 和 Кузнецов И. П. (2010)较为系统地研究了基于扩展语义网络的智能系统中语义表示的演变,讨论了基于扩展语义网络的多系统语言处理器中的句法-语义和词汇-语义表示的设计。创建此类系统以从自然语言的文本中提取知识,将提取的实体和关系映射到知识库结构中,并使用知识来支持应用程序各个领域的专家分析决策。研究集中在允许建立整体工作语言模型和语言表示形式上,该模型可根据特定任务进行修改,即从基于详细的深层表示形式的"繁重"形式修改到精简的限定主题区域和有限的语言材料。

5.3 句法语义的问题

句法语义也是莫斯科语义学派非常关注的方面。Лезин Г. В. 和 Тузов В. А. (2003)讨论了俄语文本的语义句法分析器的基本问题。语义句法分析器对文本的句子进行局部分析,并为每个句子建立其语义-句法模型。语义句法分析解决了句子中单词的语义歧义问题(至少对于“正确构建”和明确解释的句子而言)。句子中的每个单词都以相应标记的描述形式与其含义相匹配;模型中的句子由标记-功能的叠加表示。语义句法分析器的核心是俄语语义词典,词典条目包含词素的语义和句法描述,每个词条都有两个部分——句法和语义。句法部分包含执行句子语义句法分析所需的信息;语义部分以公式的形式包含词素的语义,该公式指定了根据其参数值计算函数值的方法。

5.3.1 ABBYY 公司的 Compreno 项目

俄罗斯的 IT 科技公司 ABBYY 是国际知名的俄语自动处理系统开发商。Анисимович К. В. 等(2012)介绍了 ABBYY 公司研发的句法和语义解析器 Compreno,该解析器参加了 Dialog 2012 的语法解析器测试。ABBYY 公司的研究团队将解析器技术(解析算法和语言模型)称为 Compreno 技术,并公开了解析器的基本原理。本质上来讲,解析器努力从句子中提取的内容是谁对谁做了什么(在何时何地),目标是什么。在 Compreno 项目中,最终目标不仅是实现句法上的歧义消除,而且还要实现语义上的歧义消除。Compreno 解析技术的另一个特征是,从一开始就并行处理语法和语义歧义消除问题,与 NLP 系统更常见的语义分析遵循句法分析的体系结构相反。

Богданов А. В. 等(2014)介绍了 Compreno 的回指分析系统,该系统是 Dialog 2014 回指分析竞赛的参赛作品。该系统基于 ABBYY 的 Compreno 语言技术,对于竞赛的某些任务,使用了 Compreno 技术的基本功能,而其他任务则需要建立新的规则和机制或对现有规则和机制进行调整,该文描述了系统中用于本次比赛的基本机制和新机制。ABBYY 的 Compreno 系统的主要任务是将输入文本转换为语义结构,该语义结构是一棵树,其中节点是概念,而弧是这些概念之间的关系。从句法位置转换为语义角色是可能的,因为每个词素都有一个质素描述,即可以连接到句法位置及其语义角色的对应关系列表。

而 Богданов А. В. 和 Леонтьев А. П. (2013)的《自然语言自动处理系统中具有外部所有者的俄语结构描述》(«Описание русских конструкций с внешним посессором в системе автоматической обработки естественного языка»)一文展示了在 ABBYY 的 Compreno 系统中处理外部所有者结构的方式。具体任务要求是将具有外部拥有者结构的句子视同于具有内部拥有者的句子,然后相应地生成这样一种语义结构,即拥有者(无论是否是外部的)和所有物形成一个结构。句法结构并非如此,因为有很多证据表明外部所有者在句法上并不依赖于它的占有结构,外部所有者构造的语义和句法结构不是同构的,因此必须应用句法-语义接口从另一个结构来派生。对于具有强词法限制的结构,使用特殊的规范化模块,可以使句法描述相对简单。相反,具有较少词汇限制的结构需要更复杂的句法描述。

5.3.2　句法结构的语义

Леонтьев А. П. 和 Петрова М. А. (2014)提出了 NLP 模型中位置依赖关系的语义和句法描述,并重点关注了位置依赖针对基于语义分析的不同任务引发的问题,尤其是在机器翻译方面。方位群的正式描述面临几个问题,首先是词之间的位置语义关系的定义,因为位置依赖可以有不同的含义,例如初始点和终点[walk (from/to)]、路线[walk (across)]的含义。其次,需要定义可以填充处所附加语的词集,并且处所组和非处所组之间的界限并不总是很明显,例如:in the street 肯定是一个处所,但是 on the Internet 或者 in a meeting 呢? 最后,处所意义的句法实现是相当多的。一方面,方位附加语包括许多语义不同的介词,如 on、in、under、above 等;另一方面,不同的名词与不同的介词组合表示相同的含义,如 in the country 用介词 in,但 on the island 用介词 on。该文提出了一种适合处理所有这些困难的方法。

Гончаров А. А. 和 Кобозева И. М. (2022)的论文《再论俄语中由 что 引导的原因从句结构》(«Еще раз о существительном причина: конструкции с сентенциальным актантом, вводимым союзом что»)运用语料库材料研究句法结构“причина, что P”以及“причина того, что P”,目的是描述现代俄语中这些结构的句法和语义特性。为了实现这一目标,对原因名词的语义及其结构的可用描述进行了严格审核,然后分析了该名词用作这些结构的一部分代表性示例。通过实证研究,得到以下结果:1)表明 что 分句的语义角色可能是原因或结果,这取决于结构的句法功能;2)在这两种结构中,原因名词的两种可能含义都可以实现——客观原因和主观原因。

Benigni V.(2013)的文章《俄语和意大利语中支持动词结构的计算机分析》(«Компьютерный анализ конструкций с глаголом поддержки в русском и итальянском языках»)基于语料库的计算资源分析了意大利语和俄语中的支持动词结构(英语简称为 SVC)。该研究的主题是意大利语动词 mettere(意为"to put"),后跟介词短语,介词为"in, into"或"to",对应的俄语动词 ставить/поставить 后跟带前置词 в 和 на 的短语。在语法语义界面讨论语料库工具提供的选项,Lexit 和 NKRJA 语义标记及其进一步发展有助于创建意大利语-俄语电子词典资源。

Урысон Е. В.(2012)《连词、连接器和配价理论》(«Союзы, коннекторы и теория валентностей»)一文的研究对象是连词和连接器,即标记所谓的分句(或具有分句功能)的单词。这样的连接器连接两个或多个分句,至少具有两个语义主体,但是这些主体的表达不能用严格的句法规则来描述。事实证明,某些连接器无论是在并列联合还是在主从联合中都可以充当连接器,而其他连接器则不能,并且必须在电子词典中提供此信息。

此后,Урысон Е. В.(2015)又继续讨论了俄语复合句中的并列连词"和"与"但、而"。在类似"Q + P"的句子中,连词 и(和)表示两个分句的"规范"对应关系,而连词 но/а(但/而)表示两者之间"规范"的差异。在某些情况下,这些连词的用法很难用"规范"来解释,如果语义解释的基本概念是"期望"而不是"规范",则可以充分描述相关事实。可以区分出三种情况:(a)自然规律的常识;(b)人类生活、社会关系等的共同概念;(c)文字语法。在上述三种情况下,连词 и 表示与期望的对应关系,而连词 но/а 表示与期望的相反关系。但是在(a)情况下必须标出取消的期望,而(b)则没有。对于情况(c),文本语法仅引起两个期望:(1)分句 P 具有与 Q 相同的一般"微观主题";(2)P 在焦点上与 Q 具有相同的对象,或者命题 P 和 Q 可以具有相同的一般"微观主题",但焦点上具有不同的对象。

Леонтьева Н. Н.(2000)分析了句子自动句法分析中不必要的搭配所构成的"弱链接"的语义特征,即没有被句子中的任何单词预测且非必需的链接的语义不完整性。正是在这种情况下，句法分析需要包含语义分析层面的工具。通过语义解释，如果 C 的语义本身预言了语义关系 P，但该关系的其他成员未知，则可以使用 P(?,C) 或 P(C,?) 形式的不完整三元组来显示非必需的单元(C)，该公式可作为句子语义结构中局部不完整的表达式。语义不完整公式既可以在同一句子之内，也可以超出句子范围进入整个文本结构。两种情况下的计算机制都是相同的，都将语义关系纳入了语法。该语义关系语法规定了语义元素的语法范式(关于在语义关系中允许哪些语义特征的信息)，从而确定了语义关系集和语义特征集的相似程度及替代组合的可能性。

5.4　词汇语义的问题

5.4.1　多义的处理

Митрофанова О. А. 和 Ляшевская О. Н. (2008) 的《在事物名词语境中词汇语义歧义的统计消解》(«Статистическое разрешение лексико-семантической неоднозначности в контекстах для предметных имен существительных»)一文讨论了自动消解单词的语义歧义的实验，该研究的材料选用了从俄语国家语料库中提取的事物名词。得出的结论是，两个因素可作为歧义消解的最佳条件：上下文的词汇内容和上下文的词汇语义标记。

Толдова С. Ю. 等(2008)讨论了开发动词语义过滤器系统的实验结果，该系统用于解决俄语国家语料库中动词词汇语义标记过程中产生的歧义。实验的主要任务在于，检查在何种程度上可以使用专门的电子词典编目来创建此类过滤器[主要来源是 Апресян 的动词支配词典(1982)]，以及对角色的哪些限制(语义、词汇、语法)对于过滤器最重要。对于不同的义项而言，行为主体相重合的情况下，消除歧义是最困难的，在这种情况下，语义标记根据其独特性形成一定的等级。最高的独特性在于词汇限制(动词仅在稳定的单词组合中实现特定含义的情况)，其次是外围(可选的主体)以及语义特征(例如抽象性)。

Рахилина Е. В. 等(2006)的《歧义问题:俄语国家语料库中的词汇语义标记》(«Многозначность как прикладная проблема: лексико-семантическая разметка в национальном корпусе русского языка»)一文讨论了语料库的词汇语义标记系统,借鉴了已有的语义注释语料库,例如基于语义的网络 WordNet 以及 FrameNet 语料库。考虑到按语义特征搜索时减少语义"噪声"(尤其是多义、同义和词义顺序的问题)的实际需要,语料库采用了有关词典技术。俄语国家语料库解决了大量文本的连续语义标记问题,这种标记在自动模式下执行。消解歧义的一种方法是建立语义的层次结构,并在必要时对其重新编号。语义查询的附加条件"仅按第一个单词的含义进行搜索"将提供最可能的含义。因此,在标记中使用单词的含义顺序是用于增加输出正确性的简单且有效的工具。

Карпова О. С. 等(2010)介绍了一个基于俄语国家语料库开发的多义性质形容词和相应副词的数据库,描述了该数据库的结构,其填充和搜索功能的原理,以及俄语性质形容词中多义性分析的理论结果。该数据库可以解决俄语性质形容词和副词的语义描述的多种问题,其材料可能会成为性质形容词及副词领域的词法学研究基础。

Семенова С. Ю. (2007)研究了词汇的语义类别划分问题。在用于自动文本理解的词典中,描述词汇含义的主要方法是为单词分配一个语义类(或几个类)。词汇语义描述的质量在很大程度上取决于词汇分类工具包,该工具包像词典一样提供词汇的各种组类。在语言学和信息科学的交叉过程中,为词汇选择类别是一项艰巨的任务。显然,任何有限的类集都不足以描述全部词汇,总会存在类别外围的词汇、单个语义的词汇和非常小的语义组。РУСЛАН 机器词典的元语言的语义特征和语义关系提供了一个解决方案,使用特定的类系统制定了一些表示此类词汇含义的方法。研究还涉及对一个类别的超元名称的含义解释、对紧密类的比较、对类的核心和外围的相关性等问题。

Гращенков П. В. 和 Кобозева И. М. (2017)则尝试建立俄语形容词语义类别的清单,并列举与俄语形容词的参与者相关的语义角色,以及对此类形容词参与者进行编码的工具。形容词分类的讨论始于西方和俄罗斯语言学,这种分类通常基于纯粹的语义基础,有时具有一定的主观推测性。为了克服现有分类的缺点,该研究引入了形容词所描述情况的参与者。这样的参与者可以是两种类型:第一类参与者与形容词的特定语义类别有关;第二类参与者由来自不同语义类别的形容词来介绍。研究的结论是,形容词的支配关系相较于动词的支配关系具有更多的特殊性和更多种的语义。

5.4.2 不同词类的语义处理问题

Урысон Е. В. (2014)从语义分析角度讨论了俄语中由副词派生的前置词。如 вокруг костра(篝火旁),далеко от дома(离家远)等。在大多数情况下,副词前置词和基础副词具有相同的含义和相同的语义主体,副词前置词和基础副词之间的唯一区别是主要语义参与者的表达方式。例如下面两句:(1)Горел костер, вокруг(前置词) костра стояли люди.(篝火在燃烧,人们站在它旁边);(2)Горел костер, вокруг(副词)стояли люди.(大火在燃烧,人们站在附近)。副词前置词 вокруг 和基础副词 вокруг 都具有语义主角“参考点”,在两个示例中,单词 костер 都表示语义主角。但是副词前置词控制这个名词,从而预测了它的格形式和在句子中的线性位置。副词不控制名词,唯一的要求是必须已经提到该对象。在这方面,所讨论的副词类似于连接器。在配价理论的框架中很容易描述副词前置词,对配价理论的一些改进对于表示基础副词的句法特性是必要的。在配价实践中,将副词前置词表示为副词而不是前置词更为方便。

Яковлева И. В. (2015)从对比的角度研究了俄语言语动词语义中运动因果关系的隐喻。在俄语中,谓词在语义转换的成因中占据特殊位置,揭示了俄语语义转换的能力。对于非接触式移动动词,这种语义转换是典型的,意味着仅在动作[例如 бросать(投掷)]的初始阶段进行控制。另一类动词暗示整个表面释放某种物质[例如 излучать(辐射)],并没有发展出隐喻转换的能力,文章通过在其他语言的背景下考虑俄语的情况,得出这样的假设。在实现语义转换时,动词的体也会产生影响,例如以 говорить 和 сказать 为词根的一系列动词。

Урысон Е. В. (2004)揭示了要比较的谓词含义的一般方案,并描述了实现其语义主体的方式及一些俄语中表示比较的独特方式,证明了“比较”含义与语义基元的接近性,并初步讨论了用于描述比较语义的元语言的问题。比较的情况首先由要比较的动词及其同义词(如果在语言中存在)表示。其次,比较的情况:a)由一系列描述对象的相似性(同一性、相等性)或不相似性(非同一性)的俄语谓词来表示,例如相同、相似、不同等;b)由某些类别的形容词的比较级和最高级来表示,比如更高、更长、最高等,以及一些副词。在某些语言中,比较的情况可能涉及其他词性的形式。值得注意的是,这些类的词素在词典解释中有时并不包含“比较”义素或类似内容。

Миличевич Я. 和 Тимошенко С. П. (2014)的《对文本处理中强化形容词的细粒度描述》(«К проблеме описания прилагательных-интенсификаторов для задач обработки текста»)一文提出“强化形容词+名词”类型的搭配,称为 Magn 类型搭配。这样的搭配可以表示为函数依赖:Magn(RAIN)= heavy,其中 Magn 是一个(词法)函数,负责表示“非常”/“高度”的含义。词法函数的形式化已经被证明了在各种 NLP 任务中的有用性,但仔细观察发现,它的语义粒度变得不足,因此该文通过区分 Magn 的语义子类型来改进 Magn 的概念。此研究使用为多用途语言处理系统 ЭТАП-3 开发的俄语和英语解释性组合词典进行了测试。结果显示,Magn 语义亚型可以用一种不仅精确而且具有预测能力的方式对词典信息进行编码。

Карпова О. С. 等(2011)的《性质词汇中重命名类型的评价意义》(«Оценочные значения ребрендингового типа в признаковой лексике»)一文以肯定和否定评估的语义为切入口,研究了形容词的多义情况,其评价意义是通过特殊类型的语义转换形成的,称其为重命名。对俄语性质形容词和副词语义转换数据库资料的研究证明了评价意义的多个方面:评价意义形成的机制、词法兼容性、与更名类型的其他值的交互作用。

Кустова Г. И. (2022)发表的论文《带连接词 когда 的心理谓词题元分析:基于俄语国家语料库数据》(«Сентенциальные актанты ментальных предикатов с союзом когда: по данным Национального корпуса русского языка»)众所周知,具有情感和评价意义的心理谓词不仅与连词 что(球队输

了很遗憾/不好)有关,而且还与连词 когда 和 если(当/如果球队输了,那就不好了)有关。俄语国家语料库的数据表明,语法中未提及的其他语义类的谓词也可以附加带有连词 когда 和 если 的从句。该文章讨论了多种带有心理谓词(知道、记住、理解/可理解)及 когда 从句的例句。

Баранов А. Н. (2008)的《反对意义分解:成语语义的识别》(«Против "разложения смысла": узнавание в семантике идиом»)一文讨论了成语语义的象征性成分的意义模型(特别是在解释中)的反映。对于成语的语义而言,不能使用将含义分解成更简单的组件的方法来传达内部形式的策略,而应使用基于语义解释中的图像触发来识别和重建语义的方法,该方法启动生成所需图像的关联链。

5.4.3 词汇语义处理的新方法和新角度

Borschev V. B. 和 Partee B. H. (2014)认为,词汇语义的很大一部分可以合并到形式语义中,而无须向后者添加新的机制。如果形式和词汇语义说的是同一语言,则可以将它们组合在一起。该研究继续了作者关于俄语中度量构造的本体和语义的工作,例如 два стакана молока, полкорзины грибов, три мешка муки(两杯牛奶,半篮蘑菇,三袋面粉)等表达方式,描述了各种容器及基于它们的相应计量。在以往的研究中,描述的本体信息包括事物的种类以及指定种类的词和表达,但没有在形式语义分析中包括这些种类信息。Borschev V. B. 和 Partee B. H. (2014)做到了这一点,并将排序定义为类型,从而大大扩展了蒙塔古(Montague)的类型系统。一方面提供了指定本体的多方面信息的方法,另一方面可以更全面地指定所考虑结构的语义。这项研究的实质目标是能够描述和解释共现约束,并且在理想情况下能够形式上区分格式良好和格式错误的表达。

Гончарова М. Б. 等(2015)提出了一种基于模型的词义对齐(WSA)方法,该方法适用于具有中介语的 ABBYY 的 Compreno 词汇语义数据库中的新语言集成。使用该模型,即语义和句法兼容性,能够以与语言无关的结构执行语义-句法分析。通过对核心语言的全面描述,实验分析了并行资源,即源语言中双语词典和并行语料库的一部分,并获得了一组目标语言含义的候选概念。通过这种方式,在字典含义和中介语概念之间完成了语义对齐。一旦在层次结构的含义和概念之间建立了对应关系,就可以将这些新含义合并到词汇语义数据库中。集成是半自动完成的,即在最后阶段,通信应由语言学家批准,手工工作量降到最少。

Кретов А. А. 和 Рафаева А. В. (2009)的《词汇语义分类程序 ПроСеКа 的理论和应用》(«Программа семантической классификации лексики-ПроСеКа: теоретические и прикладные аспекты»)一文使用改进的 Э. В. Кузнецова 词典识别方法,对词素进行语义分类,重点考查词汇语义,而不是语法语义。词汇语义分类的计算机程序 ПроСеКа 对词汇语义过程和词汇语义系统状态的研究揭示出这些过程的本质、速度和方向,为这些词素的时间顺序和语义绑定提供了基础。要实现语义绑定,必须明确描述语义范围并确定每个含义在其中的位置。与该文所提出的方法最接近的是针对不同语言的 WordNet 类型资源,其中词汇含义以语义网络的形式描述。不同之处在于,当词素语义的值不是链而是节点时,节点通过关系"解释-解释"或"特定-一般"而结合在一起,也就是说,这种情况下的意思不是语义链,而是其链接上的分类单元。

根据《80 年语法》(716 页)的定义,与普通连词相反,复合连词"是两个或多个元素的组合,每个元素同时存在于语言中并作为一个单独的单词存在"。Е. В. Урысон (2010)的《复合连接词 даже если 的语义》(«К определению составного союза "даже если"»)分析了复合连接词 даже если 的语义。结果表明,即使复合连接词在语法和类型学上被认为是一个固定组合,其含义也从 даже 和 если 的含义推导出来。复合的特殊性在于,если 在复合中表现为一个非典型的修改;如果它与 даже 相复合,则仅出现在有限的上下文语境中。复合的特殊性还在于,语义会进行系统的形式丰富,可以采用表达式:"缺少陈述 A"-"陈述不存在 A"。因此,даже если 的组合也可以在电子词典中作为 если 的一个分规则进行描述。

Clairet N. 等(2016)提出了一种基于非常规文本的语义关系提取和语义建模的方法,该方法基于使用常识和语义模板的词汇语义网络。用户使用的词汇语义网络是通过有针对性的在线游戏和直接参与开发与维护的,它的结构的特殊性和约束规则在网络弧中的应用提高了文本语义分析的效率,也为(半)自动语义建模和概念化开辟了新的前景。Clairet N. 等(2016)在法语的 X 射线报告语料库上测试了该方法,以提取非分层关系。在研究此问题的同时,出于概念化的目的,尝试开发烹饪食谱模型,因为该材料是程序文本的一个示例。当前的研究结果与法语有关,研究者计划扩展词汇语义网络,以使其包含其他语言,以及语义分析器的功能。

Фомин В. 等(2019)在报告《俄语单词意义在文化制约下的历时转移:测试集和基本分布算法》(«Культурно обусловленные диахронические сдвиги значений слов в русском языке: тестовые сеты и базовые дистрибутивные алгоритмы»)中介绍了测试系统的手动标记数据集,用于自动跟踪俄语单词含义的变化。两个数据集是互补的:第一个处理与 1918 年之前相比苏联时期俄语中形容词和名词的语义变化,第二个涉及 2000 年至 2014 年之间发生的细微语义变化。此外,第二个数据集提供了变化的粒度分类程度,但是仅包含形容词。这些数据集的创建使得有可能评估几种用于确定语义转移的常用算法的工作质量,其中许多算法以前并未应用于俄语语言材料。使用的所有算法均基于在相应语料库上训练的分布模型;评估算法本身的问题可以归类为分类问题,最终得分可以视为与未来方法进行比较的基准。数据集所用算法的软件以及经过训练的分布模型可通过开源渠道获得。该实验有助于学者将来在具有不同时间粒度的语义转移自动跟踪方面的探索。

Азарова И. В. (2005)论述了在 ИДЕОГРАФ 项目中开发的俄语文本处理技术。该技术从文本中提取词汇语义信息,然后将信息用于各种实际任务,尤其是从文本中提取事实。ИДЕОГРАФ 系统的语义组件由两个紧密交互的模块组成:词汇语义模块提供与计算机词库的链接,句法语义模块从文本中提取基本命题。其中词汇语义信息是使用 RussNet 计算机同义词库设置的,而该词库是根据 WordNet 的许多基本原则构建的。

5.5 语义角色的问题

Кашкин Е. В. 和 Ляшевская О. Н. (2013)着重讨论了 FrameBank 在语义角色标记问题中的实际使用可能性,以及动词的语义类别、语义角色和填充价的语义约束之间的关系的理论问题。还阐述了构造结构图的原理,该结构图既反映了动词词汇集中的语义转换,又反映了结构的句法设计中的继承/转移。俄语动词结构词典是 FrameBank 系统的一部分,该系统根据俄语国家语料库的数据不断更新。动词结构的语义标记包括:a)确定动词的含义和情境中参与者的语义角色(表达);b)制定对配价的语义限制; c)在结构图中建立一个动词的构造之间以及不同动词的构造之间的关系。语义角色的清单是按层次结构组织的,这可以将其规模从十几个原型扩展到许多私有定义。工作中描述的基本级别的清单与俄语国家语料库中语言词典的语义分类相关。

孙爽与 Кобозева И. М. (2008)在本体语义学的基础上,建立了用俄文编码识别工具和比较意义的第五格对象,梳理其语义角色的形式规则,这对于"像……一样、像……的形状"意义的第五格名称自动翻译成中文时解释第五格语义的机器翻译语法是必需的。将俄语自动翻译为汉语的重要问题之一是对俄语名称语义的识别,特别是翻译自由语法的情况,即当名词短语不能自动充当句子中任何单词的配价时。该研究的目的是,证明系统需要具有一个语义组件,该组件包括"本体语义"的通用本体,进行了相应调整的词典,以及分配了语义角色的规则。在自动翻译的所有可能语法中,仅考虑那些可以根据上下文表示工具角色或比较对象角色的语法,将这些含义区分开,它们各自通过自己的特殊方式翻译成中文。在制定将这些值分配给语法的规则时,试图在原则上考虑其他可能的值,以便正确设置具有普遍适用性的规则条件。

Шелманов А. О. 和 Смирнов И. В. (2014)介绍了两种俄语文本语义角色标注的方法。第一种方法基于语义词典,该词典包含有关谓词、语义角色和与角色相对应的语法特征的信息,使用试探法和整数线性规划来找到最佳的角色联合。第二种方法是数据驱动的语义语法解析,该解析使用 MaltParser 实现,执行基于转移的数据驱动解析,同时构建依存句法树并分配语义角色。作者通过 SynTagRus Treebank 上的各种功能集对其进行了培训,基于字典的解析器自动丰富了其语义角色。通过使用数据驱动解析器的输出,设法自动减轻了训练语料库中的错误,评估了 SynTagRus 子库中解析器的性能,并使用语义信息对其进行了手动注释。基于字典的解析器和数据驱动的语义语法解析器表现出较好的性能,尽管数据驱动解析器的性能没有优于基于字典的解析器,但它在某些情况下可能是有益的,并且有进一步改进的潜力。

Шелманов А. О. 等(2017)提出并评估用于俄语文本语义角色标注的神经网络模型。评估和训练的基准是在 FrameBank 语料库的基础上准备的。文章讨论了学习神经网络模型的不同方式,用于在不同特征集上进行语义角色标记,包括借助 SyntaxNet 获得句法特征。该模型依赖于架构工程和原子特征,而不是常用的特征工程。作者从计算机算法角度研究了学习模型的能力,该模型使用词嵌入来标记训练集中不存在的“未知”谓词的参数。实验结果可以作为进一步研究俄语文本语义角色标注的基础。

Ляшевская О. Н. 和 Кашкин Е. В. (2014)使用格标记参与者的语义角色,讨论了评估解析器的方法,其主要任务在于自动确定语义角色标记(SRL)。FrameNet 命名的语义角色识别的质量高度依赖于分配的角色数量,并且如果训练集资源中的角色清单和目标资源中的角色清单不同,则该识别质量可能会下降。创建 SRL 智能评分系统的第一步,是引入语言动机的标准来评估语义角色标记系统,将错误分类为从小错误到严重错误的多个等级,这有助于避免角色清单之间可能出现的差异。据此进行了一个基于 FrameBank 数据库的实验,该数据库在思想上与 FrameNet 系统链接,是公开可用的在线资源,并结合了常用俄语动词的词法结构词典和俄语国家语料库的示例标记语料库。标记构造的参数之一是它们的语义角色,在 FrameBank 系统中其清单是按层次排列的,并以图形的形式表示。为了比较系统响应和黄金标准响应,Ляшевская О. Н. 和 Кашкин Е. В. (2014)还研究了结构词汇表中角色分布的统计标准以及图中语义角色的位置。

Ляшевская О. Н. 和 Кашкин Е. В. (2016)继续将形容词自变量的角色添加到语义角色网络系统并形成角色图。与动词构造相反,形容词的谓词-自变量构造通常不属于理论学家和 IT 专家关注的范围,因此在提出将形容词的语义角色包括在语义角色的一般网络中的问题时,重要的是确定它们是否形成一个单独的系统,或者是否可以将它们视为动词或名词性成分角色清单的扩展。为了检验对形容词角色系统基本结构的假设,该研究团队进行了一次专家调查,要求评估形容词和动词的角色之间的相似性。结果表明,角色的语义解释及其形态句法设计都对评估产生影响,因此在开发清单时应将其考虑在内。另外,原型形容词具有状态语义,这反映在形容词和动词中参与者的角色相近方面。调查结果还提供了新的数据,用于检查和完善动词本身的语义角色清单。

Казаков Р. 和 Ляшевская О. (2021)的文章《俄语附加语义角色标记》(«Определение семантических ролей сирконстантов для русского языка»)认为语义角色标注的任务通常侧重于识别和分类谓词的核心强制性参数,而时间、位置等非核心、起修饰作用的附属词被考虑在任务的外围,尽管它们高度集成到子句结构中并且可能与动词的含义发生交互。该研究基于手动注释的 AdjunctsFrameBank 数据集,展示了"地点、时间、方式、程度、理由和目的"等辅助角色标记。研究结果证实了附属词的结构和语义自主性以及词汇形态句法化的理论假设。并且,语义网络更复杂的关联被揭示出来,表明附属物在分布和行为方面的多样性。

5.6 语义处理资源的有关探索

5.6.1 语义词典

Кустова Г. И. (2009)研究了动词性形容词的电子语义词典的信息结构和类型,致力于创建动词性形容词的电子语义词典(或数据库)。考虑以下主题:a)形容词与言语情境的联系以及表达言语行为体的可能性;b)语义类别和名词的功能谓词在组合"语言形容词+名词"的语义模型的过程中的作用;c)数据库中的信息类型;d)阐明俄语国家语料库词典的语义标记。

Леонтьева Н. Н. 等(2020)讨论了用于自动处理俄语文本的 RUSLAN 电子语义词典的升级。该词典的早期版本创建于 20 世纪 90 年代和 21 世纪初期,主要用于自动处理俄罗斯联邦的公文。目前,词典的开发团队继承了词典的基本形式,包括元语言和词典条目的结构,新版本以多种方式进行了修订和扩大。初始版本大多早于语料库语言学问世,而当前版本则基于语料库数据。俄语国家语料库被用作例句的来源,以统计学和经验主义确定哪种语言信息与实际应用是紧密相关的。制定了样本的结构,并设计了一种从语料库中选择词汇单位以用于多义性的实用描述。与以前的版本相比,在词典中动词具有更灵活的描述,各方面的含义反映得更加细微。

Диконов В. Г. (2018)的文章《背景知识建模以及在俄语文本中寻找联想照应》(«Моделирование фоновых знаний и поиск ассоциативных анафор в текстах на русском языке»)介绍了一种基于知识的语义来桥接(bridging)俄语文本的方法。该方法通过使用基于 SUMO 本体的扩展版本和来自"通用概念词典"的词汇语义数据描述来模拟人类背景知识。此方法支持广泛且可扩展的联想照应关系,即桥接。可以基于假设构建具有多个照应关系的复杂关联,且可以注释底层概念词典支持的其他语言。

5.6.2 ЭТАП 系统

俄罗斯科学院信息传输问题研究所的 ЭТАП 系统开发团队的 Богуславский И. М. 等(2015)探讨了语义分析系统和在其基础上实现的问答系统,试验的主题领域针对足球新闻。在入口处,系统以自然语言接收问题,并从数据库返回一个项目作为答案。ЭТАП-3 语言处理器的语义分析模块为每个句子建立一个语义结构,该语义结构是语义关系(个体 1,个体 2)形式的三元函数组。语义关系和构成语义结构的个体及其本体相对应,从而构成语义词典。由于在对象之间建立了共指关系,因此可将同一文本的句子语义结构进行组合,然后将其转换为 OWL 文档,用作数据库。该数据库还包含来自个人数据库的有关特定球队、足球运动员、比赛的背景信息,因此,不仅可以使用文本的不同句子中的信息,而且可以使用个人基础中的信息来找到问题的答案。这样一来,如果用户提出问题,比如“哪支球队击败了西班牙冠军?”,并且有一段文字说明“斯卢茨基率领的球员”击败了马德里竞技队,那么系统将在问题和该文字之间建立对应关系,并给出正确的答案:莫斯科中央陆军足球队。从问题中获得的语义结构将转换为 SPARQL 数据库查询。截至报告发表时间,系统的所有部分都在运行,工作处于调试阶段。

Богуславский И. М. (2017)介绍了俄罗斯科学院信息传输问题研究所开发的 ЭТАП-3 语言处理器的语义分析器 SemETAP 模块。它使用两个静态语义资源——组合字典和本体,前者包含有关单词的多种信息,后者则存储有关概念的语言学(世界)知识,并用作语义描述的元语言。一方面,需要世界知识来加强文本分析,另一方面,需要通过推理来提取隐式信息。单词和概念都提供了语义描述,语义描述包含形式语言的定义,该定义还可以选择包含含义或期望。为了方便用户,还可以通过示例和自然语言处理中的定义来提供描述。

Диконов В. Г. (2017)进而描述了一种从本体语义概念生成自然语言文本的方法,由语言处理器 ЭТАП-3 生成。该系统支持两种不同类型的语义概念,它们使用两种不同的形式语言:本体语言和 UNL。它们通常被视为与“意义⇔文本”理论框架相关的语义子层次。该研究比较了两种类型的语义概念,并概述了将本体语义结构转换为 UNL 图的过程,系统可以将其转换生成为俄语和英语文本。

Богуславский И. М. 等(2018)还描述了语义分析器 SemETAP 的新版本。该研究基于这样一个假设,即理解的深度可以随着从文本中得出的推论数量而增加。SemETAP 的显著特点包括:1)密集使用语言和背景知识,前者包含在组合词典和语法中,后者存储在本体存储库中。2)本体的词和概念可以提供显式分解以用于推理目的。3)区分了两个层次的语义结构,基本语义结构(BSemS)根据本体元素解释文本;增强语义结构(EnSemS)通过一系列推理扩展了 BSemS。4)开发了一种新的逻辑形式主义 Etalog,其中编写了所有推理规则,带有推理的语义分析能够提取隐含信息。该分析器在解释足球比赛的精彩瞬间的任务上进行了测试。

Богуславский И. М. 等(2019)进而在《以基于知识的方法应对 WINOGRAD 模式挑战》(Knowledge-based approach to winograd schema challenge)一文中提出了一种通过基于知识的语义分析器 SemETAP 在 WINOGRAD 模式挑战(Winograd Schema Challenge, WSC)框架中解决照应代词的方法。WSC 是著名的图灵测试的现代版本,它的目标是检查机器表现出的与人类无法区分的智能行为。与基于机器学习的其他 WSC 方法相比,Богуславский И. М. 等(2019)的方法使用显式知识,这种方法的一个重要优点是提供了一个角度来解释人类可以理解的结果。SemETAP 使用语言和语言外(背景)知识来解释文本,前者存储在 ETAP-4 系统的语法和字典中,后者由 SemETAP 本体、推理规则和个体存储库提供。目前,该算法的性能并不高,只达到 54%,这是由于提供给系统的背景知识不完整。如果背景知识足够完整和准确,则可以很好地解决 WSC 测试,并且很容易理解为什么系统会得出特定的结论。

Богуславский И. М. 等(2021)研究了计算语言学和理论语言学中的语义表示,从较为宏观的角度讨论了语义学研究在理论语言学和计算语言学两方面的互补性。虽然理论语言学和计算语言学都在积极进行语义研究,但两个学科语义研究的任务、目标和结果通常有很大的不同。作为缩小这一差距并提高理论语言学家对计算语言学家所做工作的认识的一步,Богуславский И. М. 等(2021)提出了计算语言学中的意义表示方法,并将它们与最著名的理论方法之一——“意义⇔文本”理论进行了比较。

5.6.3 其他数据库及模型

Зубков В. П., Захаров А. Н. (2003)研究了智能自动化编程系统(ИСАП)的功能以及使用自然语言设置任务的原理。简要回顾算法编程语言的发展可以发现,这些语言的开发都是针对原始机器语言的“人性化”。预计最终会发生向通用编译器的过渡,这样,软件开发人员就可以专注于其程序算法的逻辑,而不必担心特定算法编程语言的语法,于是就有可能使算法的构建自动化。所有这些进化最终将使用户与计算机之间的交互进入新阶段,如今的计算机已从用于创建和实施软件产品的工具转变为能够在协作过程中以自然语言与人进行语义沟通的智能电子助手。而且,用户将在没有中介的情况下以自然语言在计算机前制定任务,这方面的知识将由专家来代替,这对于不断补充机器知识库是必不可少的。

Котов А. А. 等(2018)尝试设计一种语法分析器,该语法分析器以帧格式构造语义表示,将子句表示为配价表,并用语义标记填充。将该表示形式与脚本列表进行比较,可对语义表示进行歧义分类和消解。框架的概念几十年来一直是语义学的关键概念,直到最近它被网络方法所取代。网络方法将信息存储在经过训练的分类器中,但不易用于语言分析。该文介绍了一种用于分析自然语言文本的自动系统,旨在从传入文本的含义中调用情绪反应(手势、面部表情、语音回复)。该系统可以对伴侣机器人 F2 进行动画处理,或者可以将提取的含义与建议的情绪反应一起存储到数据库中。这项工作将描述传入文本的处理方式,直到其含义被存储到数据库中为止。为了构建语义表示,作者开发了一个解析器,根据理论语言模型,解析器用 C#编写,俄语语法用 syntXML 语言描述,字典存储在 SQL 数据库中。在处理的每个步骤中,解析器都可以将中间的分析结果保存到 SQL 数据库中,或将它们转移到下一个软件组件中。

Грунтов И. А. (2007)将"语义转换目录"描述为一个数据库,其中包含世界上各种语言中的规律性语义转换,该数据库旨在系统化和研究语义变化的类型。在莫斯科语义学派中,由 Зализняк А. А. 领导的团队自 2002 年以来一直在努力创建一个数据库,该数据库定期复制的词汇和语义变化已在世界各种语言中得到证明。该数据库的单位是语义转换,将语义转换指定为<A 值,B 值>对,在其基础上确定语义推导的关系,并以此种方式实现语义转换的形式化。转换的参与者"A 值"和"B 值"不仅可以是特定值,也可以是"变量"。Грунтов И. А. 还区分出了六种语义转换类型:多义、语义演变、认知、外来语、形态派生、语法化。

Трофимов И. В. (2017)的文章《区分语义相似度和关联度的分布模型》(«Дистрибутивная модель для различения семантического сходства и ассоциации»)讨论了分布式语义显示出的一种趋势,即更深入地理解语义相关性是什么以及它是由什么组成的。尤其是 SimLex999、WS-Sim 和 WS-

Rel 等新黄金标准的出现证明了这一点。来自认知心理学的证据表明,人类区分了两种基本类型的语义关系:基于类别的相似性和主题关联。该文提出了一个能够区分这些关系的分布模型,以及一个由 500 个相似名词对和 500 个相关名词对组成的数据集,可用于评估这些模型。

Инькова О. Ю. (2021)概述了现有的话语关系的解决方案:修辞结构理论(RST)、分段话语表征理论(SDRT)、宾州篇章树库(PDTB)和连贯关系的认知方法。展示了在这些方法中用于定义话语关系的标准,或者在更狭义定义的情况下的逻辑语义关系,并概述了所描述定义的缺点。文章规定了用于在超语料库连接词数据库(SDB)中构建逻辑语义关系(LSR)的分类和定义的原则。分类基于四个基本语义操作,且每个逻辑语义关系的定义都基于这四个语义操作:1)含义;2)时间尺度上的位置;3)比较;4)元素与集合之间的相关性。此外,分类还考虑了上下文的语义和语用特征,提供了逻辑语义关系的几个定义和相应的例子。话语关系定义中使用的定义可以根据建议的标准评估关系的语义紧密度,并提高专家和注释者工作的一致性水平。这反过来又增加了注释材料的价值,从而增加了它的可靠性。

Соколова Е. Г. (2003)的《用于生成数据库查询的名称语义特征》(«Семантические свойства имен для генерации запроса к базе данных»)一文介绍了用于从初始对象形式生成俄语查询的语义工具,该初始对象形式是 InBASE 系统对用户查询进行分析的结果,请求以普通名词短语对应于表示形式的对象和属性之间的关系结构生成。字典将语义属性赋予概念,并表达概念之间的关系,还包含影响语言查询的一些其他信息。

5.7　语义测试研究

Деткова Ю. 等(2020)的《俄语互联网语料库的语义差异草图》(«Дифференциальные семантические скетчи для русскоязычных интернет-корпусов»)介绍了一种新型的语料库聚合输出——语义草图,已对俄语通用互联网语料库的一个子语料库进行了实验。语义草图是语料库草图思想的自然扩展,根据语义关系和语义类别分析语料的兼容性。限定属性“差异”是指可以对具有图元文本特征的草图进行附加参数化。当然，此类语义草图的构建需要语料库的语义标记，在此次测试实验中，Compreno 子集的部分语义进行了标注解析。Деткова Ю. 等的实验提供了构造草图的示例，并评估了这种语料库统计数据的优点和问题。

Пономарева М. 等(2021)讨论了语义草图自动处理的各种方法，介绍了第一个俄语语义草图的开放语料库，以该语料库为例，探讨了语义草图的特征及其构建过程中出现的问题，讨论使用草图可以解决的任务，以及使用草图的进一步前景。该研究特别注意创建用于自动处理的工具，作为创建此类工具的实验，作者组织了“语义草图 2021”竞赛，参与者需要处理一组草图，并将匿名草图与相应谓词的多个上下文相关联。

Петрова М. 等(2022)尝试为英语动词创建语义草图。测试语料库由英俄草图对组成，旨在展示草图有助于进行对比研究，有利于研究语义相似的草图之间的跨语言差异。该文还讨论了构建语义草图的过程，并分析了相关的处理错误，以便于深入了解草图的语言性质。

Панченко А. 等(2015)总结了在 Dialogue 2015 大会上提出的 RUSSE 工作组致力于研究确定俄语单词的语义近似度的系统。RUSSE 共享任务成为评估俄语语义相似性度量的第一个系统性尝试。为了评估这样的系统，提出了四种基于人类评估和语义关系类别的方法。19 个参与团队根据基于分布、网络、知识和神经网络的相似性度量提交了 105 份研究报告。该系统接受了从俄语国家语料库到 N-grams 的各种语料库的训练。研究贡献了一个开源评估框架，该框架依赖于四个新颖的评估数据集，这种评估方法能够确定最实用的俄语语义相似性方法。有监督的学习方法结合了不同来源的数据，研究者们组合使用了词法、形态、语义和正字法特征的复杂方法，获得了共享任务中的最佳结果；无监督的学习方法(例如在大型语料库上训练的分布模型)显示出可比的结果。总体而言，实验表明英语的语义相似性通用方法(例如 CBOW 或分布模型)可以成功地应用于俄语。

Рыжова А. А. 等(2021)的论文《用分布模型和语法特征检测俄语名词的语义变化》(«Оценка степени семантических изменений у русских существительных с помощью дистрибутивных моделей и грамматических профилей»）介绍了该团队在“对话 2021”会议的 RuShiftEval 竞赛中开发的检测俄语名词语义变化程度的模型。该算法主要基于无监督分布模型，并额外测试了一个模型，该模型使用能够表示所讨论单词的形态偏好的向量。建立在具有小窗口的 ELMo 架构上的模型获得了最佳结果，而“语法”模型的效果可与基于更复杂算法的模型相媲美。

Пивоварова Л. 和 Кутузов А.（2021）提出了第一个关于俄语的历时词义变化检测的共享任务。该研究运用了俄语国家语料库的三个子语料库——分别对应于前苏联、苏联和后苏联时期，并选取了一组大约一百个俄语名词，任务是根据它们在不同时期的意义变化程度对这些名词进行排名。这是俄语第一个提供训练集的词义变化共享任务，共享任务收到了来自 14 个团队提交的测试结果。RuShiftEval 的结果表明，训练集可用于词义偏移检测。结果还表明，使用语言知识可以提高这项任务的性能。这次测试比赛表明，这是上下文化嵌入架构（XLM-R、BERT 和 ELMo）第一次在语义变化检测任务中明显优于静态嵌入架构。

5.8　本章小结

本章中，我们继续使用第 4 章的方法，先统计筛选出俄罗斯计算语义学方面的高频高相关文章，然后分子领域梳理俄罗斯计算语义学的最新成果贡献。通过梳理我们得到了俄罗斯计算语义学的基本理论、句法语义、词汇语义、语义角色、语义测试、语义研究资源系统等方面的前沿思想，这对于我国和欧美的计算语言学研究是有益的参考。

结　　论

在本课题研究中，我们首先构建了“对话”会议的论文语料库和数据库，为定量分析俄罗斯计算语言学态势提供了具有系统性和权威性的前沿成果知识库。然后运用该前沿成果知识库对俄罗斯计算语言学学术会议的高频作者、高频单位、论文语料库分别进行了统计梳理，宏观上讨论了当前俄罗斯计算语言学研究的大体态势及特点，试图揭示俄罗斯计算语言学界在做什么、有谁在做、怎么做三个问题。前两章中初步讨论了前两个问题，而第三个问题涉及面很广，我们在后三章中举例进行了尝试性总结。以语料库和数据库相结合的定量研究方法为主，对学术论文文本进行多个维度的初步统计分析，提供了宏观实证数据支撑；同时以综合运用传统的文献分类梳理总结的定性研究方法为辅助，具体探讨了俄罗斯计算语言学的各单位流派及具体子领域的前沿动态。

在未来的研究工作计划中，为了解俄罗斯计算语言学界具体如何开展研究，还需要区分不同代表人物或子领域，进一步整合分析论文语料的内容。为此我们仍需要继续以高频作者和关键词高频词（即人和词）两条线索为基础，更为细致地综述和总结梳理俄罗斯计算语言学方方面面的成果和理论。我们计划在未来五年按人物或者分子领域编写俄罗斯计算语言学研究前沿问题的导读，介绍俄罗斯计算语言学不同领域研究的前沿概况，使读者可根据自己的学术兴趣参考有价值的学术资料。

此外，我们计划将已建成的俄罗斯计算语言学前沿成果知识库进行扩展，再添加一个百科词条库，并发布在互联网上，供国内计算语言学学界同人在线访问使用。将前沿成果知识库论文中的关键词汇集为论文关键词词表，并将词表中的论文关键词链接到维基百科和 Кругосвет 两个百科全书的对应词条,再将这些词条构成一个词条库。接下来,将前沿成果知识库和百科词条库两个库中相同或相近的关键词或词条相互链接,使得一篇论文或一个词条可以链接到相关的其他论文或词条,由此生成相关论题的论文列表。由此,关键词和百科词条两种知识节点便联通为网络,从而使前沿成果知识库与百科词条库结合升级为在线俄罗斯计算语言学前沿成果知识库,如下图所示。

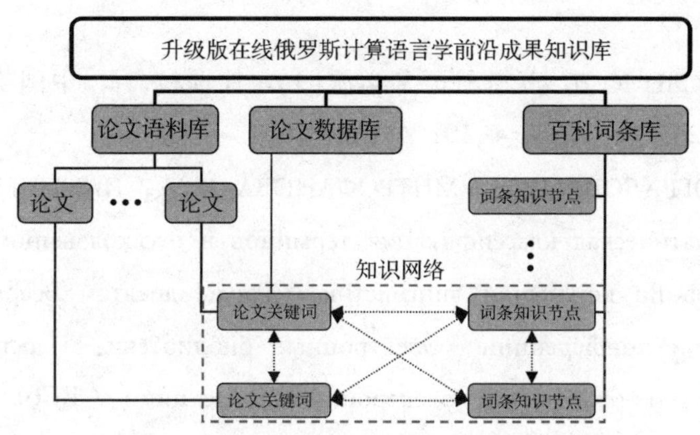

升级版在线俄罗斯计算语言学前沿成果知识库示意图

向前沿成果知识库中添加百科词条库有两个好处:第一,将知识联通为网络有利于知识库使用者检索查阅该领域的相关知识,形成相关知识的组合与聚合,在知识库中输入我们需要的检索词可以方便地查找到有关论文或百科词条;第二,论文知识库中的有些关键词在百科全书中无法查到对应词条,这从另一方面突显出百科全书中的某些空白,且往往这些空白恰好就是计算语言学领域的最新前沿问题,因此论文研究成果又可以补充到百科全书中。

对将来的升级版前沿成果知识库还需要进行共享和动态维护。升级版在线俄罗斯计算语言学前沿成果知识库建成并调试后,我们将在互联网上开通接口,及时将俄罗斯计算语言学最新研究成果发布给我国学界。注册用户还可为本库添加新论文或词条,并对已有的资源进行补充编辑。该知识库的知识源不仅局限于"对话"学术会议网站和维基百科与 Кругосвет 两个百科全书,动态维护可以使得前沿成果知识库的功能更为强大,适用面也将更广。

参考文献

[1] АПРЕСЯН Ю Д. 莫斯科语义学派[J]. 杜桂枝,译. 中国俄语教学, 2006(2):1-6;(3):4-10;(4):13-18.

[2] ВИНОГРАДОВА Н В, МИТРОФАНОВА О А, ПАНИЧЕВА П В. Автоматическая классификация терминов в русскоязычном корпусе текстов по корпусной лингвистике: Труды девятой Всероссийской научной конференции «Электронные библиотеки: Перспективные методы и технологии, электронные коллекции» (RCDL - 2007). Переславль-Залесский: 2007[EB/OL]. [2016-12-01]. http://www.rcdl.ru//papers/2007/paper_31_v1.pdf.

[3] ГЕЛЬБУХ А Ф. Разрешение синтаксической неоднозначности и извлечение словаря моделей управления из корпуса текстов[EB/OL]. [2021-08-20]. http://www.gelbukh.com/REDII/REDII-99/Publications/KDS99.htm.

[4] Генеральный Интернет-Корпус Русского Языка (ГИКРЯ) [EB/OL]. [2020-06-20]. http://www.webcorpora.ru/.

[5] "ДИАЛОГ"学术会议网站[EB/OL]. [2022-10-15]. http://www.dialog-21.ru/.

[6] ЕНИКОЛОПОВ С Н, КУЗНЕЦОВА Ю М, Смирнов И В, Станкевич М А, Чудова Н В. Создание инструмента автоматического анализа текста в интересах социогуманитарных исследований [J]. Искусственный интеллект и принятие решений, 2019(2):28-38.

[7] Звуковой Корпус Русского Языка[EB/OL]. [2016-11-15]. http://

model. org. spbu. ru/.

[8] ЗЕЛЕНКОВ Ю Г, СЕГАЛОВИЧ И В. Сравнительный анализ методов определения нечетких дубликатов для Web-документов [EB/OL]. [2016-11-15]. http://rcdl2007. pereslavl. ru/papers/paper_65_v1. pdf.

[9] Компьютерная лингвистика и интеллектуальные технологии: Труды междунар. конф. «Диалог 2006» [C]. М.: Изд-во РГГУ, 2006.

[10] Компьютерная лингвистика и интеллектуальные технологии: Труды междунар. конф. «Диалог 2007» [C]. М.: Изд-во РГГУ, 2007.

[11] Компьютерная лингвистика и интеллектуальные технологии: Материалы междунар. конф. «Диалог 2008» [C]. М.: Изд-во РГГУ, 2008.

[12] Компьютерная лингвистика и интеллектуальные технологии: По материалам ежегодной междунар. конф. «Диалог 2009» [C]. М.: Изд-во РГГУ, 2009.

[13] Компьютерная лингвистика и интеллектуальные технологии: По материалам ежегодной междунар. конф. «Диалог 2010» [C]. М.: Изд-во РГГУ, 2010.

[14] Компьютерная лингвистика и интеллектуальные технологии: По материалам ежегодной междунар. конф. «Диалог 2011» [C]. М.: Изд-во РГГУ, 2011.

[15] Компьютерная лингвистика и интеллектуальные технологии: По материалам ежегодной междунар. конф. «Диалог 2012» [C]. М.: Изд-во РГГУ, 2012.

[16] Компьютерная лингвистика и интеллектуальные технологии: по материалам ежегодной междунар. конф. «Диалог 2013» [C]. М.: Изд-во РГГУ, 2013.

[17] Компьютерная лингвистика и интеллектуальные технологии: По материалам ежегодной междунар. конф. «Диалог 2014» [C]. М.: Изд-во РГГУ, 2014.

［18］Компьютерная лингвистика и интеллектуальные технологии：По материалам ежегодной междунар. конф. «Диалог 2015»［C］. М.：Изд-во РГГУ，2015.

［19］Компьютерная лингвистика и интеллектуальные технологии：По материалам ежегодной междунар. конф. «Диалог 2016»［C］. М.：Изд-во РГГУ，2016.

［20］Компьютерная лингвистика и интеллектуальные технологии：По материалам ежегодной междунар. конф. «Диалог 2017»［C］. М.：Изд-во РГГУ，2017.

［21］Компьютерная лингвистика и интеллектуальные технологии：По материалам ежегодной междунар. конф. «Диалог 2018»［C］. М.：Изд-во РГГУ，2018.

［22］Компьютерная лингвистика и интеллектуальные технологии：По материалам ежегодной междунар. конф. «Диалог 2019»［C］. М.：Изд-во РГГУ，2019.

［23］Компьютерная лингвистика и интеллектуальные технологии：По материалам ежегодной междунар. конф. «Диалог 2020»［C］. М.：Изд-во РГГУ，2020.

［24］Компьютерная лингвистика и интеллектуальные технологии：По материалам ежегодной междунар. конф. «Диалог 2021»［C］. М.：Изд-во РГГУ，2021.

［25］Компьютерная лингвистика и интеллектуальные технологии：По материалам ежегодной междунар. конф. «Диалог 2022»［C］. М.：Изд-во РГГУ，2022.

［26］КОРМАЛЕВ Д А，КУРШЕВ Е П，СУЛЕЙМАНОВА Е А，ТРОФИМОВ И В. Технология извлечения информации из текстов，основанная на знаниях［J］. Программные продукты и системы，2009(2)：62-66.

［27］Корпус русского жестового языка［EB/OL］.［2022-02-15］. http://rsl.nstu.ru/.

[28] Открытый корпус русского языка[EB/OL]. [2022-05-30]. http://opencorpora. org/.

[29] Труды Международного семинара «Диалог 2002» [C]. M.: Наука, 2002.

[30] Труды Международного семинара «Диалог 2003» [C]. M.: Наука, 2003.

[31] Труды Международного семинара «Диалог 2004» [C]. M.: Наука, 2004.

[32] Труды Международного семинара «Диалог 2005» [C]. M.: Наука, 2005.

[33] Труды Международного семинара «Диалог 2000» по компьютерной лингвистике и ее приложениям[C]. Протвино, 2000.

[34] Труды Международного семинара «Диалог 2001» по компьютерной лингвистике и ее приложениям[C]. M., 2001.

[35] NIKISHINA I, BAKAROV A, KUTUZOV A. RusNLP: Semantic search engine for Russian NLP conference papers [EB/OL]. [2020-07-30]. https://nlp. rusvectores. org/static/rusnlp-semantic-search. pdf.

[36] LOUKACHEVITCH N V, LEVCHIK A. Creating a general russian sentiment lexicon // In Proceedings of the Tenth International Conference on Language Resources and Evaluation [C]. Portorož, Slovenia. ELRA, 2016: 1171-1176.

[37] LYASHEVSKAYA O, KOPOTEV M, MUSTAJOKI A. Russian challenges for quantitative research // In Quantitative approaches to the Russian language[C]. Routledge, Taylor & Francis Group, 2018: 3-29.

[38] NIRENBURG S, RASKIN V. Ontological Semantics [M]. Cambridge, MA: MIT Press. 2004.

[39] PEREPELKINA O, KAZIMIROVA E, KONSTANTINOVA M. Ramas: Russian multimodal corpus of dyadic interaction for affective computing // Proceedings of 20th International Conference on Speech and Computer

SPECOM-2018[C]. Springer, Cham, 2018: 501-510.

[40] ROGERS A, ROMANOV A, RUMSHISKY A, VOLKOVA S, GRONAS M, GRIBOV A. Rusentiment: An enriched sentiment analysis dataset for social media in Russian[EB/OL]. [2021-08-15]. https://aclanthology.org/C18-1064.pdf.

[41] SCOTT M. WordSmith Tools (version 5.0)[M]. Lexical Analysis Software Liverpool, 2010.

[42] SCHANK R C. Conceptual Information Processing[M]. Amsterdam: North Holland, 1975.

[43] TUTUBALINA E V, IVANOV V V, ZAGULOVA M A, MINGAZOV N R, ALIMOVA I S, MALYKH V A. Sentiment classification of reviews and twitter posts based on dictionaries[J]. Russian Digital Libraries Journal, 2015(3-4): 138-162.

[44] WordSmith 主页[EB/OL]. [2020-07-15]. http://www.lexically.net/wordsmith/.

[45] 蔡晖. 俄罗斯语言语义学近 30 年发展的基本走向和趋势[J]. 外语学刊,2015(2): 70-75.

[46] 常宝宝,俞士汶. 语料库技术及其应用[J]. 外语研究,2009(5): 43-51.

[47] 陈虹. 俄语语料库的标注[J]. 中国俄语教学, 2012(2): 38-44.

[48] 杜家利,于屏方. 计算语义学视角下的文本风格研究[J]. 计算机工程与应用,2011(30): 123-126.

[49] 冯志伟. 计算语言学的历史回顾与现状分析[J]. 外国语(上海外国语大学学报),2011(1): 9-17,8.

[50] 冯志伟. 我国计算语言学研究 70 年[J]. 语言教育,2019(4): 19-29,42.

[51] 冯志伟. 中国计算语言学研究的世界化刍议[J]. 语言文字应用,1994(1): 24-27.

[52] 傅兴尚,许汉成,易绵竹,等. 俄罗斯计算语言学与机器翻译[M]. 北

京:语文出版社, 2009.

[53] 耿立波,鄞格斐,詹卫东,等. 中国计算语言学研究现状与展望[J]. 语言科学,2021(5):491-499.

[54] 何安平. 语料库语言学[J]. 中国外语,2012(5):1,19.

[55] 何洋洋. "语言—理论—词典":莫斯科语义学派语义学研究的词典化[J]. 辞书研究,2020(6):43-52,126.

[56] 黄立鹤. 语料库 4.0:多模态语料库建设及其应用[J]. 解放军外国语学院学报,2015(3):1-7,48,161.

[57] 康喆文.《应用计算语言学》评介[J]. 天津外国语大学学报,2019(3):151-157.

[58] 李虹霏.《语料库语言学中的统计学——实用指南》评述[J]. 哈尔滨师范大学社会科学学报,2019(3):100-103.

[59] 李勤,常翔宇. 俄罗斯语料库语言学的学科建设与发展探微[J]. 东北亚外语研究,2018(2):54-60.

[60] 李勤,关雅文. 俄罗斯语义学的历史经纬[J]. 外语学刊,2016(2):15-22.

[61] 李绍哲. 俄语语料库研究[M]. 广州:世界图书出版公司, 2016.

[62] 李锡胤. 俄罗斯计算语言学家 В. А. Тузов 的俄语形式化理论[J]. 当代语言学,2007(4):331-346,380.

[63] 李颖,冯志伟. 计算语言学的超学科研究[J]. 现代外语,2015(3):407-415,439.

[64] 梁茂成. 大数据时代的语料库语言学研究探索[J]. 中国外语,2021(1):13-14.

[65] 梁茂成. 什么是语料库语言学[M]. 上海:上海外语教育出版社,2016.

[66] 吕红周.《俄罗斯计算语言学与机器翻译》评述[J]. 外国语言文学,2013(3):210-215.

[67] 邵斌,何莲珍.《语料库语言学》述评[J]. 山东外语教学,2015(2):107-112.

[68] 石志亮. 语料库语言学视角下的语块自动提取研究[J]. 天津外国语

大学学报,2012(6):22-26.

[69] 孙海燕. 语料库语言学视角下型式与意义的一体性[J]. 西安外国语大学学报,2013(4):66-69.

[70] 孙淑芳. 俄罗斯语言语义学发展刍议[J]. 外语学刊,2012(6):58-62.

[71] 王立非,梁茂成. WordSmith 方法在外语教学研究中的应用[J]. 外语电化教学,2007(3):3-7,12.

[72] 王永,李昊天,刘海涛. 俄罗斯计量语言学发展述评[J]. 外国语(上海外国语大学学报),2017(6):86-97.

[73] 王臻. 俄语语料库语言学研究现状与瞻望[J]. 中国俄语教学, 2007(2):44-47.

[74] 卫乃兴. 卫乃兴谈语料库语言学的本体与方法[J]. 语料库语言学,2014(2):27-34,112-113.

[75] 卫乃兴,李文中,濮建忠,等. 变化中的语料库语言学[J]. 解放军外国语学院学报,2014(1):1-9,159.

[76] 肖忠华,郁伟伟.《语料库语言学:方法、理论与实践》述评[J]. 外语教学与研究,2012(6):944-948.

[77] 徐进,易绵竹. 计算语义学中的语言子系统理论[J]. 解放军外国语学院学报,2014(3):84-91.

[78] 徐琳宏,刘鑫,原伟,等. 俄语多模态情感语料库的构建及应用[J]. 计算机科学,2021(11):312-318.

[79] 徐以中,余光武. Leech 教授论语料库语言学及语言理论与实践——Geoffrey Leech 教授访谈[J]. 外国语(上海外国语大学学报),2015(2):106-112.

[80] 许汉成. 俄语语料库的新发展[J]. 中国俄语教学, 2005(1):21-26.

[81] 许家金. 多因素语境共选:语料库语言学新进展[J]. 外语与外语教学,2020(3):1-10,21,146.

[82] 薛恩奎. И. А. Мельчук 的“意思⇔文本”学说[J]. 当代语言学,2007(4):317-330,379.

[83] 薛恩奎. 面向俄汉机器翻译的语义研究[J]. 外语学刊,2004(5): 87-94.

[84] 严辰松. 定量型社会科学研究方法[M]. 西安:西安交通大学出版杜,2000.

[85] 易绵竹,武斌,姚爱钢. 工程语言学[M]. 上海:上海外语教育出版社,2007.

[86] 易绵竹,姚爱钢,刘万义. 一种面向俄文信息处理的语义语法要略[C]//内容计算的研究与应用前沿——第九届全国计算语言学学术会议论文集. 2007: 230-235.

[87] 易绵竹,姚爱钢,刘万义. 从计算语义学角度看俄语形容词的语义分类问题[C]//中国计算机语言学研究前沿进展(2007—2009). 2009: 250-255.

[88] 张波. 基于维基百科链接特征的词语语义相似度计算[J]. 软件工程,2019(10): 36-43.

[89] 张继东,陈文. 国际语料库语言学研究的可视化分析[J]. 外语电化教学,2016(6): 66-73.

[90] 张家骅. 莫斯科语义学派[J]. 外语研究,2001(4): 1-9,78.

[91] 张家骅. 西方语言哲学与俄罗斯当代语义学[J]. 外语学刊,2011(5): 1-6.

[92] 张家骅. 语法和语义互动关系研究的俄罗斯语义学视角——《俄罗斯语义学——理论与研究》论点举要[J]. 外语学刊,2012(3): 72-76.

[93] 张家骅,等. 俄罗斯当代语义学[M]. 北京:商务印书馆,2003.

[94] 张禄彭,易绵竹,孙爽,等. 新世纪俄罗斯计算语言学态势定量统计分析[J]. 中国俄语教学,2018(2): 16-27.

[95] 张禄彭,张超静. 自建语料库在俄语教学研究中的应用[J]. 中国俄语教学,2012(3): 62-69.

[96] 张新杰. 国内语料库语言学研究:回顾与展望——基于核心期刊24年文献的统计分析[J]. 西安外国语大学学报,2017(2): 36-41.

[97] 甄凤超. 语料库语言学研究热点追踪与思考[J]. 当代外语研究,2020

(6)：89-100,4-5.

[98] 周民权. 20 世纪俄语语义学研究[J]. 浙江外国语学院学报,2012(1)：1-6,44.